『地誌編輯材料取調書』から読み解く

栃木市皆川地区の歴史

齋藤 弘［編］

随想舎

口絵１ 皆川城跡から見た皆川城内町・小野口町

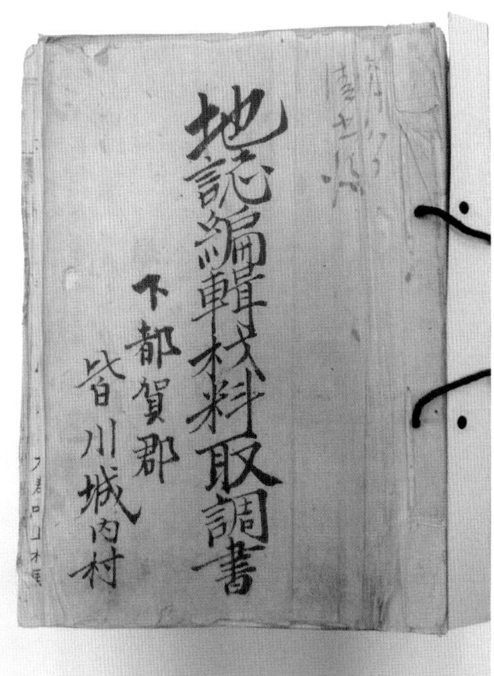

口絵２『地誌編輯材料取調書』
下都賀郡皆川城内村　表紙

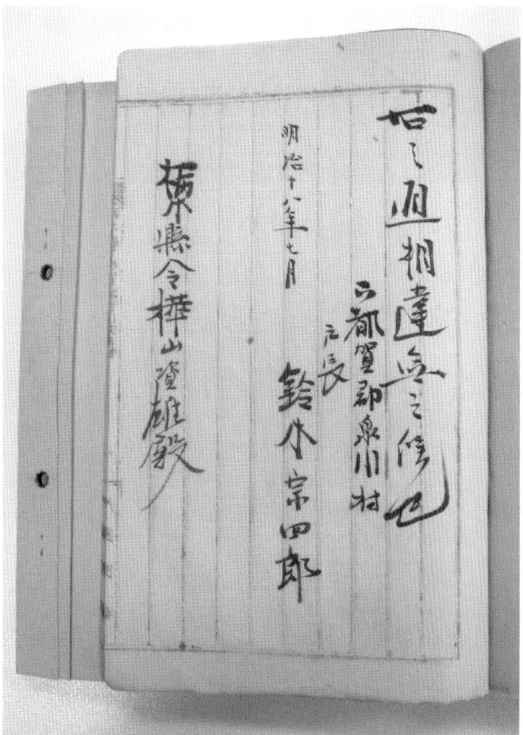

口絵３『地誌編輯材料取調書』
下都賀郡泉川村　奥書

口絵４　金剛寺から望む皆川城

口絵５　琴平神社が鎮座する鞍掛山

口絵６　琴平神社社殿

口絵７　琴平神社から皆川城跡を望む

口絵８　皆川城跡から望む柏倉方面

口絵９　皆川城跡から望む太平山・晃石山

口絵10 「岩出富士」と呼ばれた飯盛山

口絵11 錦着山からの展望

口絵12 岩出古墳横穴式石室

口絵13 天沼天満宮

口絵14 木八沼

口絵15 錦着山に向かう天神堀

岩出古墳と富士山信仰−栃木市岩出町岩倉山の信仰史−

栃木県立学悠館高等学校歴史研究部

私達は『地誌編輯材料取調書・岩出村』を読んで、かつてこの地に富士山信仰があったという仮説を立てた。

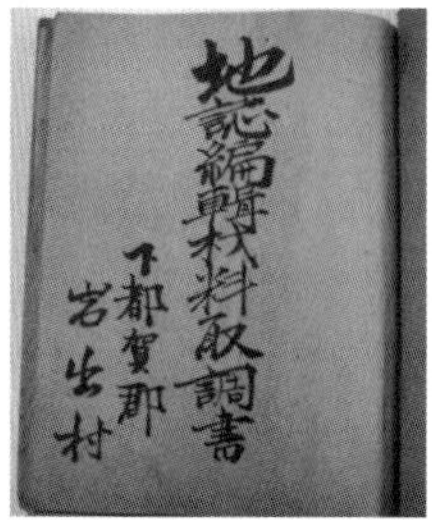

錦着山より永野川・岩倉山・飯盛山を望む

1. そこで現地調査などを行った結果、柳橋町日限富士浅間神社から太平山富士浅間神社に到る、富士山信仰の参詣路が、近世には通じていたと考えた。

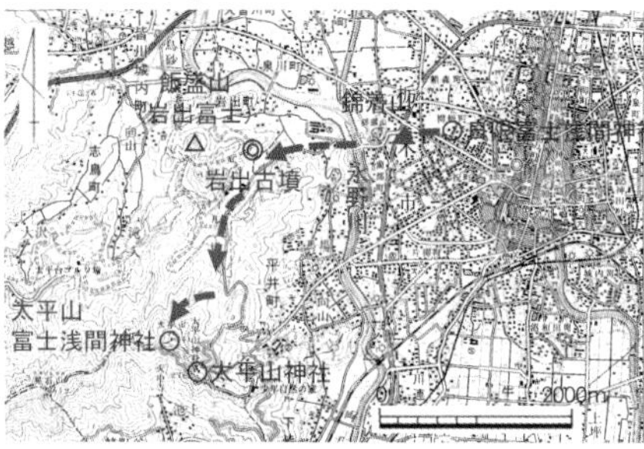

日限富士浅間神社(里宮)鳥居
左は太平山富士浅間神社(本宮)

岩出古墳横穴式石室

2. 岩出古墳の横穴式石室は、参詣路の中心にあたることから、近世以前に修行の「霊窟」として再利用されたと考えた。

3. 近くには、足利市田中町浅間神社胎内洞窟・鹿沼市粟野町三峰山浅間神社霊窟など、富士山信仰の「霊窟」がある。

足利市田中町浅間神社胎内洞窟

4. 岩倉山には岩出古墳の他に、岩出古墳群19基が存在する。また岩出古墳の周りには5面の平場があり、後世に再利用されたことが分かる。

5. 岩倉山の頂上には磐座が祀られ、近代の石造物や、古墳の石材の採掘跡とみられる崖もある。

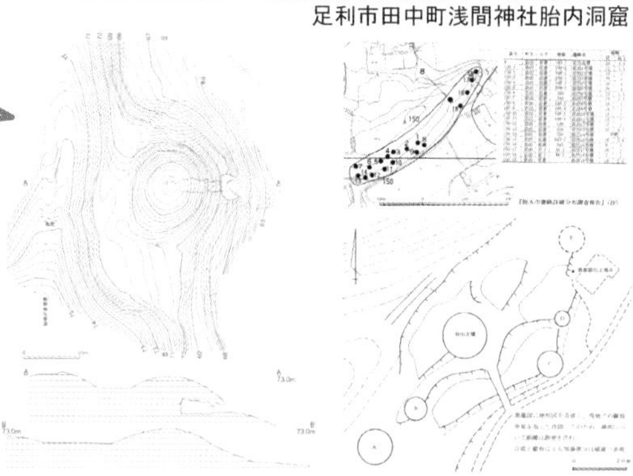
栃木県古墳勉強会2012

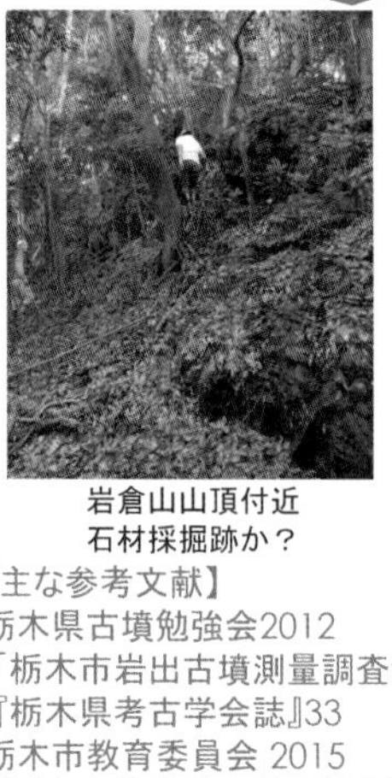
岩倉山山頂付近
石材採掘跡か？

岩倉山山頂付近の磐座と近代の石造物

6. 岩倉山の山頂は岩場で、磐座として信仰されてきた。石材が採掘され横穴式石室が造られ、後に富士山信仰の「霊窟」となった。近代には水運の神々が祀られた。

熊野なる
神の末します
いはくら乃
屋間の岩出を
里の名にしつ

明治三十六
卯年十月十
日建
事比羅大神

本研究で、岩出古墳の横穴式石室の再利用の実態を推定することができた。その背景に、地域における岩倉山の信仰史があった。

【主な参考文献】
栃木県古墳勉強会2012
「栃木市岩出古墳測量調査報告」
『栃木県考古学会誌』33
栃木市教育委員会 2015
『栃木市遺跡分布地図』栃木市

享保期幕府代官 池田喜八郎による忘れられた水利改良

歴史研究部 櫻井聖人・関口薫

栃木県立学悠館高等学校

はじめに

栃木市新井町に人名がついた沼がある。おそらく開発命令者であり、忘れられた開発があったのではと考えた。明治18年（1885）の皆川八ヶ村『地誌編輯材料取調書』（以下『地誌』と略称）や明治9年（1876）の地籍図、泉川条里跡の研究成果などでこの仮説を検証した。

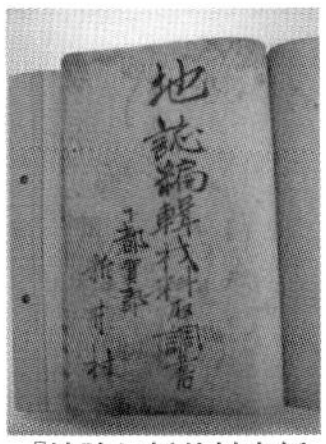

『地誌』新井村表紙

1．栃木市新井町・泉川町・大皆川町の地勢（右地図）

栃木市は関東平野の北端、日光山地の裾部に位置する。北西の皆川地区東部は、永野川左岸、砂礫層上にローム層が堆積した低位台地で、南に緩かに傾斜する。

この地域は古代からの遺跡が多く、泉川条里跡の地割もある。赤津川放水路は栃木市街地を洪水から守るため、昭和26年（1951）に竣工した人工の水路である。

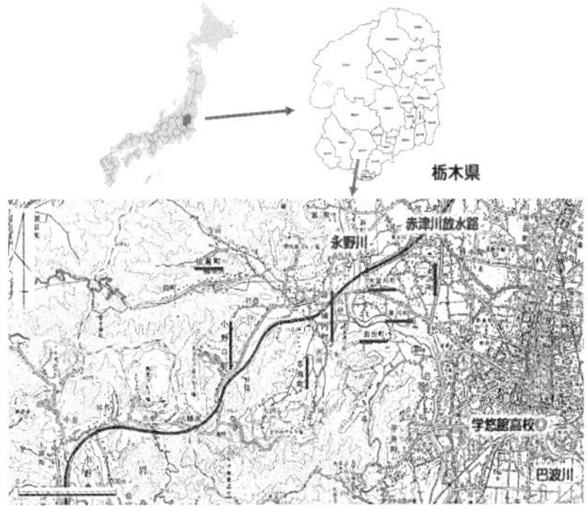

栃木市皆川地区（旧皆川八ヶ村）の位置

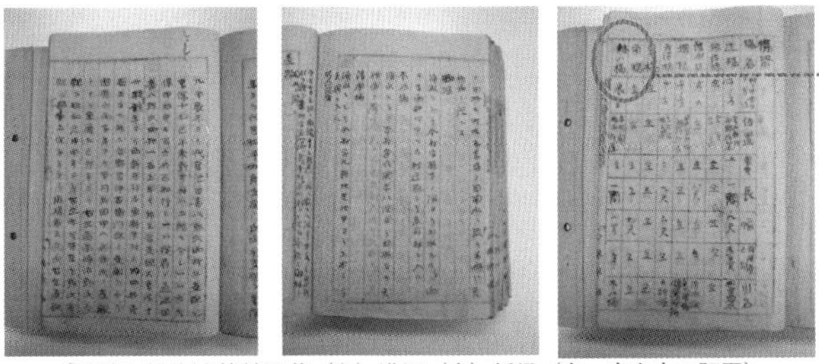

『地誌』新井村 管轄沿革（左）溝渠（中）橋梁（右・喜を木に訂正）

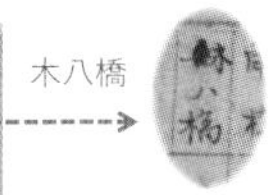

2．『地誌』新井村・泉川村・大皆川村の記載から（左写真）

享保9年（1724）より代官池田喜八郎が新井村・大皆川村を支配。新井村の木八堀は喜八郎のことだろうか。木八橋では「喜」を「木」に訂正している。本来は喜八であった可能性が高い。享保10年（1725）東新井村のうち360石を大久保伊勢守が領有する。

木八沼は今も存在する。小さな沼で東に水路が伸びる。木八堀に違いない。しかし地元に伝承は何もなかった。

泉川村永沼堀の水論や、大皆川・泉川・箱森三ヶ村と片柳村との水論から、この地域で水の分配が深刻な問題であったことが分かる。

木八沼の現状

東から南に向かう木八堀

3．幕府代官池田喜八郎と享保の改革

私たちはネット検索で喜八郎の年譜を作成した（右表）。享保の改革の大規模開発に飯沼新田がある。喜八郎は代官として担当した。工事前に天領替えが行われたが、東新井村を大久保と二給したのはその代替地だろう。同時に喜八郎自身も支配地で開発を行ったに違いない。

年	西暦	できごと
延宝6年	1678	生誕
		勘定役として6代将軍徳川家宣に仕える
正徳3～享保2年	1713～17	関東代官　江戸在陣
享保2～9年	1717～24	九州代官　豊後高松在陣、生目神社で和歌を詠む
享保7年	1722	荻原乗秀と共に上総国東金を視察
享保9～14年	1724～29	関東代官　江戸在陣
享保14年	1729	手代の不正により処罰され小普請に入る
享保18～19年	1733～34	許されて出羽代官に復職　寒河江在陣
享保19～元文4年	1734～39	美作代官　倉敷在陣
元文4～寛保3年	1739～43	摂津代官　大坂在陣
宝暦元年	1751	致仕（隠居）
宝暦4年	1754	77歳で没

池田喜八郎季隆の年譜

4．泉川条里跡の水利と新田開発

喜八郎はどこをどのように開発したか。鍵は泉川条里跡の存在であった（下図）。

今は埋立てられた天沼には、天満宮があり弁財天も合祀されている。天沼を水源とする天神堀は主要な用水であった（右写真）。

これらは泉川条里跡以来の水利システムに違いない。木八沼も天沼のすぐ東である。喜八郎の開発は、水量を増やして条里制を再利用する、小規模で効率的なものだった。

地籍図風野村に字元新田がある。喜八郎が開発させた可能性がある。または水量を増加させて、水論の発生を抑え、米の増産を図ったのかもしれない。

天沼天満宮本殿

境内東側の市道が天沼跡

錦着山の方向へ南流する天神堀

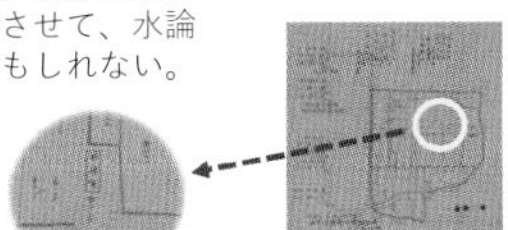

風野村地籍図の字元新田

赤津川放水路と瓦工場

5．水田にかかわる地域の歴史

新井町・泉川町の特産品である瓦は、水田下で生成された良質な粘土を原料にしている。赤津川放水路建設に対して新井町では、先祖からの水田を守りたいと激しい反対運動があった（左写真）。この地域では水田を大切に思う心情が強かったことが分かる。

泉川条里跡・『栃木市遺跡分布地図』に加筆
（天神堀は条里地割に沿って南流する）

地籍図の天沼と木八沼
（付近は泉川条里跡の水源地）

おわりに

享保の改革を背景に幕府代官池田喜八郎が新井村で、条里制を再利用した小規模で効率的な水利改良を行ったと推定した。飯沼新田のような大規模なものばかりでなく、このような村レベルのきめ細かな開発が各地でおこなわれたなら、全体的には大きな生産向上となったに違いない。

＜主な参考文献＞

『石下町史』常総市／デジタルミュージアム1988年
『栃木市史』通史編　栃木市史編さん委員会1988年
『栃木市史』史料編・近世　栃木市史編さん委員会1986年
『栃木市遺跡分布地図』栃木市教育委員会2015年
『水海道市史 上巻』常総市／デジタルミュージアム1973年

※史料提供は栃木市教育委員会、掲載写真は部の現地調査で撮影。

『地誌編輯材料取調書』から読み解く皆川八ヶ村の信仰史

栃木県立学悠館高等学校歴史研究部

はじめに

私たちの先輩は、平成25年度から栃木市皆川地区八ヶ村の『地誌編輯材料取調書』の翻刻を、毎年一ヶ村ずつ行ってきた。今年度六ヶ村目を読み終え、古代から近代に至る信仰の脈絡に気がついた。

1. 古代の巨人伝説と製鉄

『地誌・志鳥村』の旧字名の中に「大檀房」を見つけた。大檀房とはダイダラボッチのことで、この地にも巨人伝説が存在していたのではないか。実際、太平山に「イデン坊」と呼ばれる巨人がいたという伝承が、『栃木市史民俗編』に書かれている。

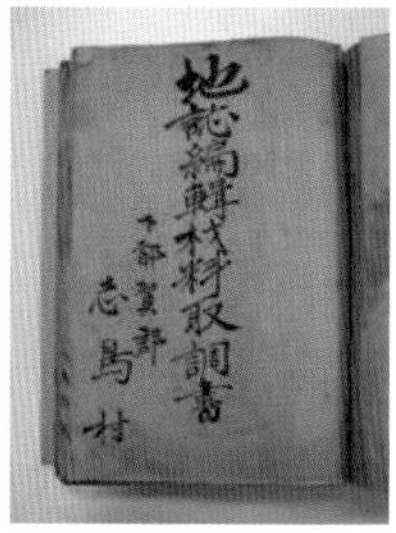

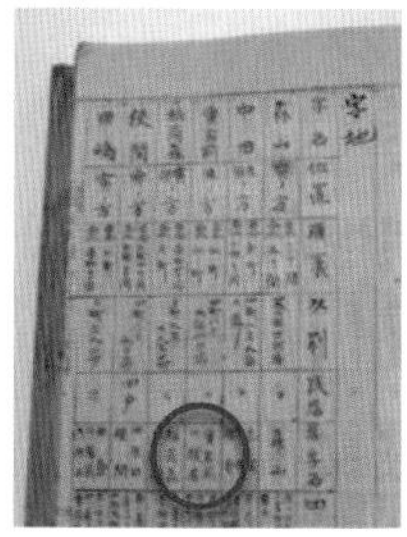

旧字「大檀房」

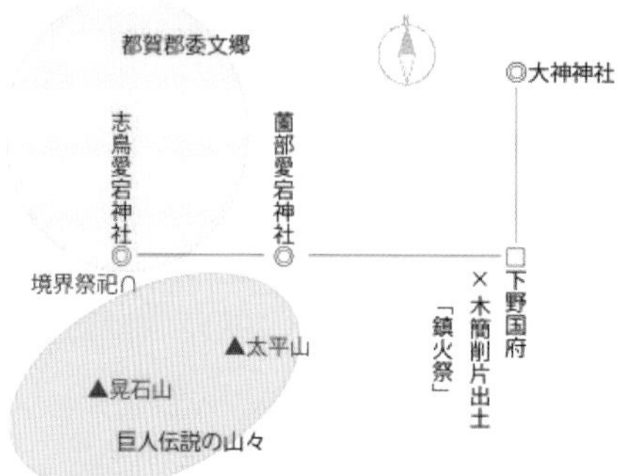

左は下野国府跡出土木簡削片「鎮火祭」

皆川は『和名抄』「下野国都賀郡委文郷」とされ、古墳や古代遺跡が多い。

「大檀房」は志鳥町愛宕神社の前にある。祭神は軻遇突智命で、火伏・鍛冶の神である。

その位置は下野国府の真西にあたり、その直線上に薗部町愛宕神社も存在する。現在も栃木市は冬に強い西風が吹く。二つ愛宕神社で国府を火災から護っていたのではないか。

太平山の中腹には太平山神社がある。祭神は瓊瓊杵尊だが、裏手に「奥宮」と呼ばれる石祠があり、天目一箇神が祀られている、天岩戸に登場する鍛冶・刀剣造りの神である。

サイクロプス（ギリシア神話）・巨人・軻遇突智命・天目一箇神に共通するものは製鉄や鍛冶である。古代下野国は、奥州での戦争のため鉄・武器生産が盛んで、製鉄関連遺跡が数多く調査されている。

巨人は「常陸国風土記」にも登場する古来の在地の神ではないだろうか。その後、律令国家のもとで、製鉄や鍛冶の神に接近した。

志鳥町愛宕神社

太平山神社奥宮

下野国府跡より西を望む

以上より、**「古代下野国都賀郡委文郷の人々は、火伏のため新たに創建された愛宕神社において、畿内の神々と共に古くからの巨人を祀っていた。この信仰には、製鉄・鍛冶・武器生産などに従事する人々も加わっていた」**と考えた。

2. 中・近世の失われた富士山信仰

『地誌・岩出村』には、富士山についての記載がいくつかあった。そこで私たちは、岩出村周辺に失われた富士山信仰があったのではと考えた。そこで、岩出町とその周辺の富士山関連の史跡を調査した。

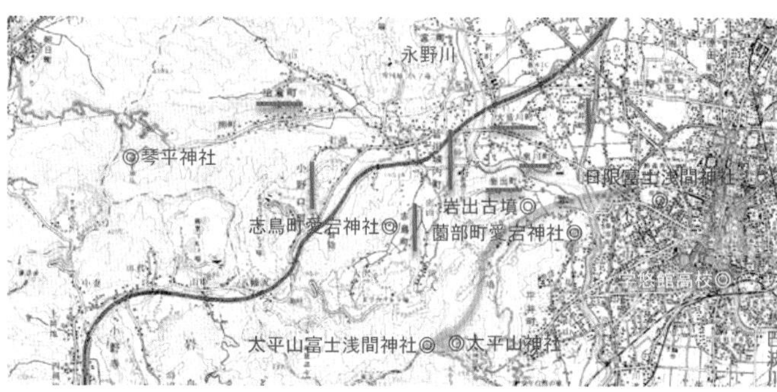

太平山山頂には太平山富士浅間神社がある。社伝では文保年間の創建。戦国時代に皆川氏は、山頂を中心に太平山城を築いた。

岩出古墳は6世紀末ごろ築かれた、横穴式石室を有する円墳である。周囲に5面の平場があり、後世に再利用された可能性が高い。富士山信仰で霊窟とされていたのだろう。

日限富士浅間神社は、寛永10年(1633)に太平山富士浅間神社里宮として遷宮されたと伝えられている。御祭神は木花開耶媛命で、伏見稲荷のように並んだ鳥居が特徴的である。

その結果、日限富士浅間神社参詣→錦着山登拝→永野川水垢離→岩出富士遥拝→岩出古墳霊窟→太平山富士浅間神社登拝といった、修行・参詣の道を想定できた。

また『皆川正中録』によれば、天正14年(1586)皆川広照は北条氏真との戦いに際し、赤地に「富士浅間大菩薩」と書いた軍旗を用意したという。

富士浅間大菩薩

これらから、「岩出村周辺は、中世以来富士山信仰が盛んで、太平山富士浅間神社に至る失われた参詣路があった。」と言えるだろう。

3. 近世・近代の水運信仰の繁栄

『地誌・柏倉村』には、鞍掛山頂上の琴平神社について詳細な記載がある。祭神として崇徳天皇・大山祇命・大物主命が祀られている。

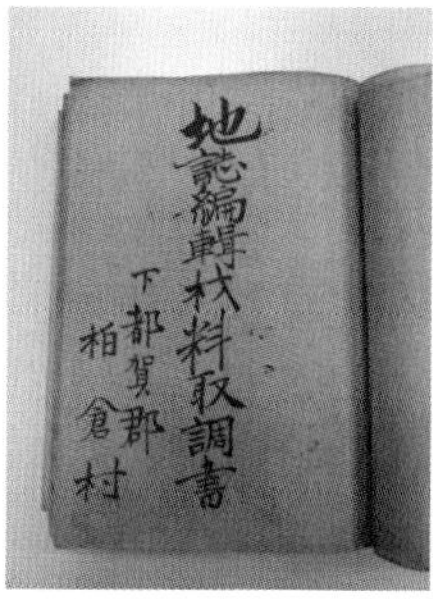

鞍掛山遠景

現在の琴平神社本殿

栃木の街は近世初頭、日光山二社一寺造営をきっかけに水運で栄えた。琴平神社は、船主・船子等の信仰を集め、山頂のわずか240坪の平地に、多数の芸子が住み込む二階建ての茶屋が数十軒立ち並び、北関東一の社になったという。その繁栄は、山中に残る石垣や石造物からも窺える。

明治初年の繁栄を描いた額

境内にある昭和35年造立の石碑に「産土神」と記されていた。昭和20年に消失した本殿を再建した際に建てられたもので、「近世から近代には水運の安全が祈願されたが、水運が衰えた昭和期には、土地と出身者の守護神として重視された」という信仰の変化が分かる。

本殿再建記念碑

山頂境内の額殿に至る石段・石垣と灯篭

おわりに

このように皆川地区八ヶ村では、名前や祈りの内容に変遷はあるものの、古代から近年に至るまで、人々は太平山系の山々に、大いなる存在を感じていたに違いない。

栃木市泉川条里跡の研究

栃木県立学悠館高等学校歴史研究部
協力:栃木市教育委員会

はじめに

泉川条里跡は、栃木市街の北西部、永野川扇状地扇端部に立地する。新井町・泉川町・野中町・箱森町・薗部町の東西1km南北1.35kmで『栃木市遺跡地図』にも記載されている『地誌編輯材料取調書』新井村・泉川村などから分析する。

泉川条里跡
(市遺跡地図より)

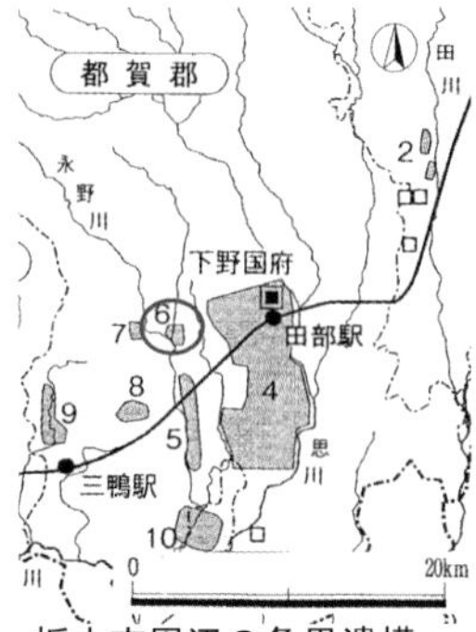

栃木市周辺の条里遺構
(武川2015より)

1. これまでの研究から

三友国五郎1959「関東地方の条里」『埼玉大学紀要社会科学編(歴史学地理学)』第8巻
岡田隆夫1980「条里と交通」『栃木県史 通史編2』
武川夏樹2015「栃木県の条里」『関東条里の研究』

2. 地籍図にみる条里地割

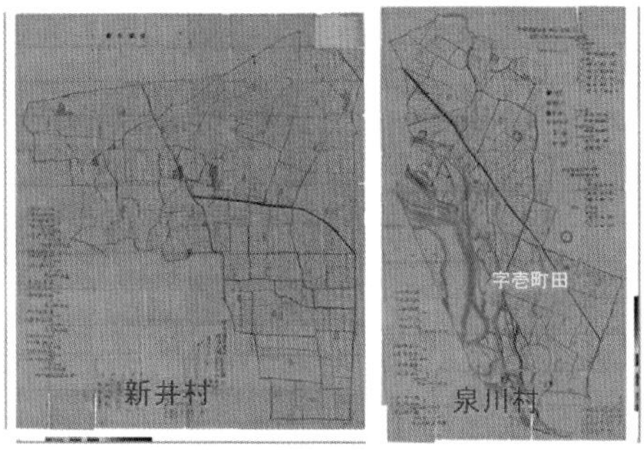

地籍図
明治9年(1876)

(2)沼と溝渠

水源は天沼・精進場沼などの湧水である。溝渠は東または南に流れるという記載が多く、以前から方格地割に沿った灌漑用水路であったと言える。

天沼跡

精進場沼

3.『地誌』の記載と現地調査から

(1)小字名・橋名

方格地割に由来するものとして岩出村角道・泉川村壱町田・西坪・野中村東坪。橋では新井村角橋、泉川村には二条橋から八条橋まで数値の名前がある。「角」は方格地割の隅を表すと考えられる。

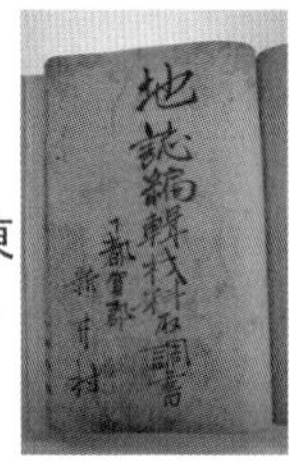

『地誌』新井村

『地誌』泉川村

(3)現地調査と聞き取り

天沼には天満宮が祀られ、弁財天が合祀されている。今でもお祭りに薗部町からお神酒が届くという。精進場沼は御詠歌にも詠まれている。

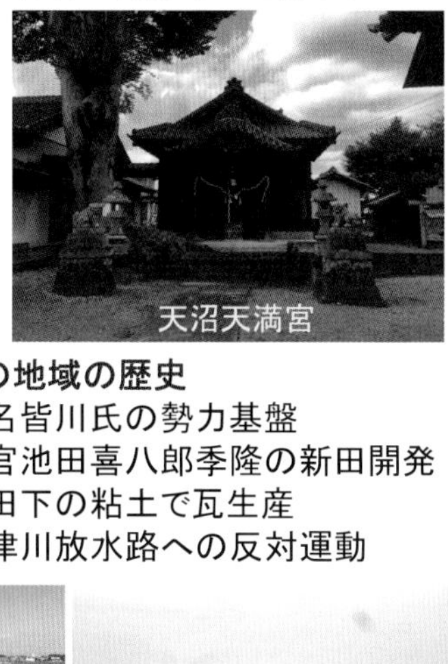
天沼天満宮

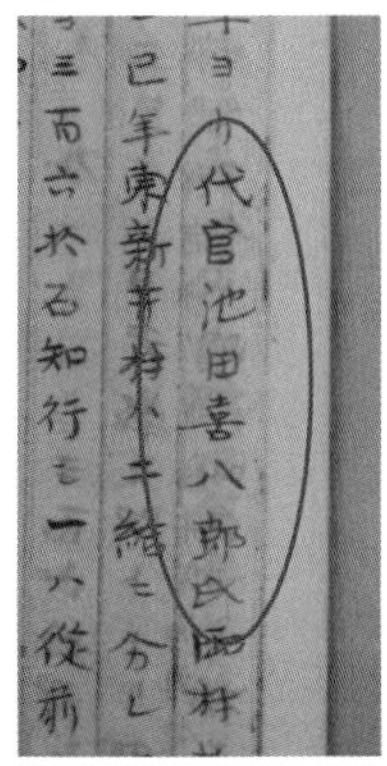

4. 栃木市教育委員会による確認調査の成果

栃木市教育委員会では、これまで泉川条里跡で43カ所の確認・立会調査を行った。黒色土の下を遺構面とする平安時代の住居跡の一部を発見した。この黒色土層が水田面と考えられる。

5. その後の地域の歴史

戦国期:大名皆川氏の勢力基盤
享保期:代官池田喜八郎季隆の新田開発
明治期:水田下の粘土で瓦生産
昭和期:赤津川放水路への反対運動

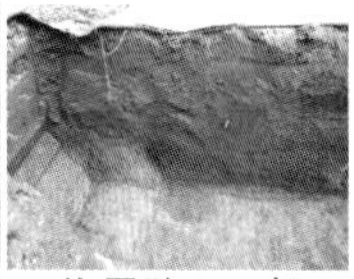
住居跡の一部

赤津川放水路と瓦工場

住居跡の遺物

皆川城跡

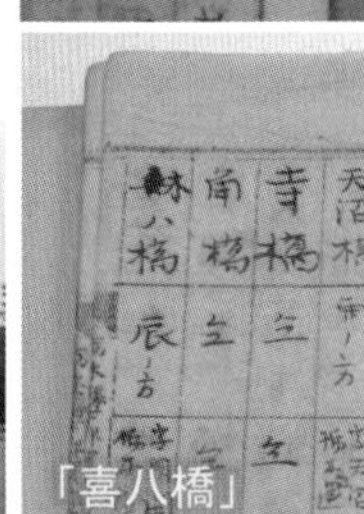
「喜八橋」

まとめ

泉川条里跡は、地割・水利・小字名・信仰などに痕跡が残り、発掘調査からも水田が確認できた。太平山周辺には小規模な条里水田が散在し、その後の地域の支配・開発・産業の歴史や、人々の心情に大きな影響を与えた。

口絵19 栃木市泉川条里跡の研究

『地誌編輯材料取調書』から読み解く

栃木市皆川地区の歴史

齋藤　弘［編］

はじめに

本書は、筆者が顧問を務める栃木県立学悠館高等学校歴史研究部が、平成25(2013)年度から手がけてきた研究の成果である。この7年間の部の活動は、栃木市内で唯一下書きが現存する、旧皆川八カ村の『地誌編緝材料取調書』(以下『地誌』と略称)を翻刻し、読んで気になった問題について分担して調べるという内容だった。その成果は、栃木県高等学校文化連盟社会部会で発行する『研究集録』の誌上で発表させていただいてきた。

『地誌』は、明治政府が計画した『皇国地誌』刊行のため、全国の村ごとに提出を命じた文書である。詳しくは序章で述べるが、『皇国地誌』の刊行は果たせず、提出された正本はその後の関東大震災で焼失した。しかし幸いにも副本または下書きが残っている地方もある。その内容は実に多様である。かつての物産や学校、現在では忘れられた字名なども知ることができる。その村の全体像を把握できる構成となっている。地域についての基本史料であると言っても過言ではない。

『地誌』はこれまでもさまざまな研究に引用されてきた。県内では『いまいち市史』で全文を翻刻し活用するという先駆的な研究がある。その地域の研究に利用できる幅は広いと思われる。近年では足利市域について足利市文化財愛護協会による翻刻が途中である。皆川地区では、地元の町づくり協議会歴史文化部会による翻刻がある。しかし全文を翻刻した例は県内では少ない。

本校では、平成18(2006)年に興味ある生徒が集まり歴史研究同好会が発足した。やがて部に昇格、初年度は栃木の舟運について分担して調べたが、やがて部員が興味を持ったテーマで発表し合う活動が中心となった。活動の転機となったのが平成23(2011)年である。竹澤渉部長(当時)が栃木市岩舟町大慈寺で採取した特異な瓦に注目し、これをレポートにまとめ、初のオリジナル研究となった。

なぜ『地誌』の翻刻を始めたか。これについて平成25(2013)年度県高文連社会部会『研究集録』第35号の序文を引用する。

「私は、昨年の奈良大学主催第6回全国高校生歴史フォーラムに参加して、大変感銘を受けた。それは先代の竹澤渉部長が、前に出てしっかりと自分の研究を発表したということである。私は発表の時、近くでパソコンの操作をしていたが、竹澤部長の古代の瓦について熱く語る姿は、今でも目に焼き付いている。フォーラムが終わってこう思った。

『私も竹澤部長のようなすごい研究をして、何か人の役に立ちたい』

私はその思いを顧問の先生に打ち明けた。するとある日先生は、一冊の古文書を持ってきた。それがこの研究との出会いである。それは「地誌編輯材料取調書　下都賀郡皆川城内村」と表紙に書かれていた。明治18(1885)年頃の栃木市皆川城内町のことが詳しく述べられているという。

この古文書を読み解いているうちに、ふたつの目標が生まれた。ひとつはこの古文書を地域の歴史に興味ある人々のために、パソコンに入力して読みやすい形で公開することである。これによって、今ではほとんど分からなくなってしまった当時の村の様子を詳しく伝えられるようにしたいということである。もうひとつは、大正12(1923)年9月1日に起きた関東大震災の文化財復興という意味があるのではないだろうか。私は関東大震災によってこの古文書の正本が焼けてしまったということを先生からうかがって、とても心が痛んだ。幸いにも皆川城内村の部分は、地元に下書きが残されていた。この古文書を復元することによって、忘れられていた文化財の復興につながるかもしれない。そう思ったのは、現在東日本大震災の復興が、多くの人々の支援のものとで進められているからである。」

東日本大震災の翌々年のことで、本校は他校に先駆けPTAなどにご協力いただき現地での復興支援ボランティアなどに取り組んでいた。福島県から急遽転入した生徒や、家屋が被災した生徒もいた。何か力になれることはないか、こうした学校全体の空気が動機の背景にあったと思われる。

実際に生徒と読み進めてみると、戸惑うことが多かった。まず崩し字・異体字であるが、筆者も古文書を取り扱った体験に乏しく、生徒と一緒に長く考え込むこともしばしばであった。特に「字名」四至（しいし）[*1]や「地味」種藝[*2]の適否は、小さな欄に細かく文字がびっしりと書かれており、毎年の生徒が苦心していた。いろいろな方に聞きながらの作業となった。それでも楷書の部分がほとんどだったので助かった。また明治18(1885)年当時の独特な用語や言い回しも分かりにくかった。古い『広辞苑』やインターネットで調べて分かった時は嬉しかった。

とはいえ、約130年前の人々の営みは、特に初年度の生徒にとって、とても新鮮であったようだ。小学校は今と全然違う。現在の皆川城東小学校となるまで、分離独立と統廃合を繰り返している。生徒は男児が圧倒的に多いのはなぜだろうか。人口は現在とそれほど変わってはいなかった。特産品の生産額の変化には、西南戦争前後のインフレが影響しているのだろうか。書かれた頃は松方デフレで大変だったのではないだろうか。これを書いた戸長鈴木宗四郎や、提出先である県令樺山資雄（かばやますけお）とはどんな人物か。などの会話がその都度弾み、生徒は大いに興味を持ったようだ。

何度か現地にも訪問した。金剛寺・東宮神社・傑岑寺（けっしんじ）・照光寺・持明院などである。初年度の生徒が現地調査に積極的であったことは、次年度以降に良い影響を与えてくれた。

こうして平成25（2013）年度は、『地誌』皆川城内村をもとに明治18（1885）年当時の村の様子についてまとめた。本書では第1章として編集している。2年目からは、『地誌』の記載の中で特に興味を持った部分を取り上げて、研究することになった。

平成26（2014）年度は『地誌』柏倉村の翻刻をもとに、字名と土砂災害について言及した。不思議な地名・伝承にも興味を惹かれた。本書の第2章前半部に掲載した。

平成27（2015）年度は小野口村・柏倉村・皆川城内村の記載をもとに、江戸から明治にかけて繁栄した琴平神社を研究した。何度も現地を訪れ、神社周辺の石造物調査も行った。本書の第2章後半部に掲載している。

平成28（2016）年度は志鳥村の旧字名に「大檀房」とあるのを見つけたことから、古代中世の巨人伝説であるダイダラボッチが、太平山周辺でどのように信仰されていたかについて研究した。アニメ映画『もののけ姫』にも登場したこともあり、生徒を強く惹きつけたようだ。本書の第3章がこれに当たる。

平成29（2017）年度は岩出村の記載に富士山が多く登場することに注目し、今では失われたこの地域の富士山信仰について研究した。本書第4章にまとめた。

平成30・31（令和元：2018・19）年度は新井村・泉川村・大皆川村の記載から、江戸時代の水利新田開発の痕跡を読み解き研究した。本書第5章に収録した。さらに同年『地誌』の記載から、古代中世の水田区画である条里制、特に泉川条里跡について研究した部分を第6章に載せている。

これらは毎年『地誌』を読み終えた段階で、部員が話し合って選んだテーマである。毎年1カ村分の翻刻と研究テーマ1つを組み合わせ、栃木県高等学校文化連盟社会部会で刊行している『研究集録』に投稿してきた。本校歴史研究部では、今年度に至るまでこのような活動を続けてきた。

本書の本文は、ここに至るまでの生徒の研究報告をもとに、筆者が少しばかり編集・加筆したものである。各分野の概説的内容も含んでいる。それぞれの年度の生徒による文章が元になっているため、文体に統一感がないがご容赦願いたい。

また各章の最後にいくつかのコラムを載せている。これは日本考古学協会や九州国立博物館のポスターセッションに参加した時、その年度の研究を別の視点でまとめたものである。作成したポスターは口絵に掲載した(口絵16〜19)。また部活動に関連した筆者の独自研究などもある。初出は参考文献に示した。また卒業生である竹澤渉氏から、太平山山頂で採取した慶長期の古瓦についての考察を提供頂き、これもコラムとして掲載している。

さらに本書の末尾には、週2日の部活動の時間に生徒が手分けしてノートに書き写し、パソコン入力した旧皆川八カ村の『地誌』全文を収録している。この7年間の成果である。こちらも末永くご活用いただければ幸いである。

研究の主体者は各年度の生徒であるが、文責は編者であり、この間の正顧問でもあった筆者である。本書はこのような位置付けとなる。

最後に本書刊行の動機を述べる。

まず最大の動機は、翻刻を始めた初年度の部長の言葉である。「毎年1カ村ずつ翻刻して、先生が退職するときに1冊の本にしてはどうですか？」と、いうのである。

おそらく気軽なジョークだったに違いないが、この言葉がなぜか呪文のように筆者の心に残り、呪縛が解けないまま退職年度を迎えた。裏を返せば、毎年の研究が自分たちなりに充実感・達成感・一体感を持てた結果である。諦めずに共に歩んでくれた生徒たちに深く感謝している。

つぎに、レポートの初出は前述した平成25年度から令和元年度の県高文連『研究集録』である。この刊行物を通して閲覧できるのは、おそらく栃木県総合教育センター図書室くらいであろう。特にみんなで努力した『地誌』の翻刻部分は、刊本とすることにより基礎史料の紹介として広く長く使われ続けて欲しいと考えた。

そして、お世話になった地元の方々やご指導いただくなど関わって下さった方々への感謝の気持ちである。

もとより日々の部活動の成果から始まり、勢いで選んでしまったテーマばかりである。1年ごとに異なる分野であるため、検証不足の感は否めない。しかし、序章を除けばこれまでの定説を引用した概説ではなく、『地誌』から読み取れた皆川の歴史の新視点を示したつもりである。最後までご笑覧いただければ幸いである。

＊1：古代・中世における所領や土地の範囲を示す四方の境界のこと。

＊2：農作物の植え付け。

〈参考文献〉

齋藤弘(2019)「学悠館高校歴史研究部の歩み」『考古学ジャーナル』vol.728　ニューサイエンス社

『地誌編輯材料取調書』から読み解く

栃木市皆川地区の歴史

目　次

序 章

皆川城跡

1．皆川地区の概要

(1) 位置と自然環境

はじめに皆川地区の地理的環境について説明する(図序-1)。

栃木県栃木市は関東平野の北端に位置する。北西の山地は日光山に連なる足尾山系の末端で、山間部は永野川などの深い谷に刻まれている。南東の平野部は、永野川などが形成する扇状地を基層としている。市街地周辺は扇端部になっており、低湿地では湧水が多数見られる。こうした湧水を集めて水源とする巴波川・杢冷川(もくれいがわ)などが南流している。市域には湧水に因む地名が多く、これまでも度々の洪水に苦しめられてきた。

皆川地区は栃木市に属し、中心の皆川城内町は栃木駅から西北西約6kmにある。山裾を東北縦貫自動車道が通過している。県道75号栃木・佐野線の廻峠を越えると栃木市岩舟町小野寺である。また県道210号柏倉・葛生線は、第2章で触れる鞍掛山の北を抜けて、佐野市葛生地区に通じている。

北・南・西の3方向を、南の太平山・晃石山、西の鞍掛山などの山々が囲んでいる。東には平野が開け、永野川が南流している。西部の皆川城内町・柏倉町・小野口町・志鳥町・岩出町は谷部に立地している。周囲の山々から幾筋もの尾根が延びている。流れ出た柏倉川・五下川・衣川・志鳥川などが合流し、奈良渡川・赤沼川となって東に向かい、谷底平野を形成して永野川に合流する。合流点付近はかつて湿地であったという。

東部の新井町・泉川町・大皆川町は永野川左岸の平野部に位置する。永野

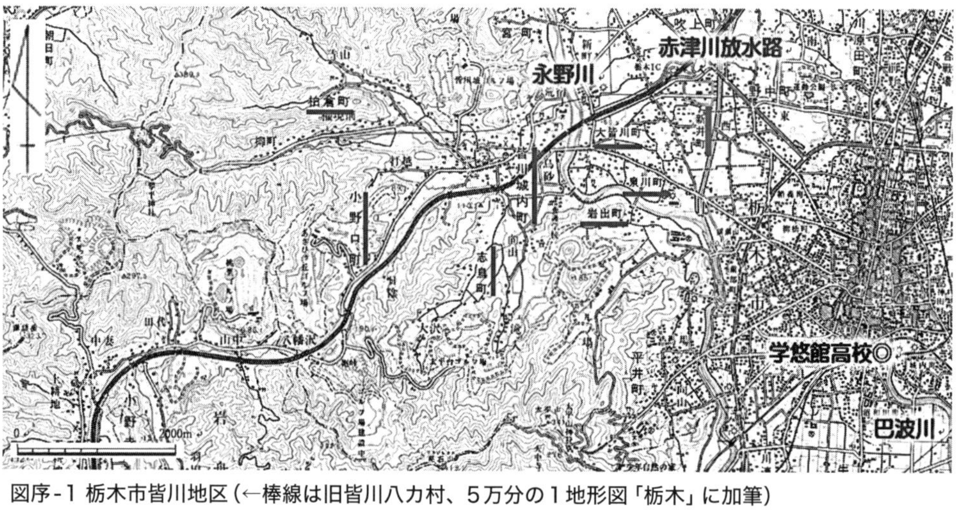

図序-1 栃木市皆川地区(←棒線は旧皆川八カ村、5万分の1地形図「栃木」に加筆)

川などによる扇状地の砂礫層の上面に、ローム層が堆積する低位台地である。南南東に向かって緩やかに傾斜し、南端には錦着山がある。この地域は湧水が多く、第5・6章で触れるように、古くから開かれた水田の農業用水などに利用されてきた。

(2) 地域の歴史

はじめに、『栃木市遺跡分布地図』(栃木市教育委員会2015)・『日本地名大辞典』(角川日本地名大辞典編纂委員会1984)・『栃木県の地名』(寶月圭吾監修1988)などを参考に、皆川地区の遺跡と歴史を紹介する。

弥生時代以前

皆川地区の旧石器・縄文・弥生時代については、発掘調査事例も少なくよく分かっていないのが現状である。栃木市教育委員会による分布調査によって、柏倉町・小野口町に縄文時代早・前期の遺跡が確認されていることから、山間部を中心に人の営みがあったことがうかがえる。

旧石器・縄文時代で有名な星野遺跡は永野川のさらに上流に位置する。日本の旧石器文化はどこまでさかのぼることができるのだろうか。多方面からの論争は今も続いている。

古墳時代

皆川地区は岩出町岩出古墳・角道山古墳・皆川城内町狩岡古墳・柏倉町朝日塚古墳などがあり、市内でも古墳の多い土地柄である。皆川城内町荒宿B古墳群など小規模な群集墳も多い。

皆川城内町白山台遺跡は、5世紀から6世紀の遺跡で、各種の滑石製模造品が出土した。近年では伽耶土器の存在も確認され注目を集めている。

奈良・平安時代

古代下野国の行政の中枢部であった下野国府跡は、栃木市中心域の東約5km、栃木市田村町に所在する。昭和51(1976)年から栃木県教育委員会により発掘調査が行われ、政庁の全容がほぼ明らかにされた。回廊の内側に前殿・脇殿があり、正殿は現在宮辺目神社が鎮座している。現在はその一部が復元され、資料館とともに見学ができる。建物群はⅠ～Ⅳ期の変遷がある。Ⅰ期は8世紀前半、Ⅱ期は8世紀後半、延暦10(790)年頃を境にⅢ期は9世紀代、Ⅳ期の終末は10世紀代に入ると推定されている。昭和57(1982)年に国指定史跡となった。復元模型は高校日本史Bの教科書にも掲載されている。国府域の南方を、都から多賀城に至る東山道が通過していたものと推定されている。

和名抄に記された「下野国都賀郡委文郷」について、委文は倭文(しとり)と見られることから、現在の志鳥町を含む皆川地区であると考えられている。皆川城内町・志鳥町には荒宿1号・2号、皆川城内4号・5号・6号・7号遺跡など、奈良・平安時代の遺跡も多い。なお「倭文」とは当時織られた布の一種である。

皆川地区の南を画する太平山中には、古代山岳寺院である大山寺があった。現在でも円通寺平を始め、広大な平場が山中の各所に残っている。

中世

栃木市域は平安末には摂関家領中泉荘が立券され、やがて小山氏らの所領となったと推定されている。鎌倉時代には皆川(皆河)荘が存在し、親王家に伝領されていたことが確認できる。

小山氏一族の長沼氏二代時宗の子・弥四郎宗員(むねかず)は皆河氏を名乗り、皆川荘の地頭職となったという。宗員の弟の時村は笥室の姓を名乗ったことから、笥室を箱森(栃木市箱森町)だとすれば、2人で隣接する地域を支配したことになる。しかし宗員らの家系はその後絶えたようだ。

南北朝の動乱などの紆余曲折を経て15世紀後半以降、長沼惣領家の末裔が南山(福島県南会津郡南会津町)から入部して皆川氏を名乗る。やがて戦国大名に成長した皆川氏は皆川城を本拠とし、白山台と東宮神社に出城を構え(図序-2)、さらに領域内には富田城などを築いて勢力を拡張した。白山台については、皆川城築城以前の本拠地であるとも言われている。皆川の城下町については、荒川善夫氏により復元されている(図序-3・荒川2011)。大永3(1523)年皆川宗成(むねしげ)は宇都宮忠綱と河原田で戦い、宗成は討死したものの宇都宮氏を撃退した。さらに16世紀末、宇都宮氏との確執・北条氏の侵攻・小田原合戦など戦国末の動乱を生き抜いた皆川広照は、現在の栃木市街地に進出し近世城下町を新たに営むこととなる。

皆川家文書61通は国指定重要文化財となっている。また皆川城内町金剛寺には皆川家墓所があり、激動の時代を生きた広照や隆庸(たかつね)の墓塔が祀られている(写真序-1)。

皆川地区には中世の板碑が多く残っ

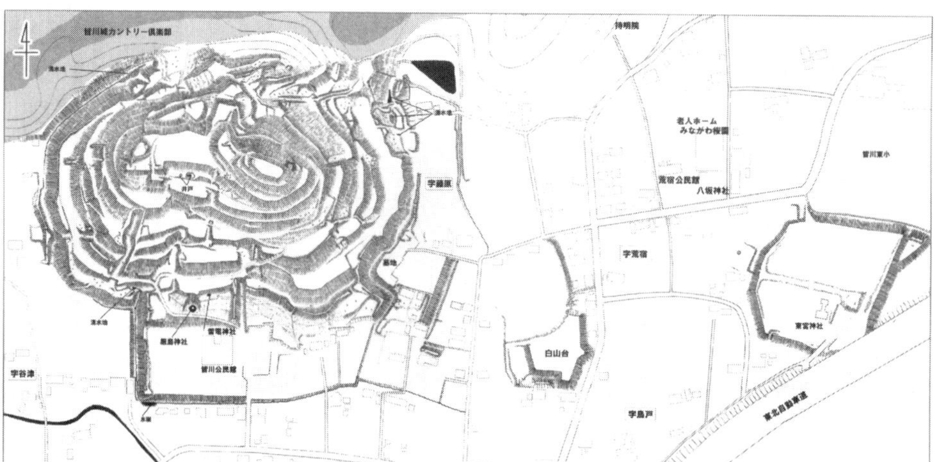

図序-2 皆川城跡(栃木市教育委員会2015)

写真序-1 金剛寺皆川氏墓所

写真序-2 成就院板碑

ている。板碑は石塔の一種で、関東の緑泥石片岩を素材としたものを武蔵型板碑と呼んでいる。皆川地区には特に15世紀から16世紀の小型品が多い。『栃木市史　通史編』には、小野口町に10基、柏倉町に27基、志鳥町に6基、皆川城内町に21基が掲載されている。紀年銘も鎌倉時代から戦国時代までと幅広い（栃木市史編さん委員会1988）。柏倉町成就院では石の覆屋の中に祀られている（写真序-2）。

江戸時代

皆川地区は八カ村に分かれていた。皆川城内村（元皆川村とも呼ばれていた）、大皆川村、新井村、泉川村、岩出村、志鳥村、小野口村、柏倉村である。『地誌』に記されているように、支配関係は幕府領・旗本領・大名領などに細分化され、複雑に入り組み変更も度々あった。皆川地区の多くを所領としていたのは、武蔵国久良岐郡六浦（横浜市金沢区）に陣屋を置く六浦藩米倉氏であった。明治初年の廃藩置県の後も、六浦県に属する村が多かった。

近現代

明治維新の後、新しい地方制度が次第に整えられる中で、後述するように戸長制が実施され、八カ村の戸長役場は皆川城内村に置かれた。明治22（1889）年八カ村が合併し、皆川城内村に役場をおいて皆川村が成立した。

昭和29（1954）年、皆川村は栃木市と合併した。旧八カ村の名前は、それぞれ町名（大字）として受け継がれた。

令和元（2019）年10月現在皆川地区の人口は8町で4,115人。新井町から小野口町に東北縦貫自動車道が通っており、栃木インターチェンジが新井町に設けられている。柏倉町には柏倉温泉やフェスティカサーキット栃木があり、人々を集めている。皆川城内町には公園として整備された史跡皆川城趾がある。皆川城カントリークラブも営業しており、皆川城内産業団地が稼働している。新井町・泉川町は近年新興住宅地として開発が進んでいる。皆川公民館・栃木市立皆川城東小学校・栃木市立皆川中学校・栃木県立栃木特別支援学校などの公共施設や公立学校は皆川城内町にある（口絵1）。

2.『地誌編輯材料取調書』とは

(1) 帝国地誌編さん事業

次に『地誌』について説明する。

『地誌』は『皇国地誌』の下書きであり、各村々のことについて詳しく書かれたものである。県庁を通して提出が求められた。

『皇国地誌』とは、明治新政府が統一国家としての日本を国民に認識させるため、各府県に提出を求めた調査報告書である。作成は明治5(1872)年頃から始められた。しかしこの調査にはさまざまな困難があったため、明治17(1884)年に打ち切られてしまった。その後は大日本国誌編さん事業に引き継がれた。

さらにこの事業は、東京帝国大学に引き継がれたが、刊行には至らなかった。しかも大正12(1923)年に起きた関東大震災により、地方から集められ保管されていた正本の大半は焼失してしまった(山口1984)。

現在、難を逃れたものや各地方に残った草稿や控えをもとに、出版されたものも僅かにある。皆川地区八カ村の構成を見ても、疆域・幅員・管轄沿革・里程・地勢・地味・地種・字地・貢租・賦金・戸数・人員・牛馬・車・山・坂・川・橋梁・溝渠・道路・神社・寺・学校・物産・民業など多岐にわたっている。現在ではわからなくなってしまっている伝承・地名などの情報も多く、統計資料としてのデータも含まれている。まさに明治初期の地域社会を知る基礎史料であり、大変貴重なものであると言える。

(2) 皆川八カ村『地誌』の作成と伝来について

『地誌』は縦23cm横17cmの冊子で、八カ村分が綴られている。綴られ方は、皆川城内村・柏倉村・小野口村・志鳥村・岩出村・大皆川村・泉川村・新井村の順であった。綴じ紐は紙縒りである。これに厚い西洋紙の表紙が新しい紐で付けられているが、最近の処置である。皆川城内村の表紙には「六月八日清出済」と朱書されている(口絵2)。本文が書かれているのは、青い罫線が引かれた薄い和紙である。中央の折り目の上段に「栃木県下都賀郡皆川城内村」、下段に「戸長役場」と印刷されている。八カ村全てがこの用紙を使っている。また皆川城内村・柏倉村・小野口村の1頁目の右上には、「皆川城内村外八カ村戸長役場」「戸長」「鈴木」の朱印が押されている(写真序-3)。このことから明治22(1889)年に統合される前から八カ村はまとまっていたこと、『地誌』が戸長役場の業務として作成されたことが分かる。そして正本は6月8日に県に提出されたが、

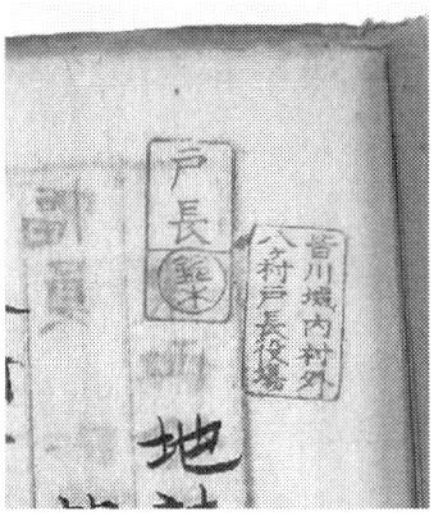

写真序-3　皆川城内村1頁

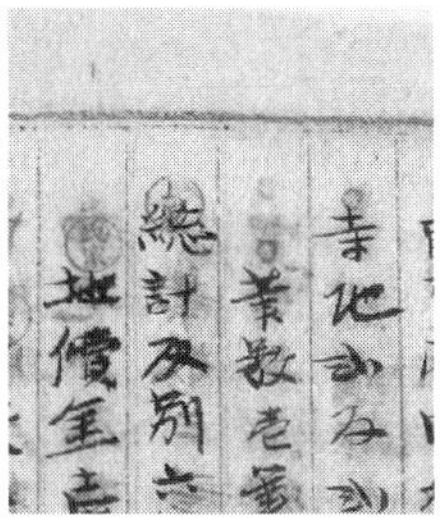

写真序-4　大皆川村15頁

このような書き込みは皆川城内村にしかなく、すでにこの時点で綴られていた可能性が高い。

本文は共通の項目で構成されていることから、マニュアルに従って作成された様子がうかがえる。項目によっては表を使って分かり易くまとめてある。新井村に限り、村の形を示した図が添えられている。また寺社の伝承など詳しい村とそうでない村がある。

赤字または黒字で加筆や訂正をしている箇所が多くある。紙が貼られた部分もある。また志鳥村・大皆川村の行頭に「氏家」の朱印や丸印が多く押されているが(写真序-4)、氏家某という人物らによるチェック済みというマークなのだろうか。

皆川城内村の最後の頁には、

「右之通相違無之候也／下都賀郡皆川城内村／戸長／鈴木宗四郎／栃木県令樺山資雄殿」とある。

樺山が知事をしていたのは、明治18(1885)年1月22日から明治22(1889)年12月27日であるが、明治19(1886)年7月18日より県令から知事へと改称している。柏倉村の最後の頁には「明治十八年六月」(1885)、泉川村には「明治十八年七月」と書き添えられている(口絵3)。皆川八カ村『地誌』は、この頃書かれたものと思われる。

ところが統計資料などは明治7(1874)年から明治10(1877)年の数字が示されている。前述の通り『皇国地誌』は明治5(1872)年に編集が始まり明治17(1884)年に打ち切られた。推測であるが、皆川地区八カ村はこの時までにかなり出来上がっていたのではないだろうか(第1次編集)。その後は大日本国誌編さん事業に引き継がれるが、皆川八カ村は早々に下書きを作成し(第2次編集)、正本を県に提出したことになる。

また前述の通り、皆川八カ村『地誌』は一冊に綴られており、栃木市教育委員会に保管されていた。おそらく栃木市と昭和29(1954)年に合併した時、旧皆川村役場から栃木市役所へ引き継がれたものだろう。市史編さんに伴う史料調査などにより教育委員会の保管となったのではないだろうか。

皆川城内村の部分は表紙を含めて87頁である。以下柏倉村62頁、小野口村43頁、志鳥村51頁、岩出村42頁、大皆川村45頁、泉川村45頁、新井村41頁の分量である。

3．戸長鈴木宗四郎

(1) 戸長制度と『地誌』

次に戸長制度について説明する。戸長制度は明治前期に地方の行政事務を司った役人制度である。明治4（1871）年4月5日に出された戸籍法で定められた。地域ごとに区画を定め旧来の名主や年寄りなどの中から戸長が選出された。明治11（1878）年大区小区制が改められた郡区町村編成法により、町村ごとまたは数町村に戸長が1人ずつおかれた。その後明治22（1889）年の市制・町村制の施行により廃止された（大島1985）。

栃木市が保管する明治9（1876）年の地籍図には、各村の戸長・副戸長他の署名捺印があるが、さまざまな人名が見られる。こうしてみると、皆川八カ村の戸長を1人が担当するようになったのは、明治11（1878）年の郡区町村編成法以降だったに違いない。なお皆川地区の戸長役場は、現在の栃木市立皆川中学校のあたりだったという（口絵1）。

前述のように、この頃『地誌』の第1次編集作業が進められたとすれば、戸長役場の統合が進められたのと並行した作業であった。本文に皆川城内村戸長役場の用紙が用いられ、八カ村がまとめて綴られた状況も納得できる。ただ、マニュアル通りとはいえ、筆跡や編集に若干の個性が認められることから、旧戸長役場のスタッフがそれぞれ関わっていた可能性も否定できないだろう。

(2) 顕彰碑にみる鈴木宗四郎

皆川八カ村の戸長で、『地誌』の提出者でもある鈴木宗四郎については、どのような人物かなかなか分からなかった。現地調査でうかがったが、鈴木姓そのものが皆川地区にあまりないということで、手がかりがつかめなかった。

今後の課題と思っていたところ、國學院大學栃木短期大学の報告書にその名を見つけた。太平山神社参道脇に宗四郎の顕彰碑が建てられていた（國學院大學栃木短期大学2016・写真序-5）。大変難解な漢文であるが、報告書から以下のようなことが分かった。

①明治40（1907）年に62歳で亡くなっている。②現在の栃木市平井町の人である。③明治6（1873）年学区取締補助、その後各地の副戸長・戸長となる。④皆川城内村外八カ村の戸長には明治18（1885）年就任している。⑤太平山神社周辺のさまざまな整備事業に尽力している。⑥撰文は太平山神社社司岡田順平氏である。⑦明治44（1911）年12月に建立されている。

参道の目立つ位置の大型で立派な石

写真序-5 鈴木宗四郎顕彰碑

碑であり、特に⑤の功績が高く評価されていたことがうかがえる。

『地誌』提出が戸長就任と同じ年だった点は意外であった。宗四郎は第1次編集には関わっていない。第2次編集作業も、前任の戸長がある程度進めていたのかもしれない。今のところ、確実に言えることは、最終的な提出者であったということである。

〈序章・参考文献〉

荒川善夫(2011)「皆川城」『関東の名城を歩く　北関東編』吉川弘文館

江田郁夫(2012)『下野長沼氏』中世武士選書11　戎光祥出版

大島太郎(1985)「戸長」『国史大事典　第5巻』吉川弘文館

角川日本地名大辞典編纂委員会(1984)『角川日本地名大辞典　9栃木』角川書店

岸慶蔵(2003)『私見 皆川氏・長沼氏と栃木郷』石田書房

國學院大學栃木短期大学(2016)『太平山の石造物』平成17年度栃木県大学地域連携プロジェクト支援事業成果報告書

寶月圭吾監修(1988)『栃木県の地名　日本歴史地名大系9』平凡社

栃木県立学悠館高等学校歴史研究部(2014)「明治18年の皆川城内村へタイムトラベル―『地誌編輯材料取調書』から分かること―」『研究集録』35　栃木県高等学校文化連盟社会部会

栃木市教育委員会(2015)『栃木市遺跡分布地図』栃木市

栃木市史編さん委員会(1988)『栃木市史通史編』栃木市

栃木県歴史散歩編集委員会(2007)『栃木県の歴史散歩』山川出版社

山口静子(1984)「郡村誌」『国史大事典　第4巻』吉川弘文館

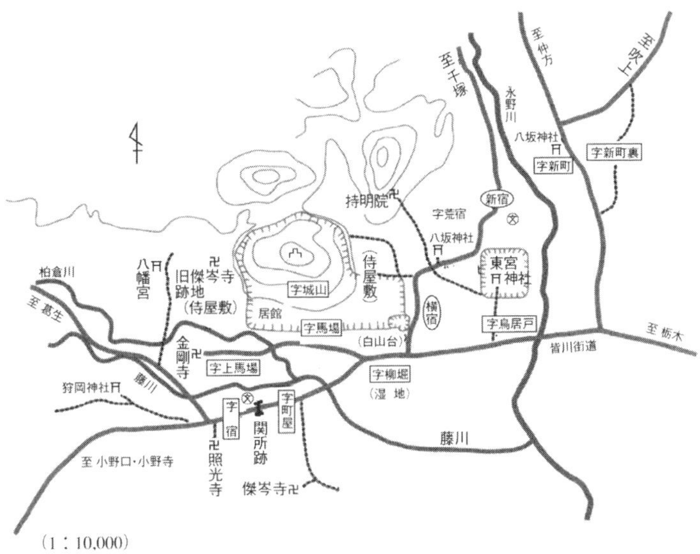

図序-3 皆川城下の復元(荒川2011)

コラム1

皆川城から栃木城へ

はじめに

皆川城内町東宮神社では、寛永11(1634)年の年号が刻まれた古い灯籠を確認できる。この頃皆川隆庸は常陸府中藩2代目藩主で、皆川地区は榎本藩本多氏の所領であった。

そこで、俊宗から広照・隆庸に続く皆川氏三代による栃木築城や町割形成を概観する。町割形成の内容は『栃木市史』など先行研究の引用であるが、寺社の移転伝承などから「町立」の過程を推測できる点で、北関東における近世城下町形成の一事例として資するところがあると思われる。

このコラムは、平成29(2017)年6月3・4日に小山市立文化センター小ホールにて開催されたシンポジウム「北関東研究集会　伝統武家の城下町」にて口頭報告させていただいた内容である。

(1) 栃木城と近世城下町栃木の成立

『栃木市史』などによれば、栃木築城と栃木の町立ては、次のような経過で進行している(栃木市史編さん委員会1988)。以下皆川氏の動向と共に年表形式で述べる。

永禄6(1563)年

皆川俊宗、川連城占領。阿弥陀堂で川原田合戦以来の戦死者法要を行う。

円通寺を川連に移転させる。平野部に進出し、城下町建設を構想か。

天正4(1576)年

兄広勝(俊宗嫡子)の早世により、広照が家督を相続。

天正7(1579)年

広照、円通寺を現在地に移転。

天正9(1581)年

広照、織田信長に馬3疋を献上。使者は関口石見守、智積院玄宥が同行したという。

天正10(1582)年

本能寺の変、織田信長自害。

天正12(1584)年・異説あり

草倉山合戦、北条氏直と戦う。

天正14(1586)年

栃木の「町立」始まる(円通寺文書)。

天正18(1590)年

豊臣秀吉による小田原城攻め。

4月8日、佐野了伯に先導された豊臣勢に攻められ、皆川城が落城す(皆川くずれ)。

4月8日、小田原城に籠城していた広照が、徳川家康の説得で脱出し、秀吉に降伏する。

家康の家臣として本領を安堵され、栃木に近世城下町を建設し、本格的に進出する。

天正19(1591)年

栃木城築城開始。ただし『関東八州諸城覚書』(毛利家文書)に、「みな川　とちき　とミた　なんま」とあることから、天正18年以前から皆川城の支城であった可能性が高い。

慶長5(1600)年

関ヶ原の戦い、広照は東軍として大田原城修築と防衛にあたる。

慶長8(1603)年

広照、信濃飯山藩に加増移封、松平忠輝を養育し家老となる。

慶長14(1609)年

忠輝に連座し改易、栃木城破却。

慶長20(1615)年

大坂夏の陣において広照の嫡子である皆川隆庸が武功を挙げる。

元和9(1623)年

広照赦免、常陸府中藩1万石。

寛永2(1625)年

隆庸が家督相続。

正保2(1645)年

隆庸没、嫡子皆川成郷(なりさと)も同年に早世したため、無継嗣により改易となる。

(2)低湿地の開発と寺社の移転

次に城下町栃木の形成過程を、寺社の移転伝承から考えたい(図序-4)。

寺社移転に先立って、今川義元の家臣であった田村信成が、桶狭間の戦いの後に栃木に移住し、現市内中心部の原野を最初に開拓したという伝承もある(栃木市史編さん委員会1988)。また皆川城内町傑岑寺には、義元の弟が住持を勤めたという伝承がある。二つの伝承に何らかの関わりがあるとしたら興味深い。駿河の人は低湿地を開発する技術をもっていたのだろうか。

寺社ごとの移転伝承を以下に列記する。城下町形成に伴って移転したと考えられる年を下線で示した。

①神明宮

栃木郷総鎮守・栃木の地名の起こりとの説もある。

応永10(1403)年神明宿(現・神田町)に創建(神明宮棟札)。天正17(1589)年現在地に移転(神明宮棟札)。

②円通寺(星住山松樹院)

もと天台密教の霊場・修験道場で

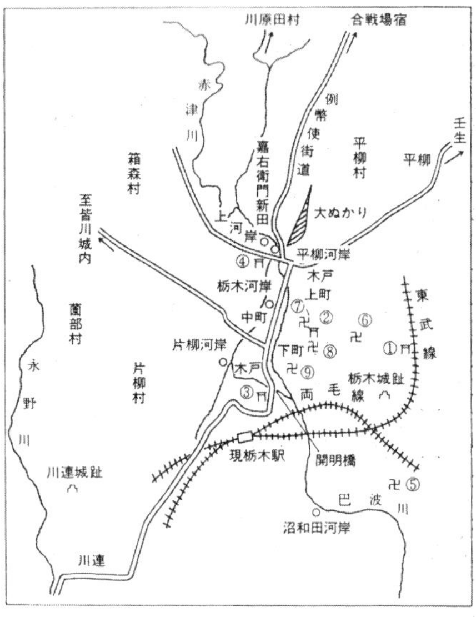

①	東宮神社	栃木城の鬼門に、皆川広照が勧請
②	神明宮	栃木町総鎮守、皆川広照、この地に移す
③	熊野神社	栃木町古社
④	向島神社	豪商長谷川氏の勧請(藤助八幡)
⑤	円通寺	皆川広照、川連村から移す
⑥	長清寺	もと円通寺の地から移す
⑦	近龍寺	旧名称念寺、皆川広照、この地に移す
⑧	満福寺	皆川広照、薗部村から移す
⑨	定願寺	皆川広照、川連村から移す

図序-4 栃木の「町立」(栃木市史編さん委員会1988)

あったが、南北朝に衰退、その後再興した。

天長2(825)年慈覚大師により太平山中に創建される。南北朝期に等海法印(中興第一世)が寺門復興。応永23(1416)年救海法印(高慶大師・中興第二世)が入定した(円通寺文書『入定記』)。現在も太平山東麓には「円通寺平」「真野入り」「入定平」の地名と、広大な平場が数カ所残っている。

永禄6(1563)年皆川俊宗により川連へ移転。天正7(1579)年皆川広照により現在地(栃木城の南)へ移転。

③近龍寺(三級山天光院)

浄土宗、鯉が三級になると龍になるという伝説がある。

応永28(1421)年称念寺として宿川原(現在の円通寺の西側)に建立。開山は良懐上人(笈然和尚)。永禄6(1563)年皆川俊宗、川連阿弥陀堂法要時に称念寺にも寄進あり。天正16(1588)年現在地に移転(田村家文書)。

④満福寺(薗部山地蔵院)

真言宗智山派、三鬼尊を祀る。

弘長2(1262)年朝海が薗部に開山。天正10(1582)年皆川広照により現在地へ移転したと推定されている(栃木市史編さん委員会1988)。

⑤定願寺(願礼山修徳院)

天台宗、もと川連阿弥陀堂で、よし山付近に所在したという(河野守弘1850)。

永禄6(1563)年皆川俊宗が川原田合戦以来の戦死者を弔うため、常念仏供養を行った。天正年間(1573～92)皆川広照が現在地へ移転、定額寺とした。

⑥長清寺(摩尼山委知院)

真言宗豊山派　もと現在の円通寺の地にあった。円通寺移転とともに現在地へ移転した(1579年頃と推定)。

⑦東宮神社(栃木市神田町)

伝不詳。皆川城下より旧神明宿に分祀、栃木城の鬼門除けと考えられる。

⑧熊野神社(栃木市河合町)

伝不詳。城下町形成以前から現在地に所在したと推定されている。

これらの寺社伝承を事実の反映とすれば、1570年代の末から80年代にかけて、ゆっくりではあるが計画的に栃木の「町立」が進められた状況がうかがえる。おそらくは栃木築城も計画の中心にあり、早い段階から普請が始まっていたに違いない。

(3)栃木城の築城

①栃木城の周囲

栃木城は周囲とほとんど比高差のない平城である。その防衛には、低湿地にあるという立地が活用されているものと理解できる。

城の東側は、杢冷川が流れ沼沢地や泥深田となっていた。西側は南北の街道に沿って西向きに寺社が並ぶ。近世絵図には短冊形町割が描かれているが、皆川時代にさかのぼるかは分からない。街道の西には、いくつかの湧水を集めながら巴波川が南流する。南側には円通寺があり、さらにその南は湿地・泥深田となっていた。北側も沼泥地が広がっていた。

足利から小山にかけての県南では、同じように低湿地を防御に利用した城館が多い。全国で近世城下町が整備される中(藤田2019)、栃木築城は広照にとって、ありえない発想ではなかったのだろう。

②交通路

次に栃木をめぐる交通網であるが、中世以前から佐野・藤岡・小山・壬生・鹿沼・粟野・皆川方面への街道が、栃木から放射状に伸びていたことが推定できる。このうち近世になって基軸となるのは日光例幣使街道である。南は開明橋から町に入り、栃木を経て鹿沼・今市方面に向かう。また粟野方面へ向かい、出流山満願寺・千部ヶ岳から入山し、尾根上を日光山に至る山岳路が日光禅定道である。室町時代以来、回峰行など修験者の往来が盛んであった。

近世の水運では巴波川が著名である。思川・渡良瀬川と合流し江戸に至る。栃木では平柳河岸が巴波川の遡航終点河岸であり、後述するように町に大きな繁栄をもたらした。

③栃木城の発掘

平成20(2008)年住宅開発に伴う発掘調査が、栃木城の北東部に当たる栃木市神田町で行われた。筆者は調査中に現地をご案内いただいた。

報告書によれば、堀・溝12条、井戸4基、土坑3基、小穴7基が検出された。このうち堀SD1は障子堀であり、埋められた後に水路に利用されたという。またSD2は道路、SD3・4は泥田状の水堀と推定されている。主な出土遺物はかわらけ・内耳鍋・陶磁器・漆器・下駄などの木製品、五輪塔などである。五輪塔は凝灰岩製で破砕途中のものであった。

調査の結果、城は沼沢地・泥深田によって守られていたという実態が明らかになった。障子堀は低湿地に適した防御施設である。攻め手は水気を含んだ土に難儀することになるだろう。報告書も指摘しているが、遺物の年代が16世紀末から17世紀初頭に纏まっている。かわらけ(図1-5)・内耳鍋・陶磁器の一部が上記の年代となる。これは史料の示す築城から廃城の年代に一致する点で興味深い。

(4)巴波川と栃木の復活

前述の通り、慶長14(1609)年皆川氏改易とともに栃木城も廃城となる。間も無く皆川氏は復活するが、栃木が城下町として地域支配の拠点となることはなかった。

その後日光山造営にともない、水運

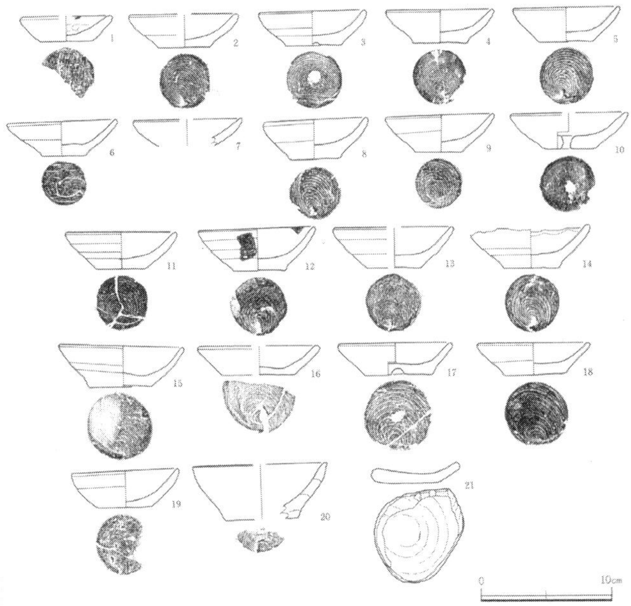

図序-5 栃木城出土かわらけ（栃木市教育委員会2008）

を利用して遡上させた資材の集積地として重視される。栃木は日光に最も近い遡航終点河岸であった。造営が一段落した後も、巴波川の河岸と日光例幣使街道の宿場としての繁栄が続く。麻・藍玉・煙草・石灰などの地元特産品と、干鰯(ほしか)などの肥料や江戸からの日用品が取引された。善野家・岡田家・塚田家などの豪商が出現した。最近では喜多川歌麿の逗留し、「深川の雪」「品川の月」「吉原の花」と言った大作を残していたことで注目を集めている。街道に面した町屋と城の中間に西面して並べられた寺社は、そのまま宿場の町割に生かされることになる。

小結

皆川俊宗は川連城周辺に寺社移転を始め、平野部への進出を図っていたと

思われる。続く皆川広照が栃木城周辺に「町立」を進め、多くの寺社が埋立地に集められた。しかし、皆川氏改易とともに城下町建設は中断した。その後巴波川の水運と例幣使街道を中心に、新たな商業都市として発展した。

〈コラム1・初出〉

齋藤弘（2017）「下野における城下町の形成−栃木・足利・喜連川の事例−」『北関東研究集会　伝統的武家の城下町』城下町科研・北関東研究集会事務局

〈コラム1・参考文献〉

荒川善夫（2011）「戦国時代の下野皆川氏と皆川城」『栃木史学』25　國學院大學栃木短期大学史学会
江田郁夫（2012）『下野長沼氏』戎光祥出版
河野守弘（1850）『下野国誌』
杉浦昭博（2011）『改訂増補　近世栃木の城と陣屋』随想舎
栃木市役所（1952）『栃木郷土史』
栃木県文化協会（1979）『栃木の水路』
栃木市史編さん委員会（1986）『栃木市史　史料編・近世』
栃木市史編さん委員会（1988）『栃木市史　通史編』
栃木市教育委員会（2008）『栃木城跡』
藤田達生（2019）『藩とは何か』中公新書

第1章

明治18年にタイムトラベル

〜皆川城内村〜

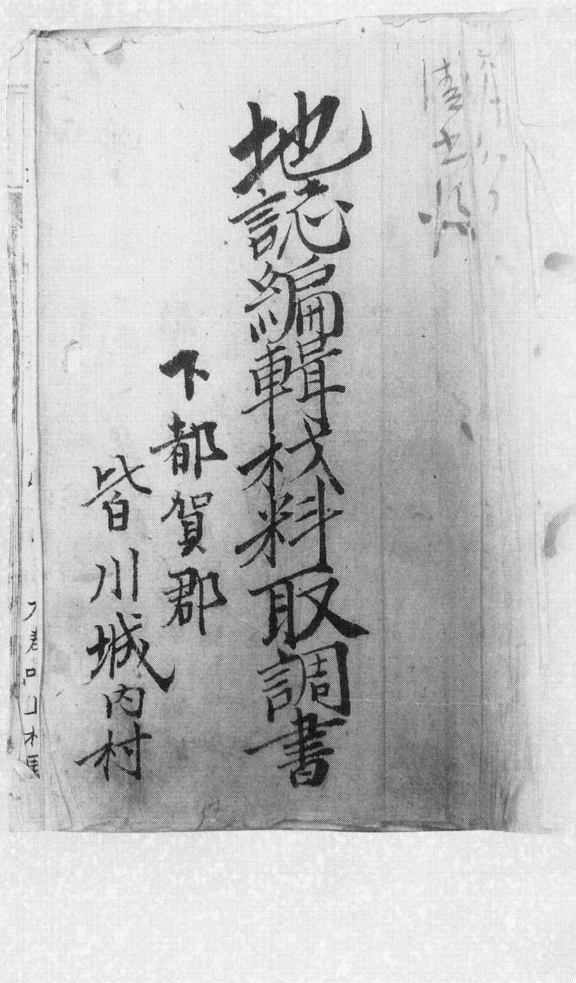

1．明治18年の皆川城内村

はじめに

平成25(2013)年度は、序章で述べたような状況で翻刻作業が始まった。初めは分からないこともたくさんあったが、読み進めるうちに興味深いことにたくさん出会うことができた。本章では特に気になったことを、『地誌』の記載に沿って取り上げてみたい。

(1)戸数と人口

表1-1・2で示したとおり、明治8～10(1875～77)年の3年間で、皆川城内村の戸数と人口は少しずつ増え続けている。本籍ばかりでなく寄留も年々増え続けているが、その中の出寄留は増えているものの、入寄留は減っている。寄留とは、旧制で本籍地以外の場所に90日以上過ごす目的で居所などを有することである。

ちなみに令和元(2019)年10月末現在の皆川城内町の人口は、栃木市HPによれば男女合わせて1,237人(男596・女641)で世帯数(戸数)は495世帯(戸)である。

表1-1 戸数の変化

年		明治8年	明治9年	明治10年
本籍	計	210	214	217
	士族	4	4	4
	平民	206	210	213
寄留	計	18	20	16
	出寄留	8	10	10
	入寄留	10	10	6

(2)特産品

表1-3に示したとおり、収穫物では麻・薪、製造品では畳間(じょうま)(菰の一種で輸出用の荷物の梱包などに用いられた)・細美(さいみ)(麻織物の一種で夏服に用いられた)・藍玉・炭・清酒の生産額が大幅に上がっている。畳間は当時「皆川畳間」の名称で出荷され、輸出品にもなっていたという(写真1-1・皆川地区街づくり協議会歴史文化部2015)。この上昇は、生産量が大幅に増えたのか、単に物価高によるものか、生産量の統計がないので分からない。また疑問として、藍葉の生産額が

写真1-1 皆川畳間(皆川地区街づくり協議会歴史文化部2015)

表1-2 人口の変化

年		明治8年		明治9年		明治10年	
		男	女	男	女	男	女
人員	計	1235		1350		1435	
		605	630	660	690	705	731
	士族	12	12	11	14	14	9
	平民	593	618	649	676	691	721
寄留	計	65		67		68	
	出寄留	21		25		28	
		10	11	12	13	14	14
	入寄留	44		42		40	
		22	22	21	21	20	20
総計		1300		1417		1503	

あまり伸びてないのに対し、藍玉は大幅に伸びている。さらに薪と炭の生産額があまり伸びていない上に、品質が書かれていない。日用品などに当時のインフレの影響があったのだろうか。

(3) 税金からみた村の産業

明治8～9(1875～76)年にかけての賦金には、証券・煙草・酒類醸造・酒類免許・車・牛馬・売薬・銃猟・質取り・料理・菓子屋・宿屋・漁業があった。これらは当時の産業で、村で実際に営まれていたことを示している。

(4) 村人の生業

また『取調書』の最後には、男は農業で女は農閑期に畳間を織るなどしており、当時の民業として次のような店があり、職人がいたとしている。酒造1戸、旅店2戸(旅館か)、質屋5戸、醤油屋1戸、荒物屋2戸、大工6人、屋根葺3人、泥工1人、木挽4人。

前節と考え合わせてみても、生活に必要なものが村内で自給でき、遊興や喧噪のあまりない静かな村であったことが分かる。このような村での前述した生産額の急増は、何が原因で人々の生活をどのように変えたか興味深いところである。

(5) 学校

次に皆川小学校について説明する。

皆川小学校は明治6(1873)年7月に創立された。当時は明倫舎と称し照光寺を仮用していた。仮用とあるのは、照光寺の建物を仮に用いたということである。後の明治8(1875)年に皆川学校と改名する。

皆川城内村を含め、志鳥・小野口・柏倉の4カ村の生徒を本校に集め、最終的には4カ村の連合となった。表1-4のとおり、男子に比べて女子が少ないのは、残念ながら女子は教育を受けなくてもよいという考え方があったからであろうか。

明治8(1875)年2月には、柏倉村が分離して柏倉学校を設立、大楽院に仮

表1-3 特産品の生産額の変化

物産	明治9年	明治10年	明治11年
大麻	5,000	6,500	10,000
藍葉	1,200	1,500	1,500
薪	105	126	147
畳間	4,720	5,760	7,200
細美	300	375	450
藍玉	600	720	1,600
炭	50	60	70
清酒	2,000	2,500	3,000

用した。さらに小野口村に分校を置いた。このため本校の教員が一人になってしまい、同年7月に授業ができずに廃校となってしまった。そこで同月小野口村分校を廃し、本校と合併させて何とか再開できた。明治11(1878)年には柏倉学校が廃され、再び帰結した。限られた教員数の中、4ヵ村がそれぞれに学校を開くか、分校にするか合同にするか、試行錯誤を重ねていた様子が興味深い。

『栃木県教育史』によれば、明治29(1896)年1月に照光寺が火災となり、明治31(1898)年5月に校舎を新築した。翌年4月に泉川に分教場がおかれ、明治34(1901)年に独立した。大正3(1914)年1月に再び火災にあった。昭和16(1941)年皆川国民学校となり、昭和29(1954)年9月に町村合併で、栃木市立皆川小学校となった(栃木県教育史編纂会1957)。

昭和52(1977)年皆川小学校と泉川小学校が統合して栃木市立皆川城東小学校となり、宇荒宿に開校し現在に至っている。

(6)他の村の学校

皆川八カ村『地誌』には、他の4カ村の学校事情についても記載されている。大皆川村に国宝舎、泉川村に育才学校があった。一方新井村の生徒は野中村の開盲舎に通っていたという。また琴平神社のある鞍掛山中には柏倉学校があったが、これについては第2章で触れたい。

『地誌』大皆川村によれば、国宝舎は明治6(1873)年に民立として開校。宝珠院を仮用し、泉川村・岩出村の生徒も通っていた。明治13(1880)年に泉川村は分離して育才学校を設置、岩出村もそちらと連合した。明治16(1883)年には廃校となり、大皆川村も

表1-4 明倫舎の児童数の変化

<table>
<tr><th rowspan="2">年</th><th colspan="2">明治18年</th><th colspan="2">明治7年</th><th colspan="2">明治10年</th></tr>
<tr><th>男</th><th>女</th><th>男</th><th>女</th><th>男</th><th>女</th></tr>
<tr><td rowspan="2">全校</td><td colspan="2">118</td><td colspan="2">105</td><td colspan="2">137</td></tr>
<tr><td>91</td><td>27</td><td colspan="2"></td><td colspan="2"></td></tr>
<tr><td rowspan="2">皆川城内村</td><td colspan="2">75</td><td colspan="2">43</td><td colspan="2">91</td></tr>
<tr><td>56</td><td>19</td><td>36</td><td>7</td><td>69</td><td>22</td></tr>
<tr><td rowspan="2">柏倉村</td><td colspan="2" rowspan="2"></td><td colspan="2">25</td><td colspan="2" rowspan="2"></td></tr>
<tr><td>24</td><td>1</td></tr>
<tr><td rowspan="2">小野口村</td><td colspan="2">30</td><td colspan="2">25</td><td colspan="2">31</td></tr>
<tr><td>25</td><td>5</td><td>23</td><td>2</td><td>26</td><td>5</td></tr>
<tr><td rowspan="2">志鳥村</td><td colspan="2">13</td><td colspan="2">12</td><td colspan="2">15</td></tr>
<tr><td>10</td><td>3</td><td>10</td><td>2</td><td>13</td><td>2</td></tr>
</table>

育才学校に連合したという。『地誌』泉川村によれば、育才学校は泉光院を仮用していたとある。また『地誌』新井村によれば、野中村の開盲舎は「民立、明治六(1873)年七月以て置く、寺福寺(地福寺カ)を仮用す」とあるのを朱及び黒で「明治六年十一月八日、野中村と連合し明治九(1876)年本村(後略)」と訂正している。明治13(1880)年には開盲舎から離れて育才学校に連合した。こちらも学制当初にあっては、校舎は寺院を利用し、村々の間で分離統廃合を繰り返していた様子が分かる。表1-5はこれらの学校の統廃合の経過をまとめたものである。

表1-5 学制初期の皆川地区の学校

<table>
<tr><th rowspan="2">村名
年</th><th colspan="10">学校名と統廃合</th></tr>
<tr><th>皆川城内村</th><th colspan="2">柏倉村</th><th>志鳥村</th><th>小野口村</th><th>大皆川村</th><th>岩出村</th><th>泉川村</th><th>新井村</th><th>野中村</th></tr>
<tr><td rowspan="2">明治6年
1873</td><td>明倫舎
開校</td><td colspan="2"></td><td></td><td></td><td>国宝舎
開校</td><td></td><td></td><td></td><td>開盲舎
開校</td></tr>
<tr><td colspan="5">明倫舎と連合</td><td colspan="3">国宝舎と連合</td><td colspan="2">開盲舎と連合</td></tr>
<tr><td rowspan="2">明治8年
1875</td><td colspan="4">明倫舎が皆川学校と改称</td><td></td><td></td><td></td><td></td><td></td><td></td></tr>
<tr><td></td><td colspan="2">柏倉学校開校・
分離</td><td></td><td>小野口分
校設置・
廃止</td><td></td><td></td><td></td><td></td><td></td></tr>
<tr><td rowspan="2">明治11年
1878</td><td></td><td colspan="2">柏倉学校廃止・
再び統合</td><td></td><td></td><td></td><td></td><td></td><td></td><td></td></tr>
<tr><td></td><td></td><td>琴平神社
に鞍掛学
校開校</td><td></td><td></td><td></td><td></td><td></td><td></td><td></td></tr>
<tr><td>明治12年
1879</td><td></td><td></td><td>皆川学校
と合併
同校の分
校となる</td><td></td><td></td><td></td><td></td><td></td><td></td><td></td></tr>
<tr><td rowspan="2">明治13年
1880</td><td></td><td></td><td></td><td></td><td></td><td></td><td></td><td>育才学
校設置</td><td></td><td></td></tr>
<tr><td></td><td></td><td></td><td></td><td></td><td></td><td colspan="3">岩出村・新井村が加わる</td><td></td></tr>
<tr><td>明治16年
1883</td><td></td><td></td><td></td><td></td><td></td><td colspan="4">国宝舎廃校・育才学校に統合</td><td></td></tr>
<tr><td>学校名</td><td colspan="5">皆川学校</td><td colspan="4">育才学校</td><td>開盲舎</td></tr>
</table>

2．寺・神社・小学校の現地調査

(1) 第1回

私たちは『地誌』皆川城内村を通読した後、平成25(2013)年7月21日に現地調査を実施した。

①東宮神社(写真1-2)では、『地誌』皆川城内村に記された3基の灯籠のうち、2基が現在も残っていた。うち1基は寛永11(1634)年の年号が刻まれた古いもので特に感動した。この頃皆川隆庸は常陸府中藩2代目藩主で、皆川は榎本藩本多氏の所領であった。

「奉進　東宮大明神／寛永十一年甲戌　正月吉祥日」

もう1基は、万延元(1860)年の年号があり、竿石のみで火袋と笠石を欠いている。

「奉献　御宝前／万延元年□□□四月吉祥日」

②持明院(写真1-3)は、本堂その他がきれいに整備されていた。

③金剛寺(写真1-4)には、皆川氏の墓所があった。『地誌』皆川城内村にも登場する戦国時代末の武将、皆川広照や隆庸の墓塔が実際にありとても興味深かった。

写真1-2 東宮神社

写真1-3 持明院

写真1-4 金剛寺皆川氏墓所

写真1-5 観音堂と十九夜塔

④観音堂（写真1-5）は小さなお堂であった。堂内に観音像を納めた厨子が安置されていた。堂前には如意輪観音像が彫られた十九夜塔が祀られていた。明治16（1883）年と刻まれており、『地誌』が書かれた直前である。十九夜講がこの頃も盛んであったことが分かる。

⑤皆川公民館の裏山が皆川城跡である（口絵4）。案内板や案内図があり、分かり易く整備されていた。

⑥傑岑寺（写真1-6）は、山麓にあり鬱蒼とした森に囲まれている。若い僧侶の方が寺について説明して下さった。『地誌』皆川城内村に記された、今川義元の弟が住持であったことについて伺ったところ、そう伝えられているが確認は出来ないとおっしゃっていた。

写真1-6 傑岑寺

写真1-7 現在の栃木市立皆川城東小学校

無縁墓地には板碑片も置かれていた。

⑦皆川城東小学校（写真1-7）は、今ではごく普通の小学校であるが、創立当時から相当な苦労があったことを『地誌』皆川城内村は物語っている。二宮金次郎像に皆川小学校から運ばれてきたと書かれた石碑が添えられていた。たまたま出勤していた先生にお会いしたところ、「ぜひその研究成果の一部を、本校の教材に加えさせていただきたい」とおっしゃっていた。私たちはそれを聞いて、この研究にやりがいを感じた。

(2) 第2回

さらにこの1カ月後の8月21日にも現地調査を実施した。今回は金剛寺住職の柿上法雄師、照光寺住職の伴及咏師にご説明とご案内をいただいた。本研究に関係し特に印象に残った事項は以下の6点である。

①柿上師には、皆川氏墓所に関するご説明を現地でいただいた。

②皆川広照公肖像、皆川家文書淡路国大田文（複製）、南蛮胴具足などの文

写真1-8 照光寺

化財を見せていただいたこと。

③『地誌』については、地元の方々が参加している町づくり協議会歴史文化部会でも研究を手がけており、平成17(2005)年には主要部分の翻刻を行っている。

④同会では『皆川の歴史と文化』というパンフレット(皆川地区街づくり協議会歴史文化部2015)も発行していてご恵与いただいた。貴重な情報がたくさん載っている。

⑤戸長役場の所在地などについてうかがうことができた。

⑥伴師から、明倫舎として仮用されたのは、照光寺の本堂(写真1-8)であったことをうかがうことができた。

小結

この研究によって『地誌』が描く世界を知ることができた。それは人口・産業・学校・信仰など多岐にわたるものであった。まさに一種の「タイムトラベル」である。この取り組みによって、明治18(1885)年頃の皆川城内村の様子を、多くの方々に思い浮かべていただければ幸いである

おわりに

この報告は、平成25(2013)年に奈良大学が主催した第7回全国高校生歴史研究フォーラムに応募して、佳作を受賞したものである。その後、県高文連社会部会『研究集録』にも投稿させていただいた(栃木県立学悠館高等学校歴史研究部2014)。翌平成26(2014)年、静岡県高文連が主催する全国高等学校郷土研究発表大会が同年8月2・3日三島市民生涯学習センター開催され、この内容を発表したところ優秀賞をいただくことができた。

初めての古文書に少々とまどっていたが、何とか読み解くおもしろさも感じることができた。現地調査では、『地誌』に出てきた墓石や川などがあり、ますます興味を深めた。何よりも地元の方々に直接お話をうかがえて大変よかったと思う。

この研究にあたり、現地調査でお教えいただいた金剛寺住職柿上法雄師、照光寺住職伴及咏師、史料をご提供いただいた栃木市教育委員会様、栃木市立皆川城東小学校様に改めてお礼申し上げます。

〈第1章・初出〉

栃木県立学悠館高等学校歴史研究部(2014)「明治18年の皆川城内村へタイムトラベル—『地誌編輯材料取調書』から分かること—」『研究集録』35　栃木県高等学校文化連盟社会部会

〈第1章・参考文献〉

栃木県教育史編纂会(1957)『栃木県教育史　第3巻』国書刊行会　1986年再刊

皆川地区街づくり協議会歴史文化部(2015)『皆川の歴史と文化』

コラム2

皆川と小野寺を結ぶ街道

古代には上野国から下野国へ東山道が通じ、足利駅・三毳駅を経て下野国府に向かうルートをとっていた。小山への東西路は中世にも存在し、齋藤慎一氏が「鎌倉街道上道下野線」(齋藤2010)と呼ぶなど多くの先学の成果がある。

ここで紹介したいのは、廻峠で栃木市小野寺と皆川地区を結ぶ道である(図1-1)。鎌倉時代の『一遍聖絵』に小野寺が描かれているが、奥州へ向かう幹線道だった可能性がある。ここでは両地区でその痕跡をたどる。使用する主な資料は、平成30(2018)年にご逝去された、京谷博次先生からご恵与いただいた小野寺地区の小字名を詳細に記入した地図、及び皆川八カ村の『地誌』などである。

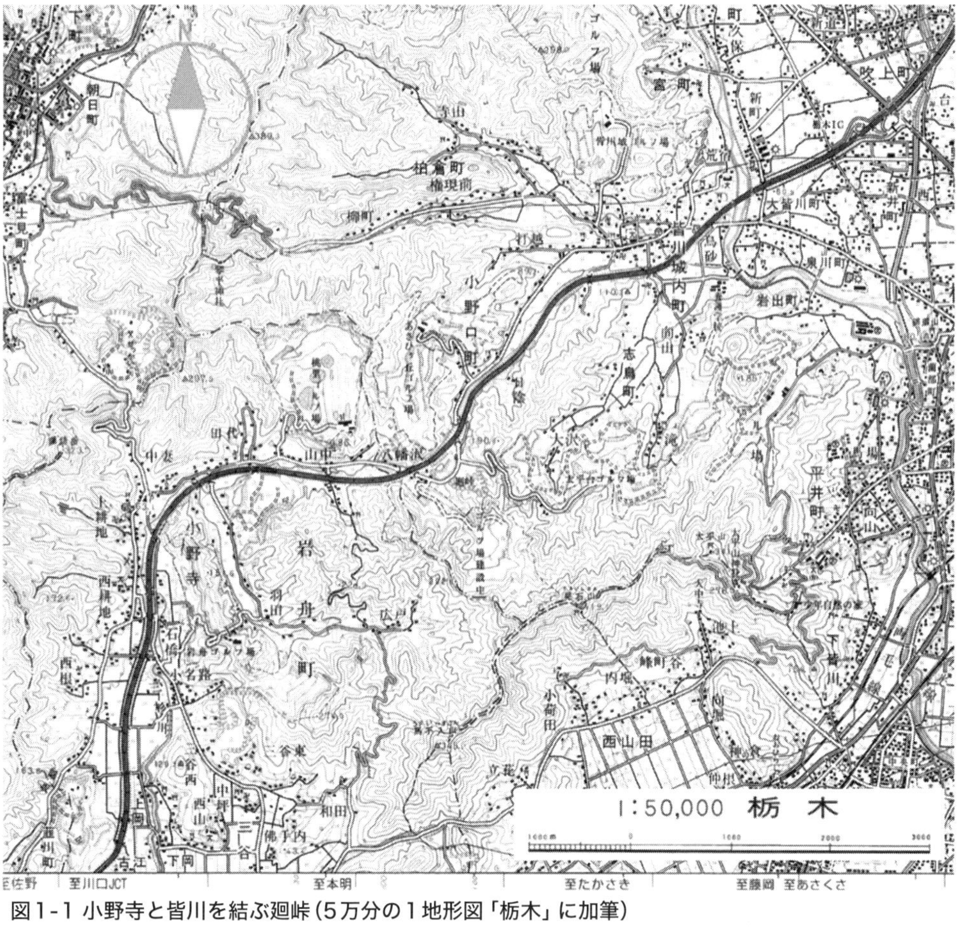

図1-1 小野寺と皆川を結ぶ廻峠(5万分の1地形図「栃木」に加筆)

このコラムは、令和元(2019)年5月26日(日)栃木県立博物館にて行われたシンポジウム「中世の鎌倉街道『奥大道』」において、筆者が誌上発表をさせていただいた内容である。京谷先生のご冥福をお祈りするとともに、中世下野の交通網を考える一助となれば幸いである。

(1)『一遍聖絵』に描かれた大慈寺

『一遍聖絵』第五巻第二段に下野国小野寺の場面がある。詞書に続いて沼と街道のある風景、大慈寺の本堂・楼門・池、板屋に雨宿りする一遍の一行などが描かれている(小松1988)。街道は一方が画面右手の沼沢地へ、他方は画面上手の山中へと続いており、大慈寺周辺の情景に一致する。

一遍が訪れたのは奥州江刺にある祖父河野通信の墓であり、信濃国善光寺から江刺に向かう途中に小野寺を通ったと一般には考えられている。ただし小野寺の次の段で弘安3(1280)年に奥州へ赴くという記述が始まることから、信濃国佐久郡での遊行の途中に足を延ばしたとする見解もある(井原2007. 山内2012)。

(2)小野寺の古代寺院と窯業

①古代寺院大慈寺

大慈寺は小野寺山転法輪院と号し、天平9(737)年行基により創建されたと伝えられている。2世道忠・3世広智により繁栄し、円仁が15歳まで修行した寺としても著名である。天台宗の東国における拠点で、六所宝塔として相輪樘が建立された。周辺からは奈良時代にさかのぼる古瓦も出土している。

②小野寺住林寺と阿弥陀如来坐像

住林寺は承久の乱で討死した小野寺禅師太郎道綱の菩提のため建立、後に一遍が法要を行ったと伝えられている。本尊の阿弥陀如来坐像(県指定文化財)は平安時代末の貴重な作品で、この地域の繁栄がうかがえる(北口2019)。

③古江浄琳寺と窯跡

浄琳寺は慶雲4(707)年の創建、建保2(1214)年親鸞の来訪により浄土真宗となったと伝えられている。この伝承から交通の要地であったとも解釈できるが、小野寺から三杉川右岸を南下して古江・新里・畳岡へ、または謡坂を経て佐野市犬伏に向かう2つの道筋が考えられ、浄琳寺は前者である。

また三毳山周辺は、古代の窯跡が多数存在し三毳山麓窯跡群と総称されている。浄琳寺境内もこの地域では初期の須恵器窯跡として著名である(津野2011)。

(3)皆川地区の条里地割と古道

第6章で取り上げるが、遺跡地図にも掲載された周知の遺跡である泉川条里跡の他、皆川城内町、廻峠を挟んだ小野寺にも条里地割の存在が指摘されている（武川2015）。

大澤伸啓氏は足利の東山道駅路について、駅路の変遷が想定され、また有力な諸説もあるとしながらも、条里水田の直線的な縁辺であり「大道下」の小字名が残る足利市田中町を通過すると論じている（大澤2015）。この成果を参考にするならば、小野寺では南北方向、皆川城内町・泉川町では東西方向の方格地割に沿った幹線道の存在が予想される。

後述するが、『和名抄』下野国都賀郡委文郷は栃木市志鳥町に比定されている。現在の志鳥町は山間で狭いことから、皆川城内町も含めた広域に及ぶと考えるべきであろう。この地域には古代の遺跡が多く周知されている（栃木市教育委員会2015）。

(4) 小野寺・皆川地区の小字名

次に幹線道路と方格地割の存在を示す小字名について検討したい。なお近年までよく使われていた小字（こあざ）という名称は、明治21（1888）年に公布された町村制によるもので、合併した村の名前を大字（おおあざ）と称したことによる。これ以前の『地誌』には字（あざ）あるいは旧字として記載されている。

①小野寺の小字名

京谷先生の資料によれば、条里関連の小字では「一ノ坪」「北坪」「一丁田」がある。「一ノ坪」の存在は県史でも指摘されている（岡田1980）。一方大字「小名路」には「大道」という小字がある。小野寺城跡を中心に条里水田があり幹線道路が通過していた可能性がある。道は謡坂・小名路坂など四方に分岐していた。

②皆川の小字名

皆川地区の『地誌』によれば、皆川城内村には、「荒宿」「新宿」「横宿」「宿」「上宿」「中宿」などの小字名が見られる。荒川善夫氏の研究によると、これらは皆川城が交通の要衝を制し、城下には町屋が営まれていた状況を示している（図序-3・荒川2011）。泉川村には「會の道」「西大道場」「西中道」の小字名が散在している。しかし残念ながら、これらに足利市田中町のような明瞭さはない。わずかに「西大道場」に幹線道路との関連を予感させる。

(5) 木花開耶媛の伝承

最後に皆川以東の街道について示唆する、栃木市大塚町癸生（けぶ）の富士浅間神社の伝承を紹介する。木花開耶媛命（このはなさくやひめのみこと）は夫の暴力から逃れて癸生の地に辿り着き、ここで多くの人の支援を受ける。媛命は父の大山祇命（おおやまつみのみこと）によって富士山の神となり、再び旅立つのであった（栃木市史編さん委員会1979）。第4章で述べるように、太平山頂には富士浅間神社が祀られており、『地誌』岩出村によれば、太平山頂は富士山とも呼ばれていた。

この伝承は大塚町から皆川方面に向かう街道があったことを示していると思われる。これはほぼ現在の県道2号線に相当する。東は思川を渡ると壬生町である。

小結

廻峠で小野寺と皆川を結ぶ街道について、中世の幹線道であった可能性について考察した。その結果『一遍聖絵』は別の解釈が可能であるが、両地区は寺院や生産基盤があり古代以来の繁栄が見られること、幹線道の存在を示唆する小字名もあることから、その可能性は高いと言えるだろう。そのルートは犬伏または三毳山の東で分岐し、小野寺・廻峠・皆川を経て、壬生方面に向かうものであった。

〈コラム2・初出〉

齋藤弘(2019)「もう一つの鎌倉街道上道下野線－小野寺・皆川経由－」(紙上報告：シンポジウム「中世の鎌倉街道『奥大道』」資料　栃木県立博物館他)

〈コラム2・参考文献〉

荒川善夫(2011)「戦国時代の下野皆川氏と皆川城」『栃木史学』25國學院大學栃木短期大学史学会
井原今朝男(2007)「信濃国大井荘落合新善光寺と一遍(上)」『時衆文化』16時衆文化研究会
大澤伸啓(2015)「栃木県足利市の条里」『関東条里の研究』東京堂出版
岡田隆夫(1980)「条里と交通」『栃木県史　通史編2・古代二』栃木県史編さん委員会
角川日本地名大辞典編纂委員会(1984)『角川日本地名大辞典　9栃木』角川書店
北口英雄(2019)『栃木県の仏像・神像・仮面』随想舎
小松茂美(編集・解説)(1988)『一遍上人絵伝』日本の絵巻20中央公論社
齋藤慎一(2010)『中世東国の城と城館』東京大学出版会
武川夏樹(2015)「栃木県の条里」『関東条里の研究』東京堂出版
津野仁(2011)『寂光沢窯跡』栃木県教育委員会・(財)とちぎ生涯学習文化財団
栃木県歴史散歩編集委員会(2007)『栃木県の歴史散歩』山川出版社
栃木市教育委員会(2015)『栃木市遺跡分布地図』栃木市
栃木市史編さん委員会(1979)『栃木市史　民俗編』栃木市
山内譲(2012)「『一遍聖絵』に描かれた信濃」『杉浦隆夫教授退職記念論集』立命館大学

第2章

琴平神社の繁栄

～柏倉村・小野口村～

1.『地誌』にみる柏倉村の信仰と災害

はじめに

柏倉村は現在、栃木市柏倉町となっている。市街地より西北西約8kmに位置し、現地に行ってみると、沢がところどころにあり谷が深く険しく清流で、天気が良い日に行くとより一層綺麗だ。『地誌』に登場する大楽寺や成就院も静かな佇まいであった（写真2-2・3）。柏倉温泉太子館という旅館が一軒営業している。

(1) 不思議な地名とうわさ

翻刻をしている時気がついたが、柏倉村にはなにやら怪しい地名がちらほらと見受けられる。それを挙げてみると、「なめり石」「壺ヶ」「ネギ殿」「隠岐殿」「蔵屋敷」などである。

その中の「隠岐殿」に関しては受領名を思わせる名前である。『地誌』柏倉村より管轄沿革を読むと、元禄11(1698)年戌寅年7月より、二給のうち一給を領するのが久世隠岐守と書かれており、関わりがあるのではないか。元禄期は転封になっていて疑問も残るが、下総関宿藩久世隠岐守重之という人物が候補である。

「ネギ殿」に関しては、「ネギ」は「禰宜」であり神社の神主のことではないか。「蔵屋敷」は、村落支配にかかわる名前ではないか。それを差し引いて私は「壺ヶ」に興味を引かれた。なぜこんな地名がついたのかよく分からないからである。後日聞いて分かったこ

写真2-1 柏倉町の風景

写真2-2 大楽寺

写真2-3 成就院

とであるが、「壺ヶ」は「つぼっけ」と読むようだ。

次に怪しい噂であるが、「硯石」「鼓石」の伝説である。明神山の記述から引用すると、

「嶺上に硯石と唱ふる石あり。此石平面にして、縦三間横四間、中に窪き所ありて年中水絶えず。其形真に硯石の状をなす。また鼓石と唱ふる石あり。此石手を以て敲つときは、誠に鼓の音に聞こひり」

なんと明神山の嶺上には、窪みがありそこに水が湧き出ている硯石と、たたくと鼓のような音がする鼓石があるらしいのだ。

(2) 字名と災害の関係

字名と旧字名を見ることのできる『地誌』ならではの視点がある。字名にはそこで起こったことや、その後の状態が由来になったりすることがあるようだ。農林水産省の資料から例としていくつか挙げてみると、「落合」「切通」「抜崩」「角間」「鞍掛」「大窪」「久保田」「大濁」「深沢」「五反田」「深谷」「壁谷」など、名前から過去の土砂災害を推測できるという。『地誌』に記載された字名や旧字名もいくつか当てはまるものがある。さらに危険な字名の中には、旧字名にも危険な名前が付いているものもあり驚いた。こうした情報は、地域の防災に生かすことができるかもしれない。

(3) 明治8年から10年のバブル？

柏倉村では明治8(1875)年から10(1877)年にかけて徐々に人口が増加していることがわかった。表2-1は人口の変化を年度別にまとめた表である。ちなみに、令和元(2019)年10月現在の柏倉町の人口は、総数388人(男197人、女191人)世帯数129である。また表2-2は、戸数を年度別にまとめた表である。

人口が順調に増えているため、それに乗じて柏倉村内で順調にいくつか増えているものもあるようだ。物産の生産額もそのひとつである。まず、柏倉村の主な物産だが、麻、薪、畳間、炭、清酒がある。表2-3は各物産の生産額合計である。

明治8(1875)年の生産額の合計が1,284円であるのに対し、明治10(1877)年では2,158円10銭である。表2-3を見てみると、特に畳間の生産額の伸びが大きいことが分かる。当時畳間は輸出品であり、「皆川畳間」と呼ばれ多く生産されていたからだろう。西南戦争前後はインフレであったが、この地域が好況であったことには間違いないだろう。

もうひとつは柏倉学校とその生徒数である。柏倉村は独自に学校をもった。それが柏倉学校である。柏倉学校の明治9(1876)年の生徒数は45人(男33人、女12人)であるのに対し、明治10(1877)年には生徒数は50人(男35人、女15人)に増えている。微々たる差のように思

表2-1 人口の変化

	男	女	入寄留男	入寄留女	総計
明治8年	255	269	13	15	552
明治9年	266	265	23	22	576
明治10年	295	298	36	30	659

えるが子供たちの将来を考えると大きいことだ。独立した学校をもったのには、皆川城内村への対抗意識や独立意識があったのではないか。さらに次章で述べるが、琴平神社には鞍掛学校も開かれていた。

次に賦金である。他の村ではみられない、歌舞音曲税が柏倉村では納められていた。なぜここでこのような税が納められているのだろうか。次節で考察する。

(4) 柏倉村の交通路

栃木街道が通っている。旧二等道路であり、字山下、皆川城内村境から馬不入、切通坂の嶺上、安蘇郡中村(佐野市・旧葛生町中)境まであり、長さが35町20間で幅が2間から9尺である。字「神明前」から小野口村への支道もある。もうひとつが皆川往還で村道だ。字「五反田」、皆川城内村より大樫の嶺、安蘇郡会沢村(佐野市・旧葛生町会沢)まであり、長さが30町48間で幅が9尺ある。

現在は山間部の小さな集落であるが、昔は栃木と葛生・田沼を結ぶ、重要な幹線道路が通っていたのが分かる。なお現在は県道210号柏倉葛生線が琴平神社の北側の山間部を抜けているが、交通量は少なく降水量200㎜をこえると通行止めになる。

表2-2 戸数の変化

	本籍	入寄留	社	寺	合計
明治8年	113	16	5	2	136
明治9年	117	22	5	2	146
明治10年	134	30	5	2	171

(5) 琴平神社と鞍掛山の30戸

柏倉村には標高約400mの鞍掛山がある(図2-1)。琴平神社は明治に入ると、特に航海安全の神様として信仰をあつめていたらしい。講社人員15,800人もいた。それに加え付近には30戸の民家があったそうなのだ。さらに一時的ではあるが独立した「鞍掛学校」をもっていた。

実際に鞍掛山の琴平神社に登ってみたのだが大変急な山であり、非常に住みにくそうに思える。なぜ厳しい立地環境のなか生活をしていたのだろうか。土砂災害が心配な地名も集中している。この琴平神社については、次節で詳しく述べる。

(6) 現地での取材

私たちは鞍掛山について詳しい人が柏倉町にいると聞き、柏倉功さんをお尋ねした。

表2-3 物産の生産額の変化

	麻	薪	畳間	蓙	炭	清酒	合計
明治8年	150	150	576	72	180	156	1284
明治9年	166	180	864	90	210	182	1692
明治10年	188.5	210	1152	108	240	260	2158.5

お話を聞いたところ、山頂には沢山の茶店があり、展望も良く、巨大な額殿があったようで、山の上に位置するため水汲みが大変だったそうだ。話の途中に3枚の絵図を見せてもらった(表紙)。そこには山の上に「藤田屋」「栃木屋」「松村屋」などの屋号をもった茶店があり、「幸町」「緑町」などの町名がついており、山上の町の規模の大きさが分かった。『地誌』に出てくる民家30戸はここのことに違いない。ここは山頂であり石垣が重なる姿は天空の城のような景観だったのではなかろうか。まさに「明治の空中都市」「天空のやしろ」である。

小結

この『地誌』を翻刻して、分かったことや発見したことがある。

①『地誌』に書かれた地名から災害の情報を読み取ることができた。これは、地域の方々の防災意識の向上に役立つ情報であろう。②柏倉村は主要交通路上で、明治期の琴平神社の繁栄を読み取ることができた。③琴平神社は海上交通の神であり、栃木の水運と関係するのだろうか。④琴平神社の現地調査で、現在も残っている石垣などか、大変立派であることが分かった。⑤鼓石、硯石の伝承が興味深かった。

翻刻が終わり振り返ってみると『地誌』柏倉村は、過去の災害などさまざまな情報を現代に伝えていることに気がついた。さまざまな情報をきちんとした記録に残すことは、とても大切なことであると思う。

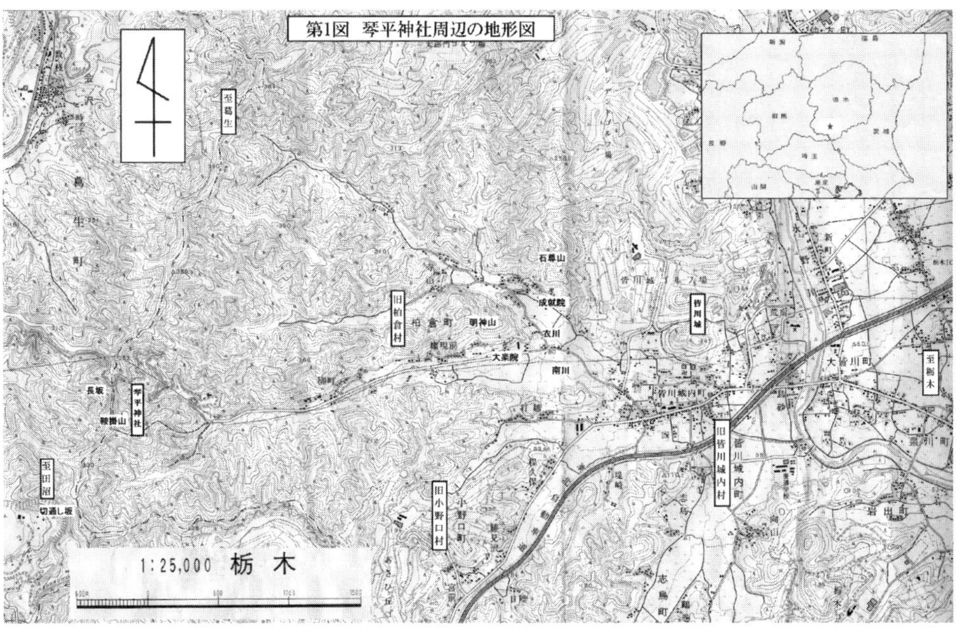

図2-1 琴平神社の位置と皆川地区(2万5千分の1地形図「栃木」に加筆)

2．「天空のやしろ」琴平神社

はじめに

この研究の大きな動機は、平成26(2014)年度に『地誌』柏倉村を研究した際、地元の方から聞いたかつての琴平神社の繁栄と威容に驚き、興味を持ったことである。

そこで平成27(2015)年度は琴平神社を題材に選んだ。聞き取り調査や石造物調査など現地に足を都合7回運んだ。また並行して進めた『地誌』小野口村の翻刻では、崩し字や異体字の解読が困難であったが努力した。

それらの結果から、聞き取り調査では地元に伝わる貴重な情報を得ることができた。石造物調査では、地点によって造立者が異なる傾向を指摘できた。翻刻の成果から、皆川城内村・柏倉村・小野口村の産業に関係する部分を比較し、琴平神社の繁栄を地域で支えていた様子を明らかにした。部員が協力して一つの研究を作り上げた。

この研究で少しでも、時代に埋もれてしまった郷土の歴史を知っていただければ良いと思う。

(1) 柏倉町と琴平神社の概要

私達が調べた琴平神社は、栃木市柏倉町の再奥部、鞍掛山の山頂に鎮座する(口絵5)。標高約400mで、佐野市葛生町長坂との境界になっている。神社からは中世の山城である皆川城跡を望むことができる(口絵7)。

有名な琴平神社の本社は香川県仲多度郡琴平町にあり、御祭神に大物主命(おおものぬしのみこと)、相殿には崇徳天皇が祀られている。琴平神社は御祭神である大物主命が水神の気質を持っているため、海上交通の守り神としての信仰が強く、江戸時代に船による流通が盛んになり始めた頃には、各地に琴平神社の分社が建てられていた。近世の栃木は水運の町で、社記によると柏倉琴平神社は、明和8(1771)年に同行10名を募り、安永元(1772)年に伊勢神宮および讃州象頭山金刀比羅本宮に参詣し、神璽を乞い請けて年内に帰村し勧請したそうだ。

柏倉町にある琴平神社は、場所が渡良瀬川、秋山川と巴波川の中間に当たるため、それらの方面の船主・船頭・舟子などの水運関係者が主な参拝者だった。頂上には僅か240坪の平地に茶屋が数十軒立ち並び、北関東一の社になったという。

最盛期には神官約11名、巫女約16名が常住し、茶屋も62軒、芸子が多数住み込んでいたそうで、明治初年に描かれた琴平神社の全景の絵図(表紙)を見るに大変栄えていたことがわかる。茶屋はみな二階建てである。多くの人々が集うその姿はさながら「明治

写真2-4 琴平神社境内愛宕神社

の空中都市」「天空のやしろ」と言ったところだろうか。

だが戦後間もない昭和20(1945)年、火災により全ての社屋が焼失した。復興は極めて困難なものと思われた。社殿は昭和35(1960)年に氏子の協力を得て再建されている(口絵6)。境内には愛宕神社(火防の神)が合祀されている(写真2-4)。元は字愛宕下の山中に祀られていたが、こちらに遷座したそうだ。

(2) 三カ村の『地誌』に書かれた琴平神社と柏倉村の繁栄

表2-4は、皆川城内村・柏倉村・小野口村の賦金を、それぞれの『地誌』からまとめたものである。小野口村は何故賦金を納めていないのだろうか。気になる所だ。皆川城内村は主に酒類醸造税が多いが、醸造税が多いのは、なにも皆川城内村の人がすべて飲んでいたわけではないと思われる。柏倉村の県税に1つ、あまり聞き覚えのない税がある。「歌舞音曲税」だ。何故このような税が納められていたのかというと、琴平神社には茶屋が多数あり、さらに芸子が多数住み込みをしていたからだ。とすると、皆川城内村で大量に作られた清酒も主にこれらの茶屋に出荷されていたのではないだろうか。

次に人口と戸数だ。表2-5・6を見ると、年々戸数とともに人口も増えている。3つの村の中で皆川城内村が圧

表2-4 皆川城内村・柏倉村・小野口村の賦金の比較

税	皆川城内村	金額	柏倉村	金額	小野口村
国税	証券印紙税	200円			無之
	証券界紙税	5円			
	煙草印紙税	2円50銭			
	酒類醸造税	395円	酒類醸造税	26円	
	酒類免許税	30円	酒類免許税	10円	
			酒類受売免許税	70円	
	車税	13円	車税	9円50銭	
	牛馬税	2円	牛馬税	1円	
	売薬税	1円	売薬税	2円	
	煙草税	5円			
県税	銃猟税	3円			無之
	料理店税	4円	料理店税	17円	
	菓子屋税	5円	菓子屋税	5円	
			歌舞音曲税	13円	
			古着古道具税	9円	
	質取税	12円50銭	質取金高税	1円	
	宿屋税	4円55銭	宿屋税	72円	
	漁業税	2円50銭			
計		685円5銭		235円50銭	0円

表2-5 三カ村の人口比較

	明治8年	明治9年	明治10年
皆川城内村	1300	1417	1503
柏倉村	552	576	659
小野口村	370	394	460

表2-6 三カ村の戸数比較

	明治8年	明治9年	明治10年
皆川城内村	228	234	233
柏倉村	136	146	171
小野口村	66	68	72

表2-7 皆川城内村の産物

	明治9年	明治10年	明治11年
大麻	5000	6500	10000
藍葉	1200	1500	1500
薪	105	125	147
畳間	4720	5750	7200
細美	300	375	450
藍玉	600	720	1600
炭	50	60	70
清酒	2000	2500	3000

表2-8 柏倉村の産物

	明治8年	明治9年	明治10年
麻	150	166	188.5
薪	150	180	210
畳間	576	864	1152
蓙	72	90	108
炭	180	210	240
清酒	156	182	260

表2-9 小野口村の産物

	明治9年	明治10年	明治11年
薪	200	209	240
畳間	1728	2304	2880
蓙	288	345.6	403.2
炭	360	420	420

表2-10 三カ村の生業

皆川城内村	男は農を業とす。女は農暇に畳間織り、又は細美織りを業とす。酒造一戸、旅店二戸、質屋五戸、醤油屋一戸、荒物屋二戸、大工六人、家根葺三人、泥工一人、木挽四人なり。
柏倉村	男は農を業とす。農暇には採樵及炭焼をなす。女は蓙及畳間を織るを業とす。酒造一戸、旅店二十戸、質屋一戸、大工一人、木挽一人なり。
小野口村	男女共農を業となし、農暇には採挽及炭焼をなす。女は農暇に蓙、畳間を織る。大工二人なり。

倒的に人口も戸数も多く、皆川八カ村でも中心的な村だったことがうかがえる。

突然だが、私は『地誌』小野口村の翻刻をしている時「柏倉村は琴平神社があって凄い所だ」と思っていた。しかし、生産額を比べて見るとそうでもなかった。皆川城内村は清酒、小野口村は畳間（じょうま）(輸出用の梱包材、皆川地区の特産品であった)、柏倉村はそのどれにも生産額が及ばない(表2-7～9)。ものづくりに関しては、他の村に大きなリードを許している。

三カ村『地誌』「民業」の表現(表2-10)からでは分からないが、皆川地区の各村はそれぞれに基幹となる生業を持っている。その上で、琴平神社関連の物産は皆川城内村や小野口村で多く生産されていた。具体的には清酒の生産だが、炭なども琴平神社で使われていたのかもしれない。両村は琴平神社の繁栄を産業面で支えていたのではないだろうか。

(3) 聞き取り調査

聞き取り調査では私達は2人の人物から話を聞いた。まず鞍掛山ついて詳しく知っている、地元在住の柏倉功さんに話を聞いたところ、山頂からの眺望もよく、今は焼失してしまったためないが巨大な額殿があったことがわかった。琴平神社と茶屋は山頂にあるため、手水舎や茶屋に使われる水を山の下から汲み、頂上に運ぶのが大変だったと言っていた。汲んだ水を貯めるために使われていた大きな水瓶は、今でも山頂にいくつか残っている。いつも屋根からの雨水をいっぱいに溜めている(口絵6)。

他に、琴平神社の関係施設であった鞍掛学校についても聞くことができた。鞍掛学校は『地誌』柏倉村によれば、明治11(1878)年に置かれ、生徒30人・教員1人・役員1人がいた。しかし翌年には皆川学校と合併したという。柏倉さんによれば、現在の警察無線用電波塔のある平場にあった学校で、統合となって生徒は葛生の学校へ異動になった。皆川城内村の皆川学校より、山伝いに行けばはるかに近いという。

次に、現在の琴平神社の宮司である関口光一郎さんに話を聞きに伺った。関口さんは、琴平神社の額殿・社務所は三階建てで、特にその額殿は遠くからも見えるくらい大きかったと言っていた。祖父・父の代までは、社務所で暮らしていたそうだ。関口さんは鞍掛山のふもとに住んでいたが、昭和35(1960)年頃の土砂災害により市内に移り住んだと言っていた。社屋焼失後の今でも毎年、千葉県銚子市から訪れてくる信者の人がいるそうだ。

余談だが、宮司の関口さんは写真を撮るのが趣味だそうで、琴平神社の公式ホームページには、琴平神社から見た眺望の良い景色を写した写真多数が掲載されている。

(4) 石造物の調査

琴平神社には多くの石造物が残されている。最盛期当時にあった石造物のいくつかは無くなってしまっているようだが、私達は現在残っている石造物全ての種類、寸法、特徴、現状、銘、造立年、願主等の詳細を表にまとめた。とても気の遠くなるような作業だった(表2-11)。

この表と琴平神社の絵図を照らし合わせ、社屋は焼失する以前はどのような姿をしていたのかを再現してみた。あくまで焼失する昭和20(1945)年までの様子のため、現在の様子とは全く違うのが前提だ。無茶な頼みかもしれないが、みなさんも明治22(1889)年の絵図(図2-1)を参考にし、想像を膨らませて読んでいただきたい。文中の1から16の写真番号は、図および表の備考欄に合わせている。

県道からの2つの登拝口には、石造物がまとまって残っている。この間の山道について調査を実施した。あとで指摘するが、石造物は表参道(写真1)・山頂部(写真2)・裏参道(写真3)で造立者の違いがある。

それでは、東の柏倉から登拝する表参道から歩いていこう。

まず現在では無くなってしまった一之鳥居が構えている。その右手にある石碑は、大正5(1916)年の鳥居造立を記念したもので、「栃木祝町　岩崎重明」という石工の名前も読み取れる。

状態は良好だ(写真4)。

鳥居を2基潜り抜け石段を上ると、さらに鳥居がある(写真5)。琴平神社の鳥居は、現在では石碑に対応する大正5(1916)年銘のこれしか残っていないが、絵図を見る限り全部で9基ほど確認できる。この鳥居の近くには短冊形の丁石が残っているが下部が埋没してしまっている(写真6)。同型式の丁石が表参道に転々と設置されていたと思われる。

再び石段を上っていくと左手に馬道と水屋があり、ここにも鳥居が2基ある。石段はさらに続いており、現在その道中には灯籠の基礎が残っている。灯籠も以前はたくさんあったのだろう。

さらに坂道を上っていくと社寺型の手水鉢があり、目の前には額殿へと続く長く急な石段がそびえている。この石段は両側に六段ほどの石垣があり現在でも残っている(写真7)。額殿は3階建てであったというが、絵図と社務所に飾られていた写真(写真9)によれば、初階は上から2段目の石垣上に設けられている。最上部の境内からは、直接3階に入ることが出来る。額殿とは絵馬や額を奉納する建物であるが、階段を昇った石垣の上に建設する場合も多い。太平山神社にもかつて存在した。

さあ、ようやく境内に辿り着いた。だいたい数十分で着くのだが、なにしろ琴平神社は山頂にあるため道は真っすぐではなく、なおかつ急峻で石段も多い。この額殿に辿り着くまでの道のりはなかなか大変だ。

額殿を潜り抜けるといくつかの石碑が立ち並び、境内の左側には高さ277cmの社号標がある。この社号標

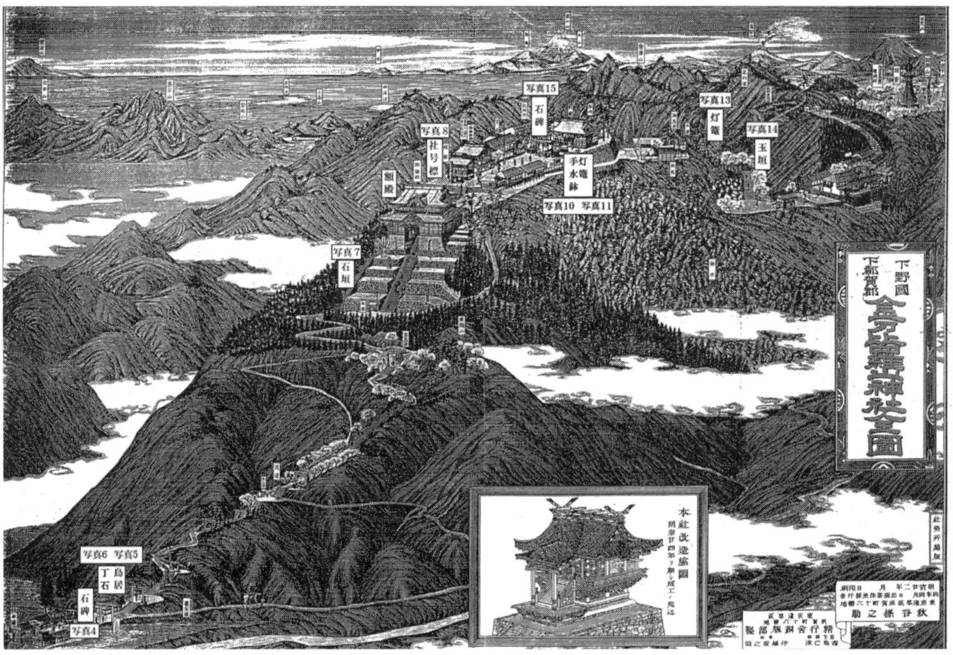

図2-2 石造物分布図(図の出典はP56参考文献に記載)

は災害の影響なのか、現在は台石・基礎石・竿石のパーツが散り散りの状態で倒れてしまっている。測ると結合部の寸法がぴったりと合った（写真8）。かつての額殿の写真の右端には立った状態で写っている（写真9）。

社号標を通り過ぎると、そこには茶屋が立ち並び、奥に拝殿・本殿が建てられている。拝殿付近には灯籠が立っていて、現在では火袋の部分が欠損してしまっているが、それ以外の状態は良好だ（写真11）。茨城県鹿島郡の人が寄贈したもので、麻の葉文様と波の文様が精密に彫られている（写真12）。日光山系の谷間部で生産された麻を栃木の町に集積し、巴波川の水運で出荷した近世以来の歴史がある。この彫刻はそれと関係があるのではないだろうか。

灯篭の隣には舟型の手水鉢がある。多孔質の銚子砂岩を石材に用いている（写真10）。犬吠埼付近で産出するこの石材は、銚子市周辺の石造物に多く用いられているが、栃木では大変珍しい貴重な石材であった。後側に願主が刻まれているが、残念ながら風化が著しく読めなかった。銚子方面とはやはり水運で結びついており、今も信仰されているという深い繋がりが想像できる。次節の御祭神で触れる本殿改築記念之碑（写真15）も、境内の額殿跡近くに立てられていた。

この琴平神社には西の田沼・葛生方面（佐野市）からの裏参道があり、本殿の裏にまわると裏参道への道が視界に入る。裏参道から降りていくとやはりここも石段が多い。鳥居を潜り石段を少し降りるとそこには春日型の灯籠がある。春日型は灯籠の基本的な形であ

写真1 表参道登拝口

写真2 山頂の境内

写真3 裏参道登拝口

写真4 鳥居造立記念碑

写真5 鳥居

写真6 丁石

写真7 石段と石垣

写真8 倒れた社号標

写真9 焼失した額殿

写真10 銚子砂岩製手水鉢

写真11 灯籠

写真12 灯籠の文様

写真13 春日型灯籠

写真14 玉垣の部材

写真15 本殿改築記念之碑

写真16 石垣の調査風景

表2-11 栃木市柏倉町　琴平神社石造物　　学悠館高校歴史研究部調査

番号	種類	寸法cm			特徴	現状	銘
		高さ	幅	奥行き			銘文
1	道標	66	16	15	方柱形	良好	大正十三年七月　南柏倉青年団 →葛生方面 ←田沼方面 →栃木町方面
2	記念碑	144	72	12	板状	良好	石花表寄付連名(篆書・下に氏 数) 大正五年五月三日建設 村社琴平神社社掌 礼部補　関口佐吉 氏子総代(6名)世話人(4名) 栃木祝町　石工岩崎重明
3	記念碑	118	28	28	方柱形	二折	石階築造寄付連名(以下氏名多数)
4	灯籠	210	63	63		火袋欠損	子孫長久 常夜灯 明治六歳癸酉 秋九月吉辰新興立 五穀豊穣 (四面に氏名多数)
5	旗立て(右)	103	18	31	方柱形	良好	奉 大正五年十月十日
6	旗立て(左)	103	18	31	方柱形	良好	納 大正五年十月十日
7	石段①	3440	300			良好	
8	記念碑	55	29	29	方柱形	ほぼ良好	石階築造寄付連名(以下氏名多数)
9	記念碑	69	28	28	方柱形	上部欠損	石階築造寄付連名(以下氏名多数)
10	鳥居	400	340	30	神明造	良好	大正五年四月十日 栃木　石工岩崎重明
11	丁石	29	17	11	短冊形	下部埋没	明治六[九丁[土浦
12	石段②	510	500			良好	
13	石段③	800	320			良好	
14	石段④	270			踊場5面	良好	
15	丁石	14	18	11	短冊形	上部欠損	]吉日]目 □七
16	石段⑤	740	240		擬宝珠あり	良好	
17	灯籠の基礎		120	170	八角形	基礎のみ	
18	石垣①	132	506			一部崩落	
19	石垣②	170	632			草に覆われる	
20	基礎石	40	85	29	コの字形	部材	
21	手水鉢	83	87	42	社寺型	良好	奉納 明治二己巳四月吉日(世話人多数)
22	石段⑥	410	240		石段の両側に石垣	良好	
	石垣③	6段	1050 600	(北) (南)			
23	石碑	64	22	11	方形板状	良好	栃木／旭町中 明治十二年三月
24	石碑	67	23	13	方形板状	良好	栃木萬町 明治十二年三月
25	石碑	62	22	14	方形板状	上部欠損	]室町 明治十二年十一月

位置	造立年		願主	石工	石材	位置	備考	調査日
	和暦	西暦						
面 面	大正十三年	1924	南柏倉青年団		花崗岩		表参道入口	2015.1.7
	大正五年	1916	関口佐吉	岩崎重明	粘板岩	表参道入口	写真4 石花表は鳥居のこと	2015.1.7
					安山岩	表参道入口		2015.1.7
面 面	明治六年	1873			安山岩	表参道入口		2015.1.7
	大正五年	1916			花崗岩	表参道入口		2015.1.7
	大正五年	1916			花崗岩	表参道入口		2015.1.7
					岩舟石	表参道入口		2015.1.7
					安山岩	石段①上		2015.1.7
					安山岩	石段①上		2015.1.7
裏 裏	大正五年	1916		岩崎重明	花崗岩	石段①上	写真5	2015.1.7
面 面	明治六年	1873			安山岩	石段①上	写真6	2015.1.7
					岩舟石	表参道中腹	②③間に平場あり	2015.1.7
					岩舟石	表参道中腹	②③間に平場あり	2015.1.7
					岩舟石	表参道上位		2015.1.7
面 面					安山岩	石段③下	平場	2015.1.7
					岩舟石	表参道上位		2015.2.28
					岩舟石	表参道上位	灯籠は滑落か	2015.2.28
					チャート	山頂手前	折り返し地点	2015.2.28
					チャート	山頂手前	曲がり道	2015.2.28
					岩舟石	山頂手前	標柱の基礎石か	2015.2.28
	明治二年	1869			安山岩基礎は岩舟石	山頂手前		2015.2.28
					岩舟石 チャート	山頂入口	頂部に額殿があった・写真7	2015.2.28
面	明治十二年	1879			安山岩	山頂入口		2015.2.28
面	明治十二年	1879			安山岩	山頂入口		2015.2.28
面	明治十二年	1879			安山岩	山頂入口		2015.2.28

番号	種類	寸法cm			特徴	現状	銘
		高さ	幅	奥行き			銘文
26	石碑	83	28	16	方形板状	良好	（氏名多数）
27	基礎石				方形4段	傾いている	
28	基礎石	33	91	43	コの字形	良好	
29	社号標	277	34	46	方柱形	二折	大正三年十［　　］九日 氏子中
30	基礎石	26	102	122	ロの字形、枠	良好	
31	記念碑	303	100	15	板状	良好	琴平神社本殿改築記念 義損者芳名（氏名多数） （長文） 大正十一年十二月八日　関口佐識 栃木祝町／石工　岩崎重明刻
32	基礎石	140	46	50	方形6段	隙間あり	
33	基礎石	126	73	67	方形6段	隙間あり	
34	石碑	66	24	24	方柱形	上部欠損	］州鹿沼宿 井上源八郎／関□平八
35	手水鉢	53	105	55	自然石型	良好	奉献 世話人／願主／（10名） 明治十四年五月八日
36	石碑	211	96	15	板状	良好	本殿改築記念之碑 （長文） （氏名多数）
37	石碑	119	117	12	板状	良好	修繕寄附 （氏名多数） 明治廿九年十一月／寄附連名次[illegible] 同 （氏名多数）
38	石碑	95	54	10	板状	良好	琴平神社 大錨 明治十五歳次壬午年三月 （氏名多数）
39	石碑	78	32	8	板状	良好	枚松苗植附 石階寄附 （氏名多数） 明治十五年五月
40	灯籠の基礎	167	98	98	方形	火袋欠損	御神燈 明治十一年戊寅 夏六月之吉 竿石裏面 常州鹿嶋郡／磯濱村／願主 山戸彦右衛門／川上友右衛門 石工／飛田傳蔵
41	手水鉢	108	90	61	社寺型	表面風化	（判読不能）
42	石段⑦	245	203			良好	
43	石段⑧	97	200			良好	
44	基礎石	19	85	84	方形	二折	
45	基礎石	5	84		方形	半分埋没	
46	石段⑨	1941	262		踊場1 擬宝珠	良好	

	造立年		願主	石工	石材	位置	備考	調査日
位置	和暦	西暦						
面					安山岩	山頂入口		2015.2.28
					砂岩	山頂入口		2015.2.28
					岩舟石	山頂	社号標29の基礎石か	2015.2.28
面 面	大正三年	1914			安山岩	山頂	基礎石28に立つ・写真8	2015.2.28
					岩舟石	山頂	基礎石28の基礎石	2015.2.28
下	大正十一年	1922	関口佐吉	岩崎重明	粘板岩 台石は岩舟石	山頂		2015.2.28
					岩舟石	山頂	基礎石のみ	2015.2.28
					岩舟石	山頂	基礎石のみ	2015.2.28
					安山岩	山頂		2015.2.28
	明治十四年	1881			砂岩	山頂	銚子石・写真10	2015.2.28
	昭和三十五年	1960		富澤	粘板岩	山頂	写真15 55頁に釈文	2015.2.28
	明治二十九年	1896			粘板岩	山頂		2015.2.28
	明治十五年	1882			粘板岩	山頂		
	明治十五年	1882			粘板岩	山頂		
正面 裏面 右面	明治十一年	1878	山戸彦右衛門 川上友右衛門	飛田傳蔵	安山岩	山頂	彫刻あり 麻の葉文 波の文様 写真11	2015.2.28
					安山岩	裏参道入口		2015.2.28
					安山岩 大谷石	裏参道入口		2015.2.28
					安山岩 大谷石	裏参道入口		2015.2.28
					安山岩	裏参道入口		2015.2.28
					安山岩	裏参道入口		2015.2.28
					岩舟石	裏参道山頂手前		2015.2.28

番号	種類	寸法cm			特徴	現状	銘
		高さ	幅	奥行き			銘文
47	灯籠	450	260	260	春日型	良好	足利町
							明治十二己卯年／四月吉日
							（氏名多数）
48	標柱	146	30	20	方柱形	良好	（人名多数）
							下野国柏倉鎮座 琴平神社参道
							昭和三十七年五月十日建之
49	石祠	56	28	21	切妻	良好	
50	石段⑩	140	240		参道北側に平場と石垣	良好	
	石垣④	80	190				
51	石段⑪	342	270		参道北側に平場と石垣	良好	
	石垣⑤	120	1000				
52	石段⑫	310	260		参道北側に平場と石垣	良好	
	石垣⑥	120	1040				
53	石段⑬	2390	220			良好	
54	玉垣部材	105	18	18	角柱	再利用	川（丸に川の字）　社中
55	玉垣部材	113	18	19	角柱	再利用 二折	川（丸に川の字）　社中
56	玉垣部材	23	11	10	角柱	下部欠損	入間川山下蔵［ 川（丸に川の字）　根山下久下蔵［
57	玉垣部材	102	18	18	角柱	再利用	田沼宿 石工　酒井勝之助
58	玉垣部材	160	47	15	平行四辺形の板状	良好	武蔵　川（丸に川の字）　社中
59	玉垣部材	58	18	18	角柱	下部埋没	川（丸に川の字）
							鷲巣村 石工　岩［
60	石垣⑦	160	310		石段北山側	良好	
61	石段⑭	200	216			良好	
	石垣⑧	140	1000		切石積 乱積		
62	石碑	57	24	20	角柱	8上部欠損	加□村／太平造酒三 鹿沼宿／太平太平
63	石碑	37	11	10	角柱	上部欠損	木崎宿／大川八三郎

	造立年		願主	石工	石材	位置	備考	調査日
位置	和暦	西暦						
正面	明治十二年	1879			大谷石 安山岩 岩舟石	裏参道山頂手前	写真13	2015.2.28
裏面								
部								
面	昭和三十七年	1962			安山岩	裏参道入口		2015.3.29
面								
					安山岩	裏参道入口		2015.3.29
					岩舟石	鞍部		2015.3.29
					チャート			
					岩舟石	鞍部		2015.3.29
					チャート			
					岩舟石	鞍部		2015.3.29
					チャート			
					岩舟石	裏参道山頂手前	玉垣の部材使用	2015.3.29
					安山岩	裏参道山頂手前	写真14	2015.3.29
					安山岩	裏参道山頂手前		2015.3.29
					凝灰岩	裏参道山頂手前		2015.3.29
				酒井勝之助	安山岩	裏参道山頂手前		2015.3.29
					安山岩	裏参道山頂手前		2015.3.29
						裏参道山頂手前		2015.3.29
					チャート	裏参道山頂手前		2015.3.29
					岩舟石	裏参道山頂手前		2015.3.29
					チャート			
			大平造酒三 大平大平		凝灰岩	山頂		2015.3.29
			大川八三郎			山頂		2015.3.29

り、この灯籠は現在でも保存状態は良好だ。「足利町」と大きく刻まれている（写真13）。

標柱の横を通り再び石段があるのだが、現地調査の際、この石段付近で玉垣の部材が多数見つかった（写真14）。丸の中に川と書かれた講紋の下に「社中」と彫られている。さらに田沼町と鷲巣村（栃木市岩舟町）の石工の名が刻まれている。この玉垣は石段に取り付けられていた手すりではないかと思われる。絵図が描かれた当時にはまだ県道210号線は無かったため、当時はこのまま田沼方面（絵図右上）に出ることになる。写真16は、この付近の石垣の調査風景である。

表参道から裏参道までの道中、多くの石造物が視界に入るが、この石造物、実は一つの法則がある。石造物から読み取った銘文、位置を表にまとめるとそれは見えてきた（表2-11）。表参道に建てられた石造物を見ると栃木の人々からの寄付となっている。裏参道の石造物は田沼・岩舟・足利の地名が大半である。さらに山頂とその付近の石造物は茨城など他県からの寄付となっている。

なぜこうも綺麗に区切られているのか。それは非常に単純なことなのだろう。表参道の方角には栃木があり、逆に裏参道の方角は田沼・足利へと続いていたのだ。おそらく、栃木からの参拝客は表参道から、田沼・足利からの参拝客は現在の裏参道からこの鞍掛山を登ってきていたのではないだろうか。私たちも利用するJR両毛線は、明治21（1888）年両毛鉄道として開業するが、それ以前は鞍掛山に直線的に向かうのが普通である、また他県から奉納された希少価値の高い石造物は、山頂付近の社殿周辺に置かれたものと考えられる。なかなかに面白い法則である。

(5) 御祭神について

琴平神社の御祭神の一柱、大物主命は大国主命（おおくにぬしのみこと）の和魂としての姿と言われている。神の霊魂には二つの側面があり、荒々しい一面を荒魂（あらみたま）といい、穏やかで人々に恵みを与える一面を和魂（にきみたま）という。

琴平神社に祀られている大物主命は水神と雷神の気質を持つ蛇神で、稲作豊穣、疫病除け、酒造りなどの神として信仰を集めている。

相殿に祀られている崇徳天皇はご存知、怨霊伝説で有名な人物だ。日本国内では人を神に祀りあげることは多々あることで、祟りを恐れて祀るケースとその人物が尊かったため崇めるケースが主だが、崇徳天皇は前者の意味が強いだろう。

ここまでは香川県にある琴平神社本社となんら変わりないが、柏倉町の琴平神社にはもう一柱の神の名が『地誌』柏倉村に書かれている。山の神でもある大山祇命（おおやまつみのみこと）が併せて祀られていることが分かる。ピラミッド型の山容と、山頂からの見事な眺望のためだろうか。あるいは琴平神社勧請以前の信仰の名残である可能性もある。

拝殿付近にある石碑の一つに、火災で焼失してしまった本殿を昭和35(1960)年に再建した記念に建てた物があるが(写真15)、ここに“産土神(うぶすながみ)”という文字が彫られていることが確認できた。産土神とは生まれた土地一帯を守る守護神で、その土地の者が産まれてから亡くなるまで守護する神とされている。産土神の守護は他の土地に移り住んでも続くと信じられていて、近世になると氏神、鎮守神と同一視されるようになった。

【資料】写真15の石碑表面の釈文

本殿改築記念之碑

当部落の産土神琴平神社の本殿に大東亜戦争後／間もなく業火に遇ひ灰燼に帰して以来幾度か再／建の議起ると雖も機熟せず永らく延引するの止／むなき有様氏子一同見るに忍びず遂に昭和三十／四年七月十日之が敢行と決議八月一日着工以／来四方の浄財湧然と集まり九月二日上棟式の儀を／経て昭和三十五年三月十三日見事盛大なる遷宮／式を挙行する次第　我等一同感激に堪へず茲に／広大なる神徳を敬ふと共に大万の芳志を刻して／永へに讃へんとす　　　氏子一同

昭和三十五年三月吉日　石工富澤刻

なぜ、産土神という言葉が柏倉町の琴平神社にある石造物に刻まれているのだろうか。それは戦後の柏倉村の状態が関係していた。

そもそも、海上交通の守り神として信仰されている神社の分社がどうして海無し県である栃木県にあるのかというと、栃木が近世初頭日光山二社一寺造営に伴う資材集積地となって以来、前述したように、水運の町として繁栄してきたからだ。だが明治後半にはその水運は衰えていった。柏倉村の主な信仰目的は水運ではなくなってしまったのだ。昭和になって本殿の再建の際の人々の信仰は、水運よりも土地の守護に完全に移っていた。石碑に産土神と刻まれているのはその現れではないだろうか。神々はその性格を変えられたのである。

小結

現在の琴平神社は火災により栄えていた頃の姿は見る影も無くなってしまった。それでも、神社の表参道である石段を上りきると眺められる壮大な景色は、今も昔も変わらないように私には見えたのだ。あの皆川城跡からもはるかに望むことができる(口絵8)。

その姿は「天空のやしろ」「明治の空中都市」という呼ばれ方に恥じないものだ。柏倉町付近にある皆川地区にある有名な皆川城に次ぐ史跡として多くの人々に、その地域の歴史が刻まれた琴平神社を知っていただけることを切に願う。

現在、表参道から裏参道に至るコースは、ハイキング道として各種ガイドブックにも紹介されている。草刈りや石段の補修などをして下さっている地元の方々に、現地調査でもしばしばお会いし、お話することができた。眺望と文化財に恵まれたこのコースは、駐車場とトイレなどを整備することで、さらに多くの人々が訪れるものと期待できる。機会をさがして私たちから提案していきたいところである。

今回の研究にご協力していただいた地元柏倉町の柏倉功様、琴平神社宮司関口光一郎様、一昨年度以来お世話になっている皆川城内町金剛寺ご住職の柿上法雄師に篤くお礼申し上げます。

〈第2章1・初出〉

栃木県立学悠館高等学校歴史研究部（2015）「明治18年の地名にみる柏倉村の信仰と災害－『地誌編輯材料取調書』を読んで－」『研究集録』36　栃木県高等学校文化連盟社会部会

〈第2章2・初出〉

栃木県立学悠館高等学校歴史研究部（2016）「野州鞍掛山「天空のやしろ」琴平神社－『地誌編輯材料取調書』と石造物調査から－」『研究集録』37　栃木県高等学校文化連盟社会部会

〈第2章・参考文献〉

角川日本地名大辞典編纂委員会（1984）『角川日本地名大辞典　9栃木』角川書店

栃木県教育史編纂会（1957）『栃木県教育史　第3巻』国書刊行会　1986年再刊

栃木県神社庁（2006）『栃木県神社誌 神乃森 人の道』

栃木県立学悠館高等学校歴史研究部（2014）「明治18年の皆川城内村へタイムトラベル－『地誌編輯材料取調書』から分かること－」『研究集録』35　栃木県高等学校文化連盟社会部会

栃木市教育委員会（1990）『栃木市遺跡詳細分布調査報告』

栃木市教育委員会（2015）『栃木市遺跡分布地図』栃木市

農林水産省農村振興局農村環境課（2008）『地すべり災害を予防・軽減するための活動の手引き－住民の皆さんができる地すべり対策－』

※琴平神社の由緒については、宮司の関口光一郎さんからいただいた資料「琴平神社　柏倉町」も参考にした。

※図2-2の石造物所在を示した絵図は、柏倉功さんからコピーをいただいた明治22（1989）年刊行『下野国下都賀郡　金刀比羅山神社全図』（精行舎銅版部製）に加筆したものである。

第3章

太平山の巨人伝説

～志鳥村～

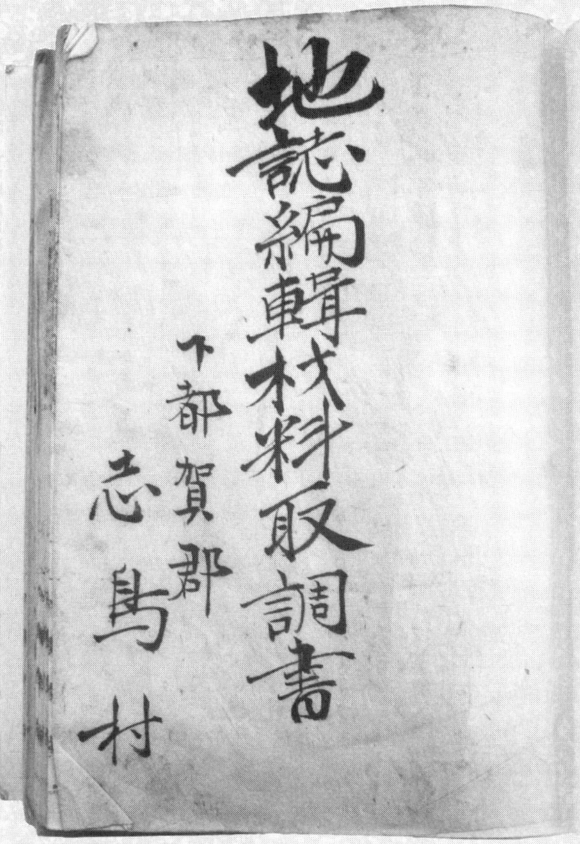

1.『地誌』志鳥村で見つけたダイダラボッチ

はじめに

この研究は、私たちが長年研究している皆川八カ村」『地誌』のうち、平成28(2016)年度に翻刻した志鳥村にて「大檀房」の旧字名を見つけたことから始まった(写真3-1)。

大檀房とは日本の巨人伝説で有名なダイダラボッチのことを示している。この地名から日本各地に今も残るダイダラボッチの伝説が、この地にも存在していたのではないだろうか、と部内で仮定した。さらにこの大檀房という地名、明治初年には「旧字名」として消滅しかけた地名だったのだ。

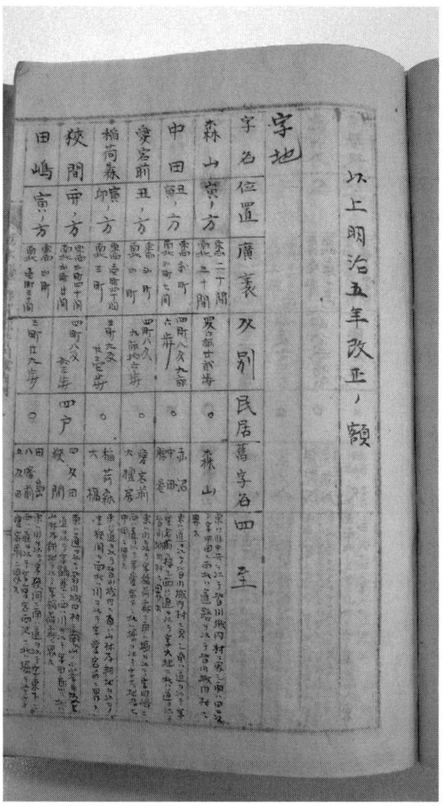

写真3-1『地誌』志鳥村字地

調べていくうちにこの伝説は、古代下野国府との関連を考えるべきであることに気づいた。私たちが学ぶこの栃木の地で、古代の人々は太平山・晃石山をどのように仰ぎ見ていたのだろうか…(口絵9)。

(1)ダイダラボッチについて

ダイダラボッチは『常陸国風土記』や『播磨国風土記』に登場し(植垣節也校注・訳1997)、その正体は鬼や大男とも言われている。しかし『風土記』の文中には「ダイダラボッチ」とは書かれていない。そこで本文では巨人(おおひと)伝説とさせていただく。

ダイダラボッチはかつて柳田國男氏も注目し(柳田國男1934)、日本民俗学の重要な研究テーマの一つとなっている。また有名な宮崎駿監督のアニメ映画『もののけ姫』に登場したこともあり、世代を超えて多くの人々に馴染まれている伝説である。

『常陸国風土記』では、那賀郡(茨城県那珂郡)平津の駅家(うまや)の西1・2里に大櫛の岡があり、巨人の食べた貝が岡になったとしている。水戸市大串貝塚のことで、史料に初めて登場する縄文時代の貝塚としても著名である。

また『播磨国風土記』には、託賀郡（兵庫県多可郡）の冒頭に郡名の由来として、大人（巨人）が「この土地は高くて良い所だ」と言った話を紹介している。後で取り上げる製鉄の神、天目一箇神も、同じ託賀郡の条の直後に登場するところが興味深い。

栃木県では羽黒山の伝説が有名だ。特に羽黒山に腰をかけ、鬼怒川で足を洗ったという話は多くの県民が知っている。全国的に見ると、国生みや国土形成で登場することが多く、琵琶湖は巨人が造ったなどという話もある。そのせいか、国づくりの神に対する巨人信仰がこれらの伝承を生んだと今では考えられている。また地名の由来ということで伝えられることも多いようだ。

巨人の伝説は世界中にもある。例を挙げるならば、ギリシア神話のサイクロプスは、一つ目の巨人で鍛冶の神である。「一つ目」「巨人」「鍛冶」には何か関係がありそうだ。

(2) 太平山・晃石山と太平山神社

果たしてこの皆川にも巨人伝説は存在したのだろうか。その疑問はあっさりと解消した。

栃木市には『栃木市史 民俗編』に紹介された「イデン坊」の巨人伝説があった。内容は、太平山から晃石山にかけて腰をおろし、川原田町の窪地が足跡だと考えたものだ。桜の名所である錦着山も、イデン坊が腰に下げていた巾着のチリを払ったら山になったという。なんと私たちが見つけた「大檀房」のすぐ近くにも巨人伝説があったのだ（栃木市史編さん委員会1979）。よくみられるように地形・地名の由来を語っている。志鳥町は晃石山のすぐ北側にあたり、『地誌』にも書かれているように、晃石山への古道「晃石道」も通っていた。

川島正雄氏もこの伝説を紹介している（川島1998）。これによれば吹上地区に「イデン坊の足あと」という伝説がある。その大男は栃木を通りかかりお昼を食べた。その時片足は河原田町前野に、もう片方は佐野市葛生町常盤にあったという。食後に巾着のホコリを払ったら錦着山ができ、握り飯の残りが次章にも登場する岩出町の飯盛山になったという（口絵10）。

晃石山には晃石神社が祀られていて、太平山にかけての尾根道は今や人気のハイキングコースとなっている。太平山には太平山神社が鎮座している。主祭神は天津日高彦穂瓊瓊杵命。

ところで神社の裏手、山の尾根上の平らなところに榊の木がたくさん生えている。ここには奥宮と呼ばれる小さ

写真3-2 太平山神社奥宮

な祠があるのはご存知だろうか。調べてみると奥宮御祭神は「天目一箇神」とあった(写真3-2)。天目一箇神は、天岩戸神話に登場する、鍛冶・刀剣造りの神であり、瓊瓊杵命(ににぎのみこと)と共に天孫降臨の際に天降ってきたと日本神話では語られている。もしかしたら天目一箇神と巨人伝説(イデン坊・大檀房)は、ギリシア神話のサイクロプスにイメージを通して結びつくのではないだろうか。前述したように『播磨国風土記』託賀郡の条には、どちらも登場する。

太平山神社の名を持つ神社は全国にある。神社のホームページによれば、秋田県秋田市太平山神社にも巨人伝説が残っていて、こちらの「太平」は「だいだいら」とも読んだという。もしかしたら、栃木の太平山にもそのような読み方があったと考えてもいいかもしれない。

小結

『地誌』に記載された大檀房の旧字名は、太平山に巨人伝説があるという『栃木市史』の記載で簡単に解決してしまった。

しかしなぜそこに、そのような地名が付けられたのだろうか。現地調査や地図を検討するうちに、古代の祭祀に関わるのではないかと考えるようになった。また、巨人伝説はその後の皆川地区の信仰や伝説に、どのように受け継がれていくのか興味を持った。

写真3-3 学悠館高校から望む太平山

2．下野国都賀郡委文郷と下野国府の信仰

(1) 下野国都賀郡委文郷

今年度、『地誌』志鳥村を翻刻するに伴い、気になっていたことがあった。古代の百科事典である『和名類従抄』には全国の国・郡・郷の名前が記されている。下野国でもいくつかの郷名が現在の地名に比定されている。このうち「都賀郡委文郷」は、「委文」の字は「倭文」の誤りで「しとり」と読むことから、栃木市志鳥町ではないかと言われている。志鳥町だけでは狭いので、古代委文郷はおそらく『地誌』が残る皆川八カ村の大部分に相当するのだろう。前述のように遺跡地図には多数の古代遺跡が示されている。また、現在も栃木県南には、「志鳥」「倭文」と書いて「しとり」と読む苗字の人物が多くいる。『地誌』志鳥村の翻刻で、初めて古代のことを思わせるような記載に出会えた。

ちなみに倭文とは当時の布の一種で、皆川八カ村は明治時代にも麻や藍など繊維関係の産物が多いことが『地誌』で確認できる。

(2)「大檀房」の現地調査

旧字である「大檀房」は、明治の時点で字「愛宕前」と統合され、改めて字「愛宕前」と呼ばれるようになり現在に至る。愛宕前の名称は愛宕神社があったからに違いない。

さっそく『栃木県神社誌』を見ると、志鳥町愛宕神社が掲載されていた。そして私たちは地図を見ていて気がつく。この志鳥町愛宕神社は、下野国府のほぼ真西に位置していたのだ。しかもこの直線上には、薗部町愛宕神社も存在していた。

そこで愛宕神社について調べてみると、本社は京都で平安時代の創建、御祭神は軻遇突智命（かぐつちのみこと）とあった。『地誌』では火産霊大神（ほむすび）とあるが、これは軻遇突智命の別名で、この神は伊邪那美命（いざなみのみこと）から生まれ、火伏（ひぶせ）・鍛冶の神であり、火災予防のご利益、特に製鉄や鍛冶に関わる人々から今も信仰されている。

さっそく私たちは愛宕神社の現地調査を行った。幸運なことに草刈りをしていた方に出会い、愛宕神社への行き方をうかがうことができた。ついでにダイダラボッチについて聞いてみたところ、知らないとあっさり返ってきてしまった。

神社への坂道はあまり人が通ってはいないようで、蜘蛛の巣がたくさんあり足下にはたくさんの蛙が跳ねていた。やがて小さな木造の社殿にたどり着くいた（写真3-4）。そこにある額には何も書かれておらず、鳥居はないものの狛犬が鎮座しており（写真3-5）、「昭和二

十一年／五月吉日」「石工　岩崎重明」と書かれていた。この石工は、以前鞍掛山で行った石造物の悉皆調査の際にも見た名前であった。

愛宕神社の正式な登り口には古い公民館があり、道の反対側には多くの石造物が祀られていた。このあたりが字愛宕前で、旧字「大檀房」だと推測する（写真3-6）。南に太平山系の山々を仰ぎ見ることができ、谷底平野は次第に幅を狭めている。

志鳥町には多くの古代遺跡があり、『栃木市遺跡分布調査報告』によれば字愛宕前周辺には、皆川4号遺跡、皆川5号遺跡、皆川6号遺跡、皆川7号遺跡、皆川8号遺跡、東下遺跡がある。いずれも奈良・平安時代の集落跡とされている。愛宕神社から下る斜面に志鳥古墳群として4基の古墳が記載されている（図3-1）。現地調査ではそこは薮のため確認できなかったが、いずれも円墳とされている（栃木市教育委員会2015）。

皆川城内町は図の北東にあたるが、ここにも奈良・平安時代の遺跡が多く見られ、これらの遺跡が委文郷を形成している。東下遺跡と谷の反対側の滝の入5号遺跡は、晃石山に至る谷の最も奥に行ったところにある。

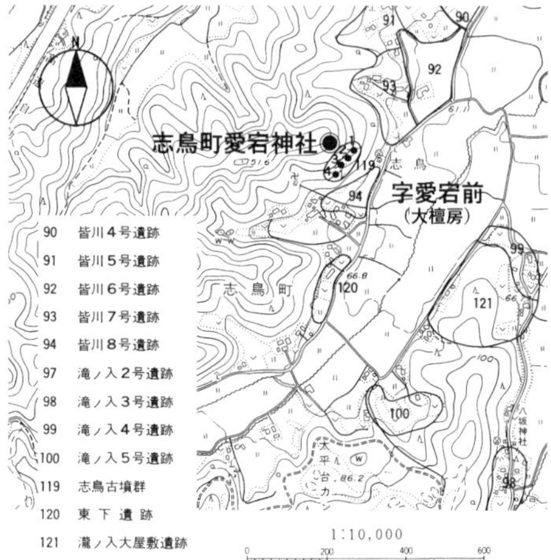

図3-1 志鳥町の遺跡（栃木市教育委員会1990に加筆）

写真3-5 志鳥町愛宕神社狛犬

写真3-4 志鳥町愛宕神社

写真3-6 字愛宕前の石造物

(3) 下野国府と愛宕神社

志鳥町愛宕神社は、『地誌』志鳥村には事蹟不詳となっているが、下野国府跡の真西に所在することから国府が存続した時代から祀られていたと考えたい。下野総社であった栃木市惣社町の大神神社も、下野国府跡のほぼ真北に位置している。他にもさまざまな施設が、下野国府から特定の方角に配置されている（細矢2009）。ではなぜ真西に愛宕神社を祀ったのだろうか。

発掘調査報告書によれば、下野国府跡の西溝から「鎮火祭（ひしずめのまつり）」と書かれた木簡削屑が出土している（栃木県教育委員会他1987・鬼塚1995、写真3-7）。現在でも冬の栃木市は強い西風がよく吹いていて、空気の乾燥した冬は西風に煽られて広がる火災がさぞかし恐ろしかったことだろう。愛宕神社でお祀りするのは火伏の神、薗部町愛宕神社（写真3-8）とともにダブル・ストッパーで国府を火災から護ろうとしたのではないだろうか。ちなみに、足利郡衙と推定される足利市国府野遺跡の真西にも、緑町愛宕神社（写真3-9）が存在する。足利も冬は強い西風が吹く土地柄である。

写真3-7「鎮火祭」木簡（栃木県教育委員会他1987）

また愛宕神社は、委文郷を構成する集落と、太平山・晃石山が連なる山地のほぼ境目にもなっている。前に述べたように東下遺跡がこの谷の最も奥まった遺跡だ。このことは巨人伝説も書かれている『常陸国風土記』に登場する、「夜刀神（やとのかみ）」の伝説を連想させる。里の人々は谷を開発するにあたり、角を生やした蛇である夜刀神を谷の奥に追い払った一方で、谷の境界の地に社を建て、夜刀神を祀ったという。愛宕神社では、里と山の境界の祀りも行われていたのではないだろうか。とすれば、この地が「大檀房」とも呼ばれていたことをもう一度考えてみる必要がある。巨人は夜刀神と同じく、境界の

写真3-8 薗部町愛宕神社

写真3-9 足利市緑町愛宕神社

地で祀ることになっていたようだ。「夜刀神は谷部に潜んでいるが、巨人は山の彼方にぼんやりといることが感じられる」といったところだろうか。

以上の述べてきた下野国府と愛宕神社、そして境界の祭祀について模式化したのが図3-2である。

最後に志鳥村の巨人伝説、太平山神社奥宮の天目一箇神、愛宕神社の軻遇突智命の関係について考えていく。

共通するものはやはり製鉄や鍛冶だろう。古代の下野国では、奥州での戦争に使われる鉄や武器などの生産が盛んだった。栃木市内には製鉄に関係する古代遺跡や地名、伝説が数多く残されていて、こうした仕事に従事する人々が厚く信仰しており、広く祀られ

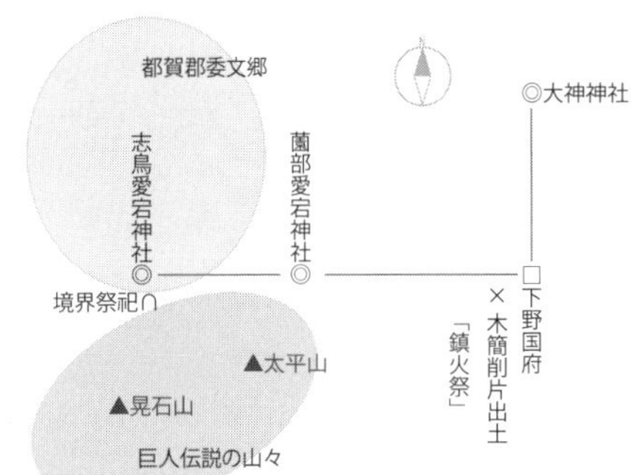

図3-2 境界祭祀の模式図

写真3-10 国府跡から太平山を望む

ていたことが想像できる。太平山・晃石山は広い範囲から仰ぎ見ることのできる山々であり、愛宕神社も市内各地に今も鎮座している(写真3-10)。

また相違点もあった。古代にあって巨人は全国の『風土記』に登場する。それぞれの地方の古くからの在地の神といった性質なのではないだろうか。人々は『古事記』や『日本書紀』に登場する畿内からの神々とともに、巨人や夜刀神といった土地の神々も共に祀っていたのだ。

小結

これまで述べてきたことをまとめると、次のようになる。

「下野国府の時代、都賀郡委文郷の人々は、火伏のため新たに創建された愛宕神社において、畿内の神々と共に古くからの巨人を祀っていた。この信仰には、製鉄・鍛冶・武器生産などに従事する人々も加わっていた」

古代の人々は、そびえる山々を仰ぎ見て、巨人を実感することができたのだろうか。現地調査の時このようなこ

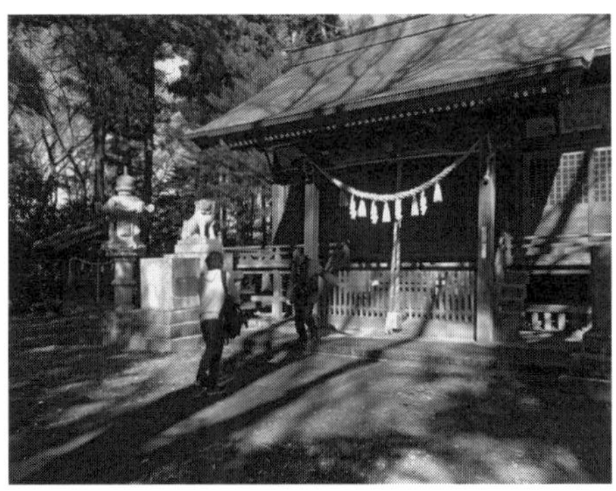

写真3-11 大前神社製鉄遺跡

とを考えていた。明治時代の『地誌』翻刻にはじまるレポートであるが、資料に乏しい下野古代史の手がかりに少しでもなれば幸いである。

今後の課題としては、栃木市藤岡町大前製鉄遺跡群など（写真3-11）、今回ではあまり踏み込まなかった製鉄について調査することで、この巨人伝説の研究内容にまた何か新たな考察が生まれるのではないかと考えている。

この研究は、平成29（2017）年8月7・8日足利商工会議所友愛会館わたらせホールにて開催された全国高等学校社会科研究発表大会にて発表を行い、審査員特別賞をいただいた。

〈第3章・初出〉

栃木県立学悠館高等学校歴史研究部（2017）「下野国都賀郡委文郷の巨人伝説」『研究集録』38　栃木県高等学校文化連盟社会部会

〈第3章・参考文献〉

植垣節也校注・訳（1997）『風土記』新編日本古典文学全集5　小学館
鬼塚久美子（1995）「古代の宮都・国府における祭祀の場」『人文地理』47-1
川島正雄（1998）『蔵の街とちぎと太平山』私家版
國學院大學栃木短期大学（2016）『太平山の石造物』平成27年度栃木県大学地域連携プロジェクト支援事業成果報告書
小島瓔礼（1980）「巨人伝説」『国史大辞典2』吉川弘文館
㈶栃木県文化振興事業団（1982）『下野国府跡Ⅳ』栃木県埋蔵文化財調査報告第50集
柴田実（1979）「愛宕信仰」「愛宕神社」『国史大辞典1』吉川弘文館
田村克己（1983）「鉄の民俗」『日本民俗文化大系　第3巻　稲と鉄＝さまざまな王権の基盤＝』小学館
栃木県神社庁（2006）『栃木県神社誌 神乃森 人の道』
栃木県教育委員会他（1987）「下野国府跡Ⅶ」
栃木県立学悠館高等学校歴史研究部（2014）「明治18年の皆川城内村へタイムトラベル－『地誌編輯材料取調書』から分かること－」『研究集録』第35号　栃木県高等学校文化連盟社会部会
栃木県立学悠館高等学校歴史研究部（2015）「明治18年の地名にみる柏倉村の信仰と災害－『地誌編輯材料取調書』を読んで－」『研究集録』36　栃木県高等学校文化連盟社会部会
栃木県立学悠館高等学校歴史研究部（2016）「野州鞍掛山「天空のやしろ」琴平神社－『地誌編輯材料取調書』と石造物調査から－」『研究集録』37　栃木県高等学校文化連盟社会部会
栃木市教育委員会（1990）『栃木市遺跡詳細分布調査報告』栃木市
栃木市教育委員会（2015）『栃木市遺跡分布地図』
栃木市史編さん委員会（1981）『栃木市史　史料編近現代Ⅰ』栃木市
栃木市史編さん委員会（1979）『栃木市史　民俗編』栃木市
中嶋宏子（2001）「天目一箇神」『日本の神仏の辞典』大修館書店
細矢藤策（1989）『古代英雄文学と鍛冶族』桜楓社
細矢藤策（2009）「下野国の総社と古代官寺・官衙の方位」『東アジアの古代文化』第137最終号　大和書房
三浦佑之（2016）『風土記の世界』岩波新書
柳田國男（1934）「ダイダラ坊の足跡」『定本柳田國男集　第5巻（新装版）』筑摩書房

第4章

忘れられた富士山信仰

～岩出村～

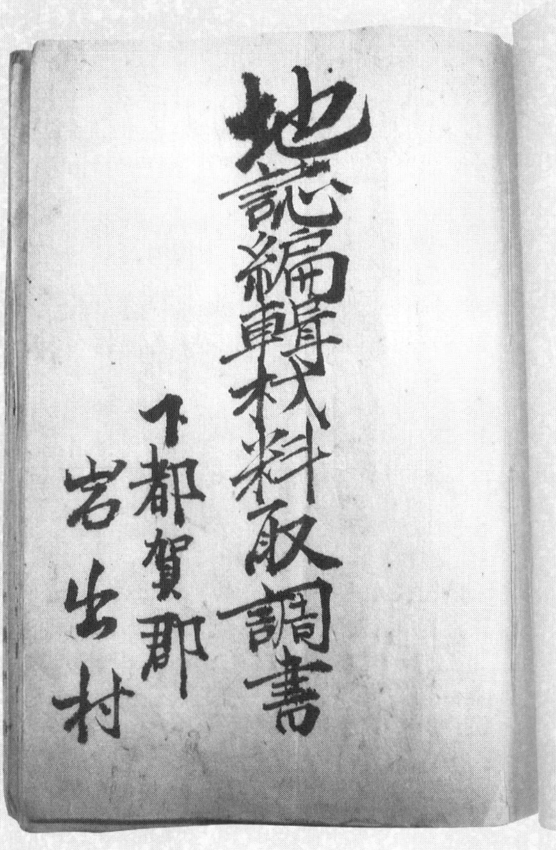

1．『地誌』岩出村に残された富士山信仰の痕跡

はじめに

皆川八カ村『地誌』の研究も五カ村目に当たる平成29（2017）年度、山間部としては最後の岩出村を翻刻したところ、「富士山」という文字を文中にいくつか見つけた。「もしかしたら、かつて岩出村に今は失われた富士山信仰があったのではないだろうか？」という仮説を考えこの研究を始めた。

しかし、『栃木市史』には大塚町癸生（けぶ）富士浅間神社の伝説が掲載されているものの、岩出町は触れられていなかった。今回は巨人伝説の時のように、簡単に結論にはたどり着けない。

また岩出町には、栃木市指定史跡で横穴式石室が開口する岩出古墳や、群集墳である岩出古墳群が存在する。『地誌』岩出村にも古墳や横穴式石室らしき記載もあり、こうした古墳と富士山信仰がどうかかわるかも気になった。

(1) 仮説の検証

そこで私たちは、『地誌』の内容を丹念に読むことが必要と考えた。明治18（1885）年頃各村から提出されたが、栃木市内で残るのは皆川地域だけである。ここには明治中頃の村の様子が描かれると共に、現在では途絶えた地名や伝承が記載されている場合がある。富士山信仰もその一つであるかもしれない。こうした痕跡を、現地調査を踏まえて確認することにより、より深く地域を知ることになるだろう。

余談であるかもしれないが、生徒が史料をしっかりと読む大切さを感じたのは、全国大会で他校の発表を聞いて感銘を受けたからであろう。帰りの電車の中で、印象に残った発表として、史料をきちんと使っていた学校を挙げていた。

(2)『地誌』の中の富士山信仰

『地誌』岩出村の中から、富士山信仰に関する記述を以下に列挙する。

①冒頭近くに「疆域」の項目があるが、岩出村の南の境界について、「夫れより富士山の嶺に至る迄本郡薗部村に連り、南西の隅は嶺を以て同郡西山田村に接し」と書かれている。

私たちはここでいう「富士山」とは、翻刻していた段階では②で述べる「岩出富士」と呼ばれた、飯盛山のことだと考えていた。ところが現地調査で飯盛山を確認したところ、予想よりはるか北に位置していた。これでは西山田村と境を接することはできない。

そこで改めて現代の栃木市岩出町の地図を確認すると、意外なことに岩出

町の町域は、山間部と谷部を細く南に伸びて太平山の頂上に達している。この太平山山頂には、現在富士浅間神社が祀られているが、明治18(1885)年当時岩出村では太平山山頂を「富士山」と呼んでいたに違いない。

②山の項目に「飯盛山」とある。飯盛山の高さや場所などが書いてある最後の一文に「富士山の形に似たるを以て俗に岩出富士とも称すなり」とあり、飯盛山が「岩出富士」と云われていたことが分かる(写真4-1)。

現地調査では、見事な富士山の形をした山を見つけ、たまたま農作業をしていた地元の人に確認したところ、その山が飯盛山であった(口絵10)。しかし「岩出富士」という名称は聞いたことがないと言う。この呼び名は明治初年を最後に消失したのだろう。

文化3(1803)年に完成した『五街道分限延絵図』の例幣使街道・栃木宿には、一際頂上の尖った「飯盛山」が描かれ(児玉1969)、その山容が印象的であったことが分かる。

また『鎌倉年中行事』に「六月朔日御祝如常　富士御精進七日有之　御近辺飯盛山之富士へ参詣有之」とあることから、室町時代に鎌倉公方は6月1日の山開きに富士を祀り、飯盛山(鎌倉市明王院の裏山か?)に参詣していたことがうかがえる(書陵部画像公開システム)。

③「岩倉山」について「本山の半服に四十八窟」とあり、これは岩出古墳群だと思われる。窟とは横穴式石室のことであろう。さらに皆川広照と北条氏政が「角道の原に於いて抗戦の時之を築きしと云ふ。後ち追々崩滅して今は一窟存在す」とも書かれている。

今も存在する一窟とは、市指定史跡で横穴式石室が開口する岩出古墳と推

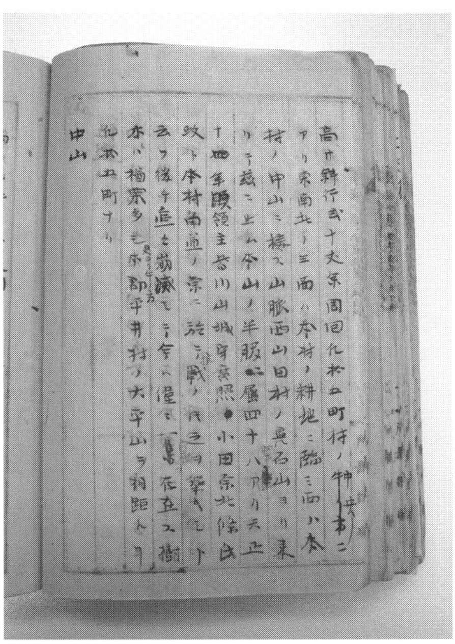

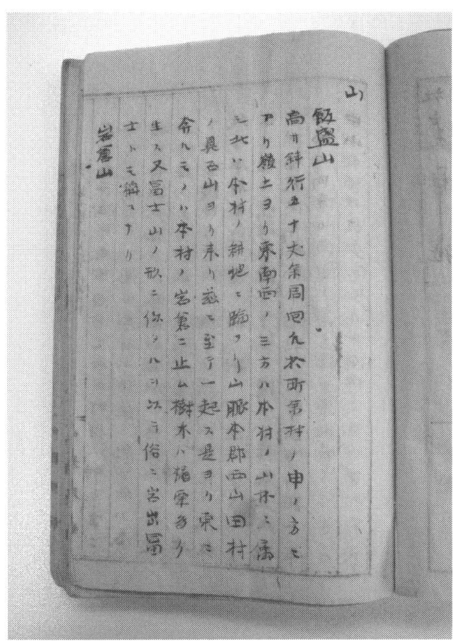

写真4-1 飯盛山(右)と岩倉山(左)の記載

定される。富士山信仰には「霊窟」と称して洞窟がよく修行に使われていた。他にも岩出町には、角堂古墳や弥次郎古墳群・植ノ山古墳群が存在する。

④本文の最後に「角道古戦場」の記載があり、大永6(1526)年と天正14(1586)年における皆川氏対北条氏の古戦場であったという。「此の地に墳十三あり。内、其十二は斜面の半服に点在し、其一は峯上なる皆川城内村との境界にあり。就中一の大墳なり。即北条皆川二氏の戦死者を埋し墳にして世人是を称して千人墳と云う」

『地誌』皆川城内村には「千人塚」とあり、天正19(1591)年に傑岑寺(けっしんじ)(現・皆川城内町)の僧が戦死者追福の法会を修行したと書かれている。また『栃木市遺跡分布地図』には千人塚群となっている(栃木市教育委員会2015)。いわゆる草倉古戦場で、現地に行くと塚の隣に昭和7(1932)年の慰霊碑があり、地元では大切な史跡として顕彰されていることが分かる(写真4-2)。

『皆川正中録』にはこの合戦の様子が詳細に記されている(大愚1889)。軍記物ではあるが信頼できる部分も多い

写真4-2 草倉古戦場

とされている。これによれば、天正12(ママ)(1584)年小田原勢は太平山麓に着陣し、寺社を焼き払った。これに対する皆川広照は、草倉山への出陣に際し「折しも七月十七日、白地に左り巴の紋付けたる旗数十流翩翻と飜し、赤地に富士浅間大菩薩、白地に太平山大権現、水色に鎮守東宮と畫いたる旗押立て…」とあり、皆川氏が富士浅間大菩薩を厚く信仰していたことがうかがえる。ここにも皆川地区と富士山信仰の接点が認められる。

小結

『地誌』岩出村の記載の中で、富士山信仰に多少なりともつながる内容を確認できた。しかしこれだけでは蓋然性が低い。そこで、富士山信仰とはどのようなものか、栃木とどう関わるかを調べた。さらに岩出古墳を含め、富士山信仰に関わりそうな史跡を周辺に探ってみた。以下の節で述べる。

2．富士山信仰と栃木

(1)富士山信仰の神々

富士山信仰の中核である富士本宮浅間大社・富士山頂上浅間大社奥宮・北口本宮富士浅間神社のご祭神は、木花開耶姫命（このはなさくやひめのみこと）である。

『古事記』に次のような物語が伝えられている。

「日向の高千穂の峰に天降った瓊瓊杵尊（ににぎのみこと）は大山祇神の２人の娘と結婚することになるが、姉の磐長姫命（いわながひめのみこと）は顔が醜いということで送り返し、木花開耶姫命のみを妻とした。２人の子孫である天皇の生命が木の花のように儚いのは、誓約を破ったことに大山祇神が怒ったからであるという。さらに一夜にして懐妊した木花開耶姫命は、国津神の子ではないかと疑われた。その子が正統であるか、出産の時に産屋に火をつけ試される。その中で無事に誕生したのが火照命（ほてりのみこと）・火須勢理命（ほすせりのみこと）・火遠理命（ほおりのみこと）の三子であった」

これにより木花開耶姫命は、安産の神であり、活火山である富士山の神となったという。

木花開耶姫命の本地仏は大日如来とされている。また磐長姫命は小御嶽石尊（こみたけせきそん）大権現として富士五合目に祀られている（武藤1986・堀内2014など）。

(2)近世の富士山信仰

①富士講とは

富士講は、江戸時代に成立した民間信仰のサークルである。信仰対象は富士山で、特に江戸を中心とした関東で大流行した。

活動は定期的に行われる「拝み」と呼ばれる行事と富士詣から成り立っており、「拝み」では勤行経典「お伝え」を読み、「拝み箪笥」と呼ばれる組み立て式の祭壇を用いて「お焚き上げ」をする。富士詣とは、陰暦6月1日から21日までに富士山に登り、頂上の浅間神社に参詣することである。

②富士講と長谷川角行

富士講を結成した人々が開祖として崇拝した人物が長谷川角行（かくぎょう）（角行藤佛）である。出身は肥後長崎で、戦国時代から江戸時代初めの人物である。18歳の時、天下の擾乱を救い人心を和らげ正すことを願い、諸国修行の旅に出て、九州・中国・北陸・関東など各地を廻国した。そして常陸で師につき、陸奥国達谷窟（たっこくいわや）（岩手県平泉町）に至り、その岩窟で修行中に修験道の祖・役行者よりお告げを受けた。その後富士山麓の人穴（富士宮市）に辿り着き、この穴で四寸五分角の角材の上に爪立ちして一千日間の苦行を実践し、永禄3

(1560)年に角行という行名を与えられたという。

その後も富士登拝や水垢離(みずごり)を繰り返しつつ廻国し、修行成果をあげるたびに仙元大日神より「フセギ」という呪符や、「御身抜(おみぬ)き」という曼荼羅を授かった。「フセギ」は特に病気平癒に効力を発揮するもので、元和6(1620)年に江戸で「ツキタオシ」という奇病が流行し、3日で約1,000人もの死者を出す中で、角行は人々に「フセギ」を授け、祈祷の力で多くの患者を救い、正保3(1646)年富士山人穴の前にて106歳で死去したとされている。

③角行の後継者

角行の後継は、二世黒野日旺(にちがん)・三世赤葉玥心(がんしん)・四世前野月玥(げつがん)・五世村上月心(げっしん)と続く。月心の死後は、月心の二男の六世村上光清(こうせい)の光清派と、食行身禄(じきぎょうみろく)の身禄派に分かれた。そこからさらに「八百八講」などと呼ばれる多数の派が生まれる。

村上光清は、享保年間私財を投じて荒廃していた北口本宮冨士浅間神社を復興させる大事業を行い、大名などの上層階級から支持される(写真4-3)。

写真4-3 富士吉田市北口本宮冨士浅間神社

一方食行身禄は、三世赤葉玥心の弟子である富士行者・森月行に弟子入りし、油売りを営みながら修行を積む。呪術による加持祈祷を否定し、正直と慈悲をもって勤労に励むことを信仰の原点とし、米を真の菩薩と称し最も大切にすべきものと説き、江戸庶民から熱狂的に支持された。

④富士塚について

江戸時代中期以降、富士山を模して造られた大小の塚を富士塚と言う。富士塚の頂上には祠があり、実際に富士山で採集した火山岩が置かれるのが基本である。登拝道は実際の富士山のようにジグザグに造られ、大きな塚では町石などが置かれていて、左右には食行身禄や小御嶽霊神を祀る石碑、登拝記念の石碑などがある。これらの石碑が富士講碑である(以上、岩科1983・大谷2011など)。

栃木県内にも大小多数の富士塚が残っている。多くは幕末から明治にかけて築かれたものと推定されている。現在でも山開きの日にお祭りが行われ

写真4-4 東京都品川区品川神社

写真4-5 品川神社富士塚

写真4-6 品川神社富士塚

写真4-7 栃木市岩舟町の富士講碑

ている塚もある。

写真4-4～6は東京都品川神社の富士塚である。東京では現存する中で最大規模である。登ってみるとたくさんの富士講碑や丁石が立てられている。頂上からの見晴らしが良い。写真4-7は岩舟町和泉天満宮境内の富士講碑である。明治34(1901)年の銘文が刻まれている。このような富士講碑は、栃木県南部の身近な神社などにたくさん見られる。刻まれた紀年銘を読むと明治期のものが多い。

(3)岩出町周辺の富士山信仰

次に岩出町周辺に見られる、富士山信仰に関わる神社・伝承などを紹介する(図4-1)。

①日限(ひぎり)冨士浅間神社

栃木市内で「鳥居がたくさん並ぶ、伏見稲荷のような神社」とか、またはパワースポットとか呼ばれ、最近改めて注目されている神社である。太平山富士浅間神社里宮として寛永10(1623)年遷宮されたと伝えられている。ご祭神は木花開耶姫命。薗部町柳橋には遊廓があり、花柳界の女性たちから崇敬されたという。日を限って願を掛けると満願の日に叶えられ、お礼に白木の鳥居を奉納した(栃木県神社庁2006)。今も新しい鳥居の奉納が絶えない。

現地調査に行くと、境内の手入れも行き届いていて参拝者もいた。奉納された絵馬や神楽殿に描かれた講社の記号は、富士山に桜の花を描いたものである(写真4-8〜9)。

②富士見町

栃木市富士見町は、巴波川公園の西側の住宅地に相当する。しかし現地に行ってみても、特に富士山信仰の痕跡は見られなかった(写真4-10)。

写真4-8 日限富士浅間神社

写真4-9 日限富士浅間神社鳥居

写真4-10 栃木市富士見町

③栃木市箱森町錦着山

標高80.5mの小丘で、市民には桜・ツツジの名所として親しまれている。前章でも触れたようにダイダラボッチが名前の由来となったという伝説がある。山頂には現在錦着山護国神社が鎮座し、下都賀郡内の戊辰戦争以来の戦没者が祀られている。明治12(1879)年県令鍋島幹および県下有志によって建立された神社である(写真4-11)。

しかしそれ以前、文政13(1830)年に編集された『古河志』には、「四方見はらしよろし。山上には富士浅間の社在り。西へくだる道を沙走といひて沙地なり」と書かれている。元々は富士浅間神社が祀られていて、富士山の須走(すばしり)に由来する地名もあったことは驚きである(栃木市史編さん委員会1986)。なお、口絵11は、錦着山から永野川と飯盛山を見たところである。

④飯盛山

前述の通り明治の初年までは岩出富士とも呼ばれていた(口絵10)。現在は周囲がゴルフ場となっており、立ち入ることはできない。

⑤岩出古墳

ゴルフ場近くの、東に伸びる丘陵斜面に立地する。墳丘規模が直径約28m高さ約4.5m、山側の北西を周溝が廻る山寄せの円墳である。南東向きに横穴式石室が古くから開口しており(口絵12)、古墳の築かれた時代は6

世紀末ごろと推定されている（栃木県古墳勉強会2012）。

これが『地誌』岩出村に書いてある岩倉山に残る「後ち追々崩滅して今は一窟存在す」に当たると考えられる。とすれば岩出古墳の開口は『地誌』が書かれた明治18（1885）年以前である。記載では他の小型古墳は崩滅したとあるが、これは主観的な表現で、現状でも古墳らしいマウンドは周囲にいくつか確認できる。

岩出古墳の周囲は、後世に手が加えられている可能性が高い。下から3段の平場があり、古墳の周囲も3面の平場となっている。これらは古墳時代の遺構としては他に類例がなく、古墳築造に伴って造成されたとは考えられない（コラム4・口絵16）。

前述のとおり角行は、岩手県達谷窟や富士山麓人穴で修行を続けてきた。また四世月旺も、足利周辺の洞窟で修行していたことが『月旺居士公事之巻』に記されている（大谷2014）。近世の富士山信仰では、洞窟での参籠は必須の修行であったのだろう。しかし参籠のできる洞窟はどこにでもあるものではない。コラム3でも紹介するが、近隣では足利市富士上浅間神社の山頂近くに「胎内洞穴」がある。また同じ永野川水系上流の鹿沼市粟野町三峰山浅間神社は、鍋山山中の急斜面に開口する天然の鍾乳洞に祀られている（写真4-12）。

岩出古墳の横穴式石室は、近世に富士山信仰の行場として再利用され、その際に周囲が改変され、「お焚き上げ」などの行事が行われたものと考えてはどうか。埼玉県行田市八幡山古墳横穴式石室内には、「仙元大菩薩」と刻まれた石祠が現存している（写真4-13）。

⑥“謎の”鳥居

岩出町方面から太平山へ向かう車道を行くと、左に折れるカーブの手前右側に白い花崗岩の鳥居がある。山の斜面を背に建っているが、その先に神社や石祠は見当たらない（写真4-14）。銘文には「明治廿七年八月吉日／大字薗部氏子中」（1894年）とある。鳥居であるからには参道が続いているはずだ、ということで歩いてみた。荒れた山道を、かすかな足跡と枝に結ばれたピン

写真4-11 錦着山

写真4-12 三峰山浅間神社鍾乳洞

ク色のテープを頼りに登ること約1時間。尾根筋に出たところには平場が連なり、さらに急登を進むと、なんと山頂の太平山富士浅間神社の裏手にたどり着いた。

⑦太平山富士浅間神社

太平山山頂に鎮座している。ご祭神は木花開耶姫命で、社伝では文保年間(1317～19)の創建となっている(栃木県神社庁2006)。また山頂部は旧皆川城内村・西山田村・岩出村・園部村の境となっている。写真4-15が社殿で、その裏には塚がある。浅間神社のすぐ裏手の塚であれば、富士山を遥拝した富士塚と考えるのが普通であろう。

戦国時代には皆川氏によって、この山頂を中心に太平山城が築かれたとされている。山中には平場や石垣も残っている(栃木市教育委員会2015)。皆川氏・北条氏が草倉で戦ったことからも、この城が戦国期に皆川城防衛の南の要であったことがうかがえる。

写真4-13 埼玉県行田市八幡山古墳の石祠

前に⑤で述べた鳥居は、薗部町方面から太平山富士浅間神社に太平山神社を通らずに直接登拝する参道だったに違いない。現在道は荒れているが、明治27(1894)年当時は、里宮日限富士浅間神社から本宮に登拝する薗部町の人々を中心に、盛んに使われていたのではないだろうか。途中で見つけた平

写真4-14 太平山中の鳥居

写真4-15 太平山富士浅間神社

場は太平山富士浅間神社に関わる宗教施設か、太平山城の曲輪かもしれない。城の北側に位置することから、北条氏が築いた可能性もある。

しかし一つ問題がある。山頂は太平山城の主郭である。城の中核部に塚のある例は15世紀中頃に築城された足利市岩井山城に見られる。太平山城に伴う富士塚であろうか。富士講が流行する以前ということなる。

富士講の関連で最初に造られた富士塚は、江戸の高田富士である。安永9(1780)年に高田藤四郎(日行)が築いたという。しかし大谷正幸氏によると、高田富士は富士講隆盛の契機となったとしても、それ以前から富士塚と呼ばれる構築物は文献に登場するという(大谷2011)。

社殿裏の塚は、果たして山城として使われていた時代から存在したのだろうか。山城に浅間神社を祀る例は大谷氏が学会発表しており、その内容はインターネット上で読むことができる(大谷2017)。また前述の通り、皆川氏は東宮神社・太平山大権現とともに富士浅間大菩薩を厚く信仰していた(『皆川正中録』)。富士塚が富士講以前の戦国時代にさかのぼるかを含め、今後解明したい問題である。また山頂直下の平場には、コラム5で竹澤涉氏が論じているように、慶長期の瓦を有する建物が存在したことが明らかである。

(4) 太平山富士浅間神社の参拝路

岩出町周辺の史跡をたどると、里宮である日限富士浅間神社から奥宮の太平山山頂の富士浅間神社まで、かつて

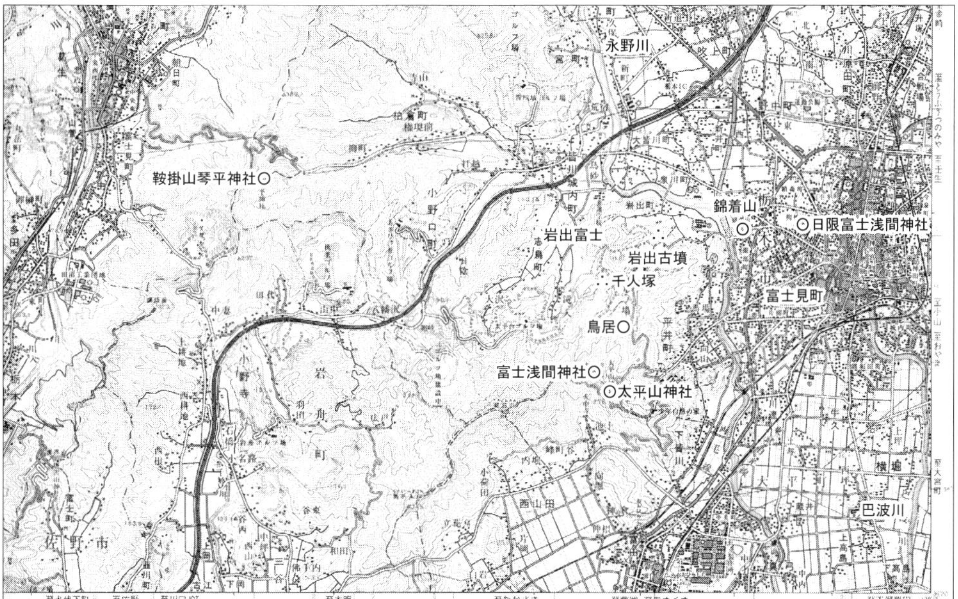

図4-1 岩出町周辺の富士山信仰史跡（5万分の1地形図「栃木」に加筆）

岩出村を縦断して連なっていたことに気が付く。おそらく、日限富士浅間神社参詣→錦着山登拝→永野川水垢離→岩出富士遥拝→岩出古墳霊窟→太平山浅間神社登拝、といった修行・参拝の道があったのではないだろうか。

この参拝路はいつ頃存在したのだろうか。社伝の日限富士浅間神社遷宮である寛永10(1623)年と、錦着山富士浅間社が記録された文政13(1830)年が参考になる。これを事実とすれば、寛永期から文政期には存続した可能性がある。しかし明治12(1879)年には錦着山護国神社が創建され、明治18(1885)年の『地誌』に明瞭な記載がないことから、明治27(1894)年銘の鳥居の参道は残るものの、明治期にはかなり忘れられたものとなっていたと考えられる。

写真4-16 発生富士浅間神社

写真4-17 発生富士浅間神社富士塚

また県南に満遍なく分布する富士講碑が、太平山中に見当たらない。前述の國學院大學栃木短期大学の調査でも、そのような石造物の報告はなかった(國學院大學栃木短期大学2016)。富士講碑の多くが幕末から明治期の富士講・扶桑教関連であることから、これとは別系統の富士山信仰であったとも思われる。後述するように、北関東にあっては古い形態の富士山信仰が残存した可能性がある。

小結

ここでは岩出村を中心に富士山信仰が盛んだった可能性を指摘した。時期は近世およびその前後と思われるが、富士講・扶桑教とは別系統の可能性が考えられる。

また、木花開耶姫命からみて鞍掛山琴平神社のご祭神に加えられている大山祇命は父であり、太平山神社ご祭神の瓊瓊杵尊は夫にあたる。皆川八カ村を囲う山々で家族を構成している。巨人伝説でも触れた古くからの神々と、新たにこの地域に勧請された神々が共存している。この問題については、栃木市大塚町発生浅間神社(写真4-16・17)や大神神社に伝わる木花開耶姫命の伝説(栃木市史編さん委員会1979)とも考え合わせ、今後の課題としたい。

この研究をまとめるに当たり、足利

地方の富士山信仰についてご教示をいただいた中島太郎氏、ご研究の成果をご恵与いただいた大谷正幸氏の御二方には、生徒が大変お世話になりました。また岩出古墳については、栃木県古墳勉強会の成果を引用させていただきました。会による毎年の古墳調査には、部の発足当初から多くの生徒が参加し、ご指導をいただきました。この場をお借りして厚くお礼申し上げます。

〈第４章・初出〉

栃木県立学悠館高等学校歴史研究部(2018)「『地誌編輯材料取調書』から読み解く岩出村の富士山信仰」『研究集録』39　栃木県高等学校文化連盟社会部会

〈第４章・参考文献〉

足利市立美術館(2012)『足利の富士山信仰』
岩科小一郎(1983)『富士講の歴史　江戸庶民の山岳信仰』名著出版
大谷正幸(2005)『扶桑教祖年譜』における角行系宗教の伝承(一)」『佛教文化学会紀要』14　佛教文化学会
大谷正幸(2009)「明治初期の扶桑教と富士信仰－『扶桑教祖年譜』にみる角行系宗教の伝承(二)－」『佛教文化学会紀要』15　佛教文化学会
大谷正幸(2011)『角行系富士信仰－独創と盛衰の宗教－』岩田書院
大谷正幸(2014)「村上月心・光清親子の富士信仰」『東京大学経済学部資料室年報』4　東京大学経済学部資料室
大谷正幸(2017)「城と浅間社」『日本宗教学会第76回学術大会資料』
小沢彦遅(1883)『扶桑教祖年譜』国立国会図書館デジタルコレクション
國學院大學栃木短期大学(2016)『太平山の石造物』平成27年度栃木県大学地域連携プロジェクト支援事業成果報告書
児玉幸多(監修)(1969)『中山道例幣使街道分限延絵図』第3巻(富田・栃木・合戦場・金崎)東京美術
書陵部所蔵資料目録・画像公開システム『鎌倉年中行事』(異本・1巻)
大愚狂人筆記(1989)『皆川正中録』栃木県立図書館デジタルコレクション
栃木県古墳勉強会(2012)「栃木市岩出古墳測量調査報告」『栃木県考古学会誌』33
栃木県神社庁(2006)『栃木県神社誌 神乃森 人の道』
栃木市教育委員会(2015)『栃木市遺跡分布地図』栃木市
栃木市史編さん委員会(1979)『栃木市史　民俗編』栃木市
栃木市史編さん委員会(1986)『栃木市史　史料編近世』栃木市
日向野徳久(1963)『岩出山古墳発掘報告』栃木市文化財保護委員会他
堀内眞(2014)「富士山」『日本の霊山 読み解き事典』柏書房
武藤武美(1986)「木花開耶姫命」『日本架空伝承人名事典』平凡社

※口絵18は、平成30(2018)年8月10日に開催された、全国高等学校歴史学フォーラム(九州国立博物館主催)に掲示したポスターである。皆川地区の山間部の信仰史をまとめている。このフォーラムでは、福島県立相馬高等学校郷土部も巨人伝説をテーマとした発表で、互いに意見を交換することができた。

コラム3

足利の富士山信仰

はじめに

足利には富士山信仰をめぐる貴重な文化財が残っている。平成20(2008)年から22(2010)年にかけて策定された、『足利市歴史文化基本構想』にも取り上げられており、足利が誇る文化遺産群の一分野と位置付けられている。

北関東は近世富士講隆盛の縁辺部にあたり、中心部とは異なる様相を見せているようだ。ここではその状況を紹介し、本書のテーマである栃木市皆川地区と比較したい。

(1)角行と足利

『扶桑教祖年譜』によると、角行と直系の弟子たちは足利を度々訪れていた(小沢1883)。

角行の弟子二世日旺(にちがん)こと黒野運平は、宇都宮鉄砲町で育ち、そこで没したとされている。修行で訪れた角行に出逢い、行名を日旺と定め、以後角行とともに全国を歩き修行を重ねた。

角行は文禄元(1592)年に下野を訪れ、岩井村(足利市岩井町)で水行をし、大月村(足利市大月町)で修行をしたとある。また角行が98歳となった寛永9(1632)年、二度目の足利来訪があり、大月村の長途路川で水垢離をとり、そこに自ら神木として桜を植え、富士信仰の伸展を祈念したという逸話が残されている(写真4-18)。

岩科小一郎氏は著書『富士講の歴史』に角行の生涯を記した『扶桑年譜大行之巻』を引用しているが、前述の文禄元壬辰(1592)年53歳の記事は「同国佐野渡瀬川にて百日宛御水行。同国足利郡岩出村に於て水行百日(今その霊窟ありという)。同国大月村にて滞在修行…」とある。明治期に小沢彦遅氏が著した『扶桑教祖年譜』では「岩出村」が「岩井村」となっている。しかし現在足利市岩井町には霊窟に相当する洞窟や横穴式石室はない。もしこれが「足利郡岩井村」でなく「都賀郡岩出村」であるならば、岩出古墳が霊窟の有力な候補となってくるだろう。ただし「足利郡岩出村で水行中に、大月村の灯りを見つけた」とする合理的な流れは成り立たなくなる。

写真4-18 長途路川

この『扶桑年譜大行之巻』は『扶桑教祖年譜』執筆のための前提として書かれたとされている(岩科1983)。

(2) 月玥と足利

三世玥心の弟子四世月玥は、天和4(1684)年大月村の信徒宅に滞在した折に書いた「御身抜き」が変わった文字を使用していたことや、角行を象徴する卍が十字架に見立てられたことなどが理由で、キリシタンの所産ではないかとの誤解を受けた。このため江戸奉行と切支丹奉行の審問を受けた。この時の貴重な記録が『月旺居士公事之巻』として残っており、大谷正幸氏の詳細な分析がある(大谷2014)。

(3) 足利の主な富士山信仰遺跡

①田中町富士浅間神社

現在も毎年6月1日の初山参りのペタンコ祭りで有名である(写真4-19)。新生児の額に御朱印を押してもらう。また祭りでは、写真4-20のような「麦わら竜」や団扇が売られている。これは大谷氏の著書にも登場する玩具であり(大谷2011)興味深い。

神社は渡良瀬川右岸の独立丘陵上にあり、山頂に近い社は「男浅間」、渡良瀬川に近い低い方の社が「女浅間」と呼ばれている。東武伊勢崎線の切り通しができる以前は、両社は尾根筋で繋がっていたと思われる。

「女浅間」の境内には、幕末から明治期の富士講碑が多数見られる。「男浅間」の参道には、「七合五夕(勺)目」(正面)「嘉永二己酉年／四月初申」(右面)「(丸に川上の講紋)同行」(左面)と刻まれた角柱状の町石がある(写真4-21)。富士山の7合5勺は食行身禄が入定を遂げた地で、申の日は富士山の縁日とされている。明らかに富士講関連で造立されたものである。

丘陵の中腹には前述の胎内洞窟がある。岩盤であるチャートの裂け目で、入口から数メートル程の深さである。洞窟には文殊菩薩と地蔵菩薩が祀られている(写真4-22、小倉1997)。洞窟の天井に煤けた痕があり、護摩行が盛んであったことがうかがえる。丘陵の山頂部には、中世の山城である浅間山

写真4-19 初山ペタンコ祭

写真4-20 麦わら竜

城の曲輪が残っている（足利市教育委員会 1989）。

②大月町東耕地仙元神社

角行が水垢離をしたと伝えられる長途路川の左岸、鹿島神社に隣接する山裾に鎮座する神社である（写真4-23）。北関東では珍しい光清派の石造物が残っている（写真4-24）。

③大月町西耕地仙元神社

東耕地仙元神社の対岸、低い丘陵の尾根上に鎮座する。露出したチャートの岩盤の上に社殿があり、磐座に当ると考えられる（写真4-25）。社殿脇の石祠に富士講関係の銘文が刻まれてい

写真4-21 男浅間町石

写真4-24 光清派石造物

写真4-22 男浅間体内洞穴

写真4-25 大月町西耕地仙元神社

写真4-23 大月町東耕地仙元神社

写真4-26 樺崎町浅間神社

る。社殿の前の水盤にも、光清派の講紋が大きく彫られている。

④樺崎町堤谷地区富士浅間神社

大月町の二つの仙元神社の北、長途路川左岸の山裾に鎮座する(写真4-26)。背後の丘陵は、富士山に似た円錐形の印象的な山容である。境内には湧水や小さな石室がある。

中島太郎氏は、これら三社は角行が長途路川で水垢離をした地点を、囲むように配置されているとして注目している。大月町からは、晴れた日に富士山がよく見えるという(中島2012)。

⑤久保田町富士塚

足利では最大規模の富士塚である。方形で高さは5mほどであろうか。幕末から明治にかけての富士講碑が見られることから、この頃の築造である可能性が高い(写真4-27)。

足利にはこの他にも、幕末から明治期と推定される小規模な富士塚や、扶桑教関連の富士講碑が多数存在する。村(大字)ごとの神社に、各1基以上は造立された感がある。明治時代に扶桑

写真4-27 久保田町富士塚

教の影響が各村で大きかったことが分かる。

⑥大日如来像

市内北郷地区に伝来するという。中島太郎氏が企画に参加された、足利市立美術館企画展「足利の富士山信仰−隠された立体富士曼荼羅−」で展示され話題となった(足利市立美術館2012)。胎蔵大日如来木造で、髪を富士山形結い上げている。富士山の神である木花開耶姫命の本地仏として信仰されたものと考えられている。

(4) 足利の富士講碑

足利において立正大学考古学研究室が長年にわたって調査した成果が『足利の石造物』という本にまとめられている(足利市教育委員会2008)。調査には膨大な労力が費やされており、心から敬意を表したい。参加された学生の中には、現在歴史考古学の分野の第一線で活躍されている方が多数おられ、手書きの調査カードを拝見すると、微笑ましい中にも身が引き締まる思いがする。ただし市域南部の大部分は未調査であり、地元の者の今後の課題として重く受け止めたい。

『足利の石造物』には市内北部を中心に、多数の富士講碑が掲載されていて貴重である。南部については富士塚も多く残っており、船水康宏氏の研究や(船水2013)、webサイト(「富士塚・浅間神社を巡る」)などで紹介されている。

小結

こうした近世の神社・石造物・遺品などから、角行直系の仙元信仰が足利を中心に繁栄していたと、これまでの研究で指摘されている（足利市立美術館2012）。

大谷正幸氏は研究の中で、長谷川角行らの伝記である『扶桑教祖年譜』に足利が度々登場することについて、足利郡大月村周辺は近世以降富士講や扶桑教が盛んになるが、それ以前は修験道の富士信仰も盛んだったのではと推定している（大谷2009）。

一方幕末から明治にかけて、足利各地に富士塚や富士講碑が造られる。扶桑教に連なる信仰であろう。栃木周辺も、足利地方と対比しながら考える必要があるだろう。前述のように岩出町から太平山にかけて、扶桑教関連の富士講碑は見あたらない。しかし、発生浅間神社には存在し（写真4-28）、興味深いことに「足利町正田正行真」と刻まれている。

〈コラム3・参考文献〉

足利市教育委員会（1989）『足利市遺跡地図』

足利市教育委員会（2008）『足利の石造物』

足利市立美術館（2012）『足利の富士山信仰–隠された立体富士曼荼羅–』

岩科小一郎（1983）『富士講の歴史　江戸庶民の山岳信仰』名著出版

大谷正幸（2009）「明治初期の扶桑教と富士信仰–『扶桑教祖年譜』にみる角行系宗教の伝承（二）–」『佛教文化学会紀要』15　佛教文化学会

大谷正幸（2014）「村上月心・光清親子の富士信仰」『東京大学経済学部資料室年報』4　東京大学経済学部資料室

小倉喜兵衛（1997）「女浅間と男浅間–足利の富士信仰–」『会報』57　足利市文化財愛護協会

小沢彦遅（1883）『扶桑教祖年譜』国立国会図書館デジタルコレクション

中島太郎（2012）「足利の富士山信仰（その1）足利と富士山を結ぶ封印された秘儀」『会報』85　足利市文化財愛護協会

中島太郎（2013）「足利の富士山信仰（その2）発見!!『カラスの御巻』–足利富士神界の再臨」『会報』86　足利市文化財愛護協会

船水康宏（2013）「栃木県西南部での富士・浅間信仰」『富士山文化研究』11　富士山文化研究会

写真4-28 発生浅間神社富士講碑

コラム4

岩出古墳と富士山信仰

①岩出古墳の再利用

私たちは『地誌』岩出村を読んで、かつてこの地に富士山信仰があったという仮説を立てた。そこで現地調査などを行った結果、柳橋町日限富士浅間神社から太平山富士浅間神社に到る、富士山信仰の参詣路がかつて通じていたと考えた。

ここで取り上げる岩出町岩出古墳の横穴式石室は、参詣路の中心にあたることから、富士山信仰の修行でよく使われた「霊窟」として、近世以前に再利用されたのではと推定した(口絵16)。

②富士山信仰と霊窟

角行の伝記に見られるように、富士山信仰では洞窟での参籠が重要な修行の一つとされている。前述のように栃木県南部には、足利市田中町浅間神社胎内洞窟・鹿沼市粟野町三峰山浅間神社霊窟など、富士山信仰の「霊窟」が現在も祀られている。

③周辺の平場と岩出古墳群

太平山から北東に伸びる尾根筋の末端に岩倉山がある。栃木市指定文化財の岩出古墳は、岩倉山の南面する中腹に立地する。付近には岩出古墳の他に岩出古墳群19基が存在する。しかし『地誌』岩出村によれば、明治の段階でそのほとんどは崩壊したようだ。また岩出古墳の周りには5面の平場があり、岩出古墳が後世に何らに再利用されていたことが分かる。

④岩倉山の現地調査より

古墳のすぐ裏手の尾根筋には、参道が通っていて鳥居がある。鳥居には「明治三十二年二月十三日大嶋半十郎建立／栃木町石工南雲半造」(1899年)と刻まれている(写真4-29)。参道を下ると岩倉山の北側の集落に出る。登ると

写真4-29 岩倉山の鳥居

写真4-30 岩倉山の水盤

「明治五壬申二月吉日」(1872年)と刻まれた小さな水盤や(写真4-30)、朽ちて倒れた木製の鳥居がある。岩倉山の頂上には磐座が祀られ、石碑と石祠がある。山頂部のすぐ南斜面には、古墳の石材の採掘跡とみられる露頭があった。

石碑には「熊野なる 神の末(ま)します いはくら乃 屋間(やま)の岩出を 里の名にしつ」と和歌がある。年号は見られない。祠は正面に「事比羅大神」、側面に「明治三十六卯年十月十日建」(1903年)と刻まれている。熊野・琴平はどちらも水運を司る神であり、巴波川の水運で繁栄した栃木の人々の信仰を集めたものと考えられる。

⑤岩倉山の地域史

岩倉山山頂の岩場は、おそらく古くから磐座として信仰されてきたのだろう。古墳時代には石材が採掘され、横穴式石室が造られた。石室は後に富士山信仰の「霊窟」となった。近代には水運の神々が祀られた。

この研究によって、岩出古墳の横穴式石室の再利用の実態を推定することができた。その背景には、地域において積み重ねられた岩倉山の信仰史があることが分かった。

皆川地区八カ村の山間部には、今では忘れられた信仰があった。巨人・富士山・琴平神社と、古代から近年に至るまで、神々の名前や願う祈りの内容に変遷はあるものの、この土地の人々は太平山系の山々に、大いなる存在を感じていたに違いない。

なおこの内容は、歴史研究部が平成30(2018)年5月27日に明治大学で行われた日本考古学協会高校生ポスターセッションに参加し発表させていただいたものである(口絵16)。当日は多くの方々に貴重なご意見と励ましのお言葉をいただいた。審査の結果、優秀賞をいただくことができた。

〈コラム4・初出〉

栃木県立学悠館高等学校歴史研究部(2018)「岩出古墳と富士山信仰−栃木市岩出町岩倉山の信仰史−」『日本考古学協会第84回総会　研究発表要旨』日本考古学協会

〈参考文献〉

大谷正幸(2011)『角行系富士信仰』岩田書院

栃木県古墳勉強会(2012)「栃木市岩出古墳測量調査報告」『栃木県考古学会誌』33

栃木市教育委員会(2015)『栃木市遺跡分布地図』

栃木市史編さん委員会(1986)『栃木市史　史料編近世』

日向野徳久(1963)『岩出山古墳発掘報告』栃木市文化財保護委員会他

コラム5

栃木市太平山山頂幻の仏堂について
—山頂採集の瓦を中心に—

はじめに

栃木市東部に位置する太平山は山頂から山麓にかけて寺社が点在している。山頂部には太平山神社、山麓部には連祥院般若教寺、太平山宝樹院大山寺、法華山真行寺がある。いずれも創建は古代までさかのぼる。また山内には古代から近世までの仏教遺跡が点在している（写真4-31）。

本稿では唐沢考古会2018年5月発行の『唐沢考古』（37号）に資料紹介している瓦の再検討を行いたい。遺跡を知ったのは筆者が平成29（2017）年11月に栃木市薗部町に所在する太平山を踏査した際に山頂付近の近世の祠が一基祀られた平場地表面に布目痕がある瓦が落ちていることに気がついた。平瓦・丸瓦・軒丸・軒平瓦などの貴重な瓦類を表面採集した。瓦は平場から平場前斜面に散布していた。特に平場の径3mの範囲に集中している（写真4-32）。

採集地点を栃木市遺跡地図（栃木市教育委員会2015）で確認すると、太平山城趾の遺跡範囲内であることがわかった。周知の遺跡ではあるが、瓦についての記述がないため未発見の資料である。

(1) 遺跡の立地と環境

遺跡は栃木市薗部町太平山山頂前面崖下に所在する。太平山の標高は343mである。太平山・晃石山・馬不入山に続く稜線が北東から南西方向に連なっている。足尾山系である。東側は山地に沿うように永野川が南流している。太平山から連なる山地は古代より信仰の対象となっている。

山頂には富士浅間神社がある。祭神

写真4-31 遺跡遠景

写真4-32 遺物採集地点

は木花開耶姫命である。創建は不明だが、文保年間（1317～19）とも伝えられている。社殿後方のマウンドは富士山信仰のシンボルである富士塚とみることができるだろう。山頂から尾根沿いには皆川氏が築いたとされる太平山城跡がある。南東に太平山神社が鎮座している。

太平山神社の創建は天長4（827）年に慈覚大師円仁が登拝した際とも、神護景雲年間（767～770年）、大和国大神神社を勧進したともいわれている。祭神は天津日高彦穂瓊瓊杵尊である。山内には連祥院般若寺・大山寺などがあった。天正12（1584）年に北条氏直と皆川広照の戦いで兵火に罹り灰燼に帰した。江戸時代には徳川将軍家の信仰が厚く隆盛を極めた。

東山麓に連祥院般若寺・太平山宝樹院大山寺（天台宗）・法華山信行寺（日蓮宗）がある。連祥院は天長4（827）年に円仁により太平山神社の別当寺として創建された。本尊は虚空蔵菩薩である。山上に連祥院般若寺のもとに三光院・報恩院・多門院・安楽院の四か寺があり、寛永18（1641）年に東叡山寛永寺の直末に補された。堂宇11宇、寺僧10余人を擁し連祥院般若寺西本坊と称した。明治4（1871）年に発布された神仏分離令により太平山内の仏閣・寺院・別当所は破却された。その後、虚空蔵菩薩は旭岳の仮本堂に移されたが倒壊し連祥院六角堂に安置される。（栃木市史編さん委員会1978）あじさい坂の脇にも幾つかの寺院があったとされる。

大山寺西側山中には圓通寺平と呼ばれている平場群が存在する。現在は栃木市城内町に所在する星住山圓通寺があったと伝えられている。付近の林道工事の際に9世紀～10世紀代の瓦や土器類が出土している。山内には圓通寺の住持高慶大師が応永23（1416）年、入定したと伝えられている入定平がある。入定に至るまでの日記『救海入定記』は現城内町に所在する圓通寺に宝物として伝えられている。太平山南麓晃石山中腹には金龍山大聖院清水寺（天台宗）がある。縁起によれば行基が天平年間（729～748）開山したとされる古刹である。清水寺より東麓西山田には太平山天曉院大中禅寺（曹洞宗）がある。「下野国誌」によると久寿年間（1154～56）真言宗寺院として建立。山門は皆川氏の居城である皆川城の搦手門を元和2（1616）年に移築したものである（大平町教育委員会1982）。

(2) 遺物

本遺跡から採集した遺物は軒丸瓦1点、軒平瓦1点、道具瓦2点、平瓦13点、丸瓦2点、不明瓦2点の計22点である。前回図化したものは11点であるが本報告では特徴のある軒丸瓦1点、軒平瓦1点、平瓦1点、丸瓦2点を抜粋した（図4-2、写真4-33～36）。

1は巴文軒丸瓦の瓦当である。頭部は太く肥大化している。尾が短い左巻き巴文が施されている。周囲に朱文が

9つ巡っている。笵傷がある。瓦当の上部は瓦本体との貼り付け面から剥離している(写真4-36)。瓦当自体も厚く下部顎の厚みは4.2cmである。ハナレ砂は認められない。焼成良好で赤褐色を呈している。雲母片・黒っぽい砂粒がみられる。胎土は精緻である。

2は唐草文軒平瓦の瓦当部である。唐草文が押されている。中央には三花弁が表現されている。左右に2本の唐草文をもつ。瓦当下縁に面取りがある。唐草文との間隔が狭い。平瓦との接着面から剥がれている。キザミ痕が確認できる。焼成良好で色調は暗黄色である。雲母片・黒っぽい砂粒がみられる。

3は平瓦である。凹面の隅横・縦に細い筋が付けられている。凸面には布目痕が付いている。目の細かい布目で

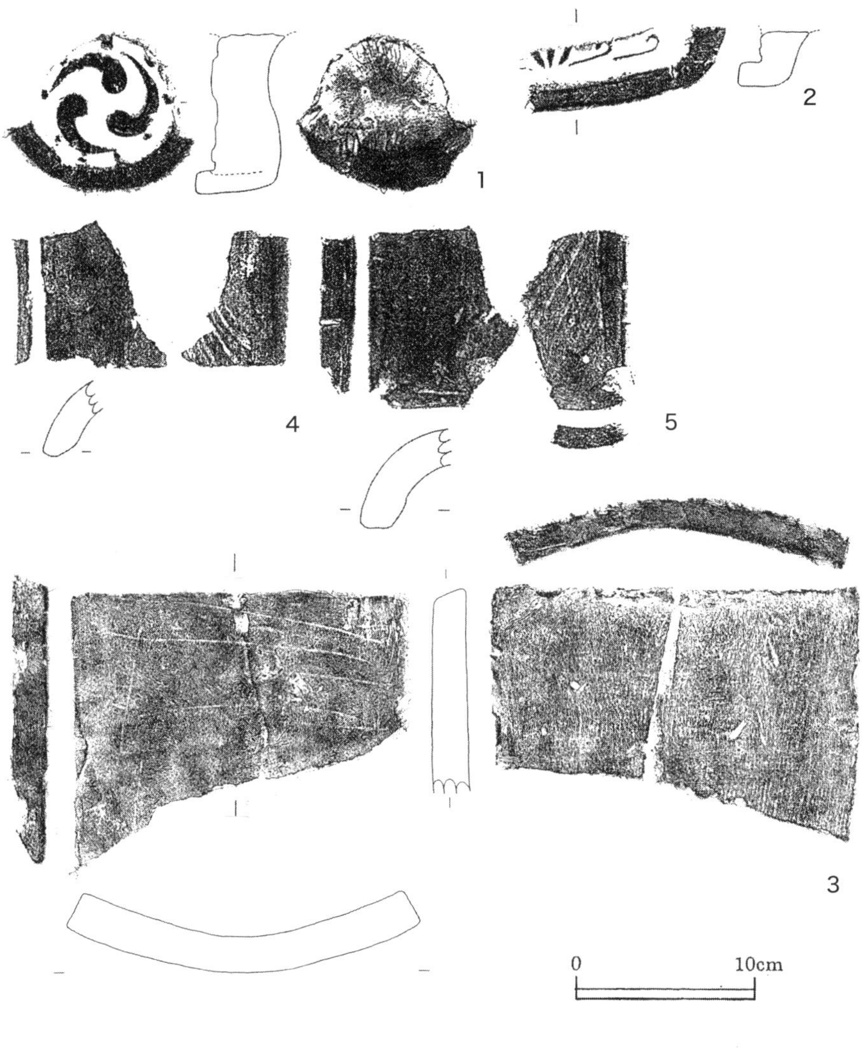

図4-2 太平山山頂採集古瓦実測図

ある。焼成やや良好である。暗黄色で凸面の一部は燻されたようになっている。雲母片・細かな砂目が確認できる。

4・5は丸瓦である。4は凹面に布目痕があり、斜めに筋がついている。端部はナデを行っている。明黄色を呈している。凸面は赤褐色を呈する。やや焼成良好である。雲母片・砂粒がみられる。5は丸瓦の下部端部である。凹面に布目痕がある。4と同じコビキA技法がみられる。端部をヘラケズリ調整している。凸面全面にタテ方向にヘラケズリ調整している。焼成良好で暗黄色を呈している。雲母片・砂粒がみられる。

(3) 遺物の検討

巴文軒丸瓦、唐草文軒平瓦、製作技法が確認できる平瓦・丸瓦などの瓦類である。

巴文軒丸瓦は瓦当部が小ぶりで厚い作りである。慶長期の瓦の特徴である。丸瓦の凹面に無数の斜めの筋がある。織豊期の瓦製作技法であるコビキA(森田1984)と呼ばれる技術的特徴がみられる。これらの特徴から16世紀末～17世紀初頭の年代が考えられる。栃木県内では中世末～近世初頭の瓦の出土例が減少する。唐草文軒平瓦・巴文軒丸瓦の瓦笵の同笵を同定することができなかった。笵は切り縮められ改変を受けている可能性が高い。出土例で

写真4-33 軒丸瓦・軒平瓦・平瓦・丸瓦

写真4-34 同背面

写真4-35 他の採集瓦

写真4-36 軒丸瓦と丸瓦の接合部

は佐野市佐野城、宇都宮市宇都宮城から同時期の瓦が出土している。似ている瓦笵として拓本ではあるが大坂城・姫路城から似た唐草文軒平瓦が出土している。

(4) まとめ

本遺跡は規模が不明であるが仏堂と考えられる瓦葺き建物が存在していた可能性が高い。この瓦葺き建物はどの寺院に伴うのかは不明だが連祥院の由縁に山上に連祥院(般若寺)の堂宇があったとの伝承がある。

16世紀末～17世紀初頭は領主の皆川氏と太平山内にとって大きな転換期であった。慶長14(1609)年に領主である皆川氏は改易になった。中世から支配していた領主が改易になり栃木は城下町から商人の街に変化していった。一方太平山内は皆川氏が改易になる以前戦国末期には天正12(1584)年皆川氏と北条氏の合戦に巻き込まれ寺社は焼き討ちにあっている。皆川氏による城下町整備の一環として圓通寺移転などにより山内は衰退していたと考えられる。

その後、徳川将軍家や民衆から厚い信仰を集め霊場として発展をした特別な場所であった。瓦を葺いたのは、民衆等から信仰を集めた寺社仏閣や改易前の皆川氏の可能性が考えられる。

おわりに

本稿では栃木市太平山山頂で採集した瓦を再検討することができた。本遺跡は山頂付近に位置している特異な遺跡である。

比較類例が少ないが特徴のある技法から瓦の年代は慶長年間と考えられる。栃木市内では中世末～近世初頭の瓦は発見されておらず貴重である。同笵なのかは不明であるが大阪城・姫路城出土瓦の中に似た笵を見つけることができた。

筆者は何度も太平山の踏査を行った。平場群や中世・近世の石造物などを確認できた。連祥院の縁起の中に明治初期に虚空蔵菩薩像を安置した仮本堂があったとされる旭岳には、現在大平少年自然の家の敷地のため中に立ち入る事はできない。東側の慈雲律師の墓がある墓地斜面下に平場が確認できた。連祥院北側山中・入定平・圓通寺平の周囲に平場群が点在していた。これらの平場には、規模はさまざまではあるが、仏堂が営まれていたと推定できる。中世の石造物はあじさい坂の途中の脇にある弁天窟の脇に小型の板碑があった。

本稿が栃木の中世瓦の研究資料の蓄積の一つとなれば幸いである。今後も太平山の瓦について研究を行いたい。筆者はこの瓦を契機に太平山内に点在する平場の調査や文化財について考えるきっかけになることを願っている。

末筆ではありますが中世瓦について

の御教授頂きました大澤伸啓氏に感謝申し上げます。(竹澤　渉)

〈コラム5・参考文献〉

大浦倉蔵(1952)『大平廻り全』

大平町教育委員会(1982)『大平町誌』

影山博(1978)『栃木の史跡』ふろんてぃあ

上野川勝(2011)「上野国・下野国の山岳寺院(群馬県・栃木県)」『仏教芸術』315号、佛教藝術學會

小谷徳彦(2017)「17コビキAとコビキB」『織豊期城郭とは何か−その成果と課題−』サンライズ出版

齋藤弘(2004)「矢板市木幡神社採集の中世瓦」『唐沢考古』23

齋藤弘(2017)「下野における城下町の形成−栃木・足利・喜連川の事例」『北関東研究集会伝統的武家の城下町』城下町科研・北関東研究集会事務局

佐野郷土博物館(2010)『第54回企画　佐野城跡(春日岡城)を考える』

佐野市郷土博物館(2017)『第66回企画展　佐野城の城館跡−唐沢山城とその支城−』

佐野市・佐野市教育員会(2002)『佐野城跡(春日岡城)Ⅱ』

佐野市・佐野市教育委員会(2005)『佐野城跡(春日岡城)Ⅲ』

織豊期城郭研究会(2017)『織豊期城郭研究会2017年度甲賀研究集会　織豊期城郭瓦研究の新視点』

栃木県歴史散歩編集委員会(2007)『歴史散歩9栃木県の歴史散歩』山川出版社

栃木市教育委員会(2015)『栃木市遺跡分布地図』

栃木市史編さん委員会(1978)『目で見る栃木市史』

茂木孝行(1995)『佐野城跡発掘調査概報　第Ⅰ〜Ⅶ次』佐野市教育委員会

森田克行(1984)「畿内における近世瓦の成立について」『摂津高槻城跡−本丸跡発掘調査報告書』高槻市教育委員会

山崎信二(2008)『近世瓦の研究』奈良国立文化財研究所学報78冊

第5章

忘れられた小さな新田開発

～新井村・泉川村・大皆川村～

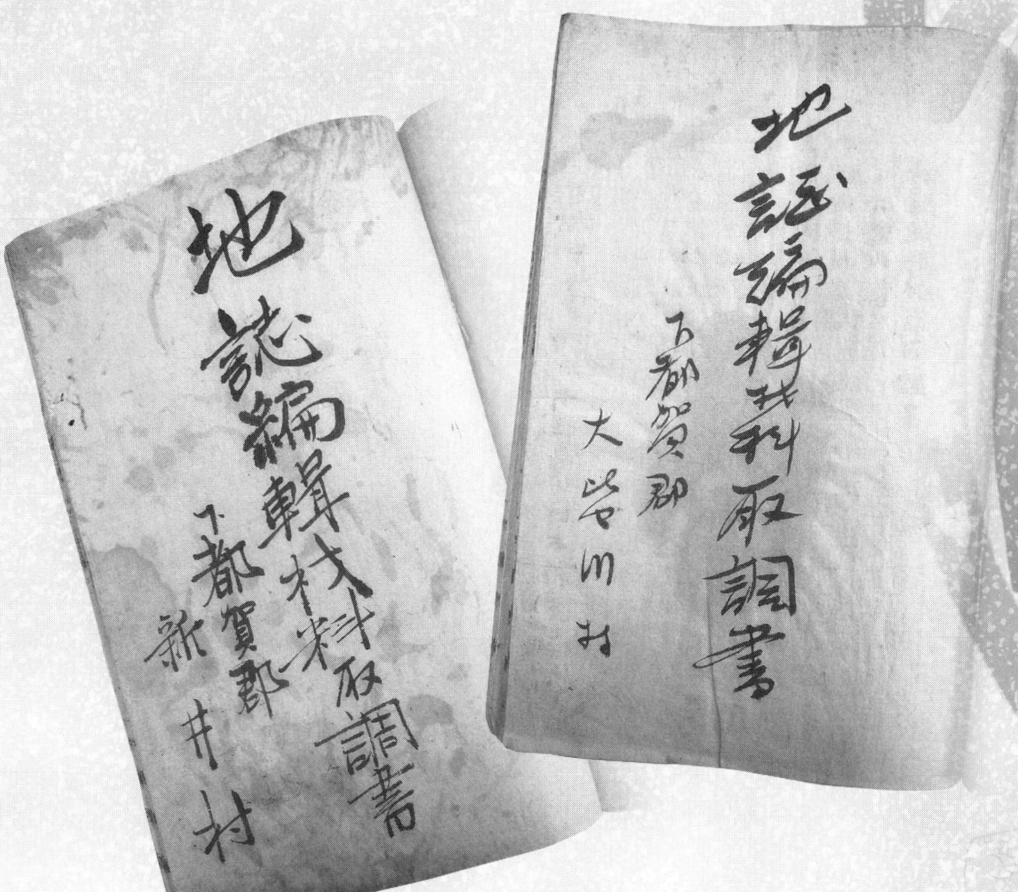

1.『地誌』に登場する人名の付いた沼

はじめに

私たちは『地誌』新井村の翻刻を進めるうちに、人名がついたと思われる沼や堀に気がついた。おそらく人名は開発命令者であり、この村に忘れられた開発があったのではないかと考え、さらに背景には中世以前の条里制水田があり、地域の歴史に影響を与えていることを想定した。そこで『地誌』泉川村・大皆川村や明治9(1876)年の地籍図、次章で取り上げる泉川条里跡の研究成果などで、検証をより確かなものに近づけた。

小さな開発ではあるが、地域の歴史のエピソードとして紹介する。

(1)栃木市新井町について

現在の栃木市新井町は、栃木駅の北東約3kmに位置し、令和元(2019)年10月現在474世帯1,144人が暮らしている。面積は1.18km^{2}程である。町域の北端には東北自動車道栃木インターチェンジがあり、最近では工場や倉庫、集合住宅なども新築されている。地場産業として瓦の製造が盛んである。かつては水田下の粘土を材料としていたが、現在では他から購入ているという。

北から赤津川放水路が町域を斜めに横切るように流れているが、これは人工の水路である。栃木の市街地を洪水から守るため、昭和23(1948)年建設が始まり、昭和26(1951)年に竣工した。この建設に尽力したのが当時栃木市長であった小根澤登馬雄氏である。氏の胸像は錦着山頂から、永野川を見渡すように建てられている(写真5-1)。

また町域には泉川条里跡など古代の遺跡が多く、古くからの人々の営みがあった(栃木市教育委員会2015)。

(2)『地誌』の記載から

『地誌』新井村などから、まず本研究で扱う代官や水利に関する箇所を指

写真5-1 小根澤登馬雄氏胸像

摘したい。

①『地誌』新井村「内訳」

小さな村としては池が2畝29歩と広く、溝渠が1町6反3畝16歩と長いことが分かる。豊かな水に恵まれていたと言えるだろう。

②『地誌』新井村「管轄沿革」

代官松平九郎左衛門(尹親)に代わって、享保9(1724)年からは代官池田喜八郎(季隆)が支配していたことが分かる(写真5-2)。彼がどのような時代のどのような人物であったか、後ほど私たちが調べたことを述べたい。

さらに享保10(1725)年には、東新井村のうち360石を大久保伊勢守(往忠)が領有することになるが、なぜだか後で分かった。なお、前任の松平九郎左衛門は、箱館戦争を戦った蝦夷共和国副総裁松平太郎の先祖であることが、私たちの調べで分かった。

③『地誌』大皆川村「管轄沿革」

新井村と同じ享保9(1724)年から代官池田喜八郎が支配していたことが書かれており、同時期に新井村と大皆川村の二つの村を支配していたことが分かる。江戸時代の関東代官は数名が在任しており、江戸に役所を構え関東各地の幕府領を支配していた。一人当たりの支配地は、石高で5万石以上はあったようだ(西沢2015b)。

享保10(1725)年には東西二給に分け、西は鳥居丹波守(忠瞭・壬生藩主)が領し、東は齋藤喜六郎(直房)が支配することとなった。大皆川村でも同じ年に幕府領の一部が大名領となっている。

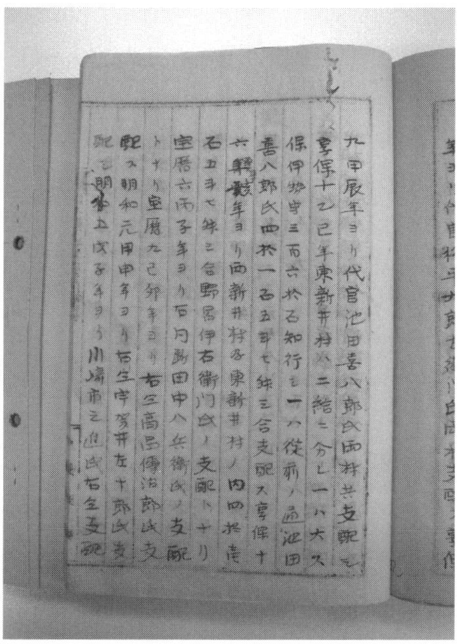

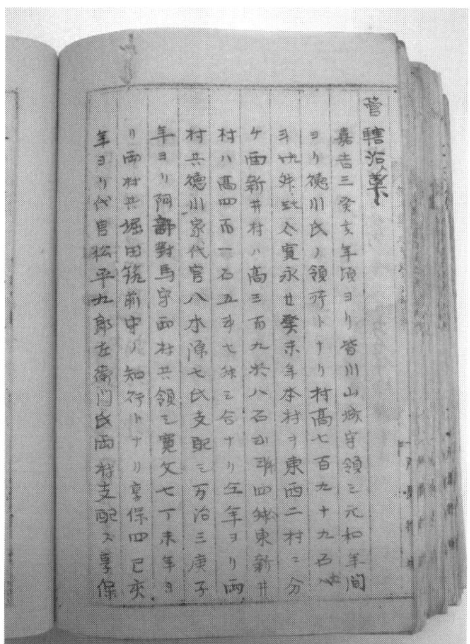

写真5-2 管轄沿革、松平九郎左衛門(右)と池田喜八郎・大久保伊勢方(左)が記載されている

④『地誌』新井村「溝渠」

小さな村ではあるが堀が多いことに気がついた。その中に木八堀があり「木八沼より出水して天神堀に落つ」と書かれていた(写真5-3)。この「木八」というのは、先に挙げた喜八郎の名前から取ったのではないだろうか。沼や用水に人の名前が付くということは色々な場合があるだろうが、これらを掘らせた人物かもしれない。第3節で述べるようにこの木八沼は今も存在していた。

⑤『地誌』新井村「橋梁」

この部分は表にまとめられている。小さな村であるが19カ所が書かれている。ここにも木八橋という名の橋があった。史料をよく見ると、ここでは「喜」を「木」に訂正しているようだ(写真5-4)。明治初年に「喜八橋」と書く人もいたということは、私たちが推定したように「木八」は「池田喜八郎」のことである可能性が高まったと言えるだろう。

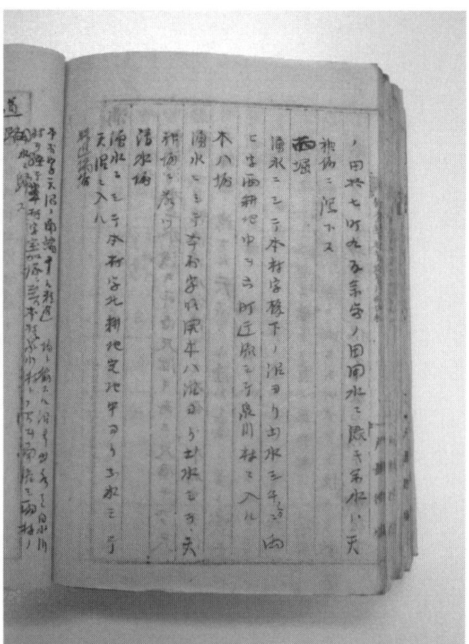

写真5-3 木八堀と木八沼

⑥『地誌』泉川村「溝渠」

永沼堀の部分を読むと、「立会関と称するは旧と水論のため公儀の裁許を仰き…」と水論、村の間で水争いがあったことが書かれていた。関の名前に残るほどの大事件だったが、年代や

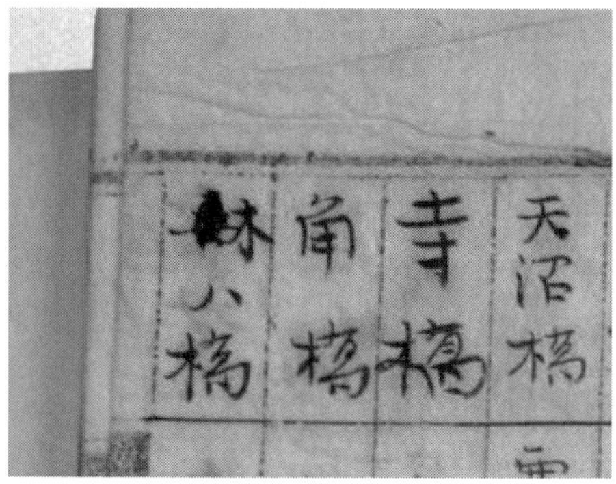

写真5-4 木八橋の訂正

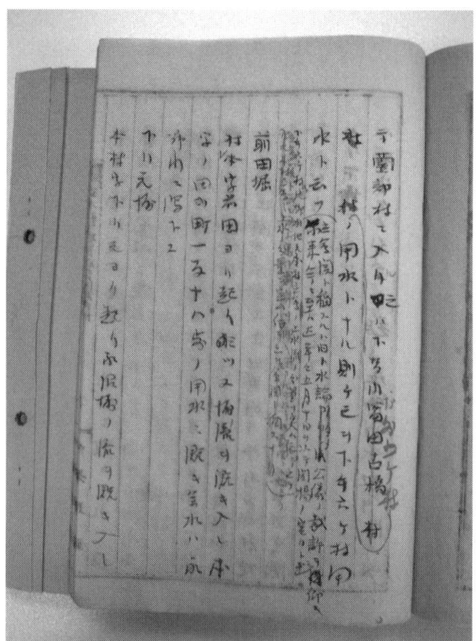

写真5-5 永沼堀の立会関

争いの当事者など詳細は分からない（写真5-5）。

『栃木市史』史料編近世にも、天明6（1786）年頃に大皆川・泉川・箱森の三カ村と片柳村との間の水論に関する古文書が掲載されている（栃木市史編さん委員会1986）。この地域では水の分配が深刻な問題であったことがうかがえる。

(3) 享保の改革と新田開発

池田喜八郎が関東代官として新井村・大皆川村を支配していたころ、幕府は享保の改革を進めていた。

高校の日本史Bの教科書によると、正徳6（1716）年に7代将軍徳川家継が死去、御三家紀伊藩主の徳川吉宗が8代将軍となり、29年間の在職中改革に取り組んだ。大きなねらいが財政再建だった。享保7（1722）年幕府は江戸日本橋に高札を立て、商人資本の新田開発を奨励、幕領の石高は1割（約40万石）以上増加し、年貢収入も増大、財政再建の見通しが立った。この時期の大規模な新田開発として、飯沼新田・紫雲寺潟新田・武蔵野新田・見沼代用水新田が挙げられる。これだけで約20万石の増加となったという（『詳説日本史』2018）。

西沢淳男氏によると、江戸町奉行大岡忠相を御頭と仰ぐ、異色の代官集団がいた。彼らは新田開発をもっぱら担当していたプロフェッショナルだったという（西沢2015b）。

小結

『地誌』新井村を読んで、木八沼・木八堀・木八橋など人名のついた名称に気が付いた。木八沼は今も残っている。これらは享保期の幕府代官、池田喜八郎の名前から来ていると私たちは推定した。しかし、地元に喜八郎に関する伝承はない。

また『地誌』新井村・泉川村・大皆川村には水についての記載が多く、水の豊かな土地柄であることが感じられた。一方で水争いの記載も見られた。

そこで私たちは、池田喜八郎について調べるととにした。

2．幕府代官池田喜八郎とその時代

(1) 池田喜八郎のプロフィール

そこで私たちはインターネットで検索し、喜八郎がどのような人物かを調べた。その結果『寛政重修諸家譜』などの史料にたどり着き、表5-1のような年譜を作成することができた。

喜八郎は延宝6(1678)年に生まれた。はじめは勘定役として6代将軍徳川家宣に仕える。正徳3(1713)年に関東代官となり、さらに九州の幕府領を管轄とする代官として、享保2(1717)年から豊後国、今の大分県の高松に在陣していた。この役職が西国筋郡代に昇格するのは、明和4(1767)年である。九州代官在任中の享保7(1722)年には、新規開発の調査を命じられ、荻原乗秀と共に上総国東金の荒れ地を視察している。この時は江戸に帰っていたのであろうか。また荻原乗秀は、5代将軍徳川綱吉に勘定奉行として仕え、貨幣改鋳など財政を担当した荻原重秀の子である。

その後享保9(1724)年に再び関東代官となった。この時点で新井村と大皆川村を支配することになる。

しかし、享保14(1729)年には部下の不正によって処罰されている。その後、許されて代官に復して各地を歴任し、宝暦元(1751)年に致仕つまり引退。宝暦4(1754)年に77歳で没している。

喜八郎の子孫は、子の喜八郎季庸、孫の仙九郎但季、さらに曾孫の岩之丞季秀(季昶)と4代続けて各地の代官を勤めている。西沢氏の研究を見ても、こうした家系の例は稀である(西沢2015b)。

図5-1は九州代官であった頃の喜八郎の名前が書かれた古文書である。喜八郎の手代を勤めた人物が書いたものである(日田市1990)。

『宮崎縣史蹟調査』第1輯では、宮崎県生目(いきめ)神社の記載の中で喜八郎が詠んだ和歌が紹介されていた。

「景清く照らす生目の鑑山 末の世までも曇らざりけり」

この和歌を神託により次のように改めたそうだ。

「景清く照らす生目の水鑑 末の世までも曇らざりけり」

高松に在陣中の享保2年から9年(1717～24)のことと考えられる。さらにこの和歌に感銘をうけた、喜八郎の曾孫で西国筋郡代を勤めた池田岩之丞(季秀)が詠んだ歌も記載されている。

「流れての世にも名高き水かがみ うつす姿の景清くして」

西国筋郡代日田陣屋(布政所)のあった永山城跡には、安政2(1856)年に岩之丞の属吏が造立したことが刻まれた燈籠が残っている。岩之丞は在職中に

表5-1 池田喜八郎季隆の年譜

延宝6年	1678	生誕
		勘定役として6代将軍徳川家宣に仕える
正徳3年～享保2年	1713～17	関東代官　江戸在陣
享保2～9年	1717～24	九州代官　豊後高松在陣①、生目神社で和歌を詠む
享保7年	1722	荻原乗秀と共に上総国東金を視察②
享保9～14年	1724～29	関東代官　江戸在陣
享保14年	1729	手代の不正により処罰され小普請に入る③
享保18～19年	1733～34	許されて出羽代官に復職　寒河江在陣④
享保19～元文4年	1734～39	美作代官　倉敷在陣⑤
元文4～寛保3年	1739～43	摂津代官　大坂在陣⑥
宝暦元年	1751	致仕（隠居）
宝暦4年	1754	77歳で没

（『寛政重修諸家譜』、西沢淳男2015a、①『日田市史』、②東京大学史料編纂所大日本史料総合データベース享保7年5月3日、③同享保14年5月19日、④堀亮一2003、⑤『御仕置五人組帳 享保廿一丙辰年正月』、⑥『葛城川水難遁れに付水難村々口上書　元文5申年11月』より作成）

亡くなり、墓所は日田市岳林寺にあるという（日田市1990）。

喜八郎は九州代官在任中、享保の改革にあまり熱心でなかったと評されている（日田市1990）。しかしこれは全くの想像であるが、生目神社の和歌を神託により「鑑山」から「水鑑」に改めたことは、水の問題に対する並々ならぬ決意を表しているのではないだろうか。在任中には東金の視察を命じられ、関東代官となった後も後述するように飯沼新田の開発に関わっている。その後のキャリアを考えると、この神託が転機となったのかもしれない。岩之丞も曽祖父のそんな業績を知っていたので、ひときわ感慨深いものがあったに違い

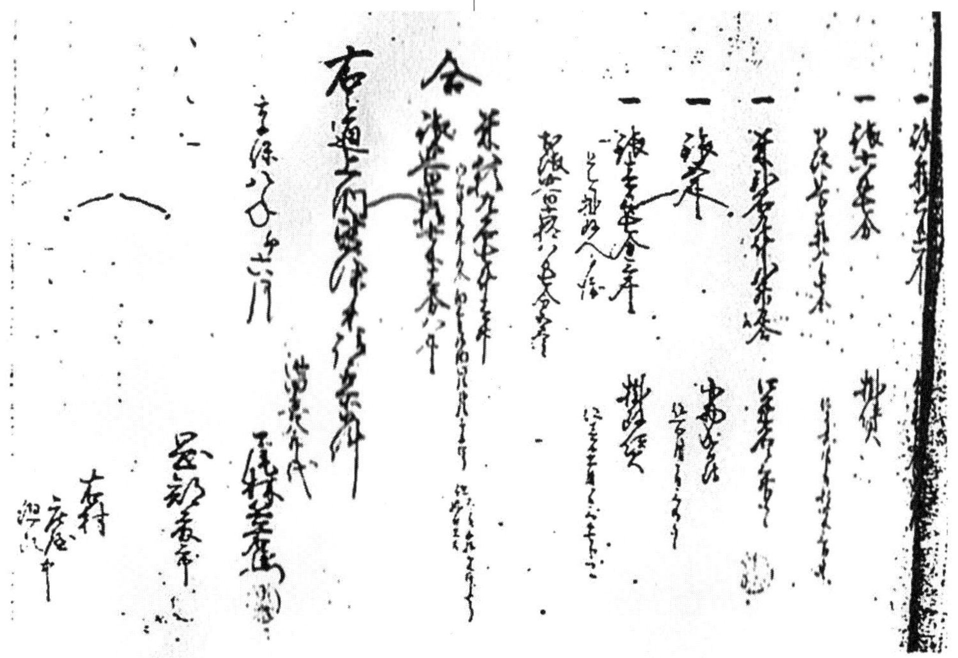

図5-1 池田喜八郎の文書（日田市1990）

ない。

私たちは手分けしてネット検索を試みたが、初めはなかなか良い情報に当たらなかった。ところが季隆（すえたか）という諱（いみな）にたどり着いてからは、たくさんの研究や史料を知ることができた。引用したものを参考文献に挙げた。

(2) 飯沼新田と池田喜八郎

享保の新田開発の代表例に、井澤弥惣兵衛（いざわやそべえ）（為永）による飯沼新田開発がある。この事業は飯沼を干拓し水田にするもので、紀州藩出身の弥惣兵衛が紀州流の治水技術を導入し、享保10(1725)年に着工した。2年半余の工事の末、享保12(1727)年には新田検地が実施された。その結果、高入反別1,525町3反27歩、総石高14,383石7斗9升となった（さしま郷土館ミューズ 2015）。なんと喜八郎はこの時の代官だったのだ。つまり新井村・大皆川村と兼任していたことになる。

喜八郎の前任者は、ここでも松平九郎左衛門であった。工事に先立つ享保9(1724)年8月、開発を統一して進めるために、飯沼の私領と知行所をすべて天領替えするよう幕府に願書が出された。これには弥惣兵衛の助言があり、翌年1月には天領替えが決定し、代官である喜八郎へ引き渡しが済んだ（『石下町史』）。

前に述べたとおり、東新井村のうち360石を大久保伊勢守が領有するようになり、大皆川村を二給に分けたのも享保10(1725)年なので、どちらもこの時の代替地と関係するに違いない。

喜八郎は先に述べた大岡忠相率いる代官集団には入っていなかったが、弥惣兵衛とはこの時までに面識があったと考えられる。弥惣兵衛から教わったノウハウを使い、新井村において小さな開発を行っていても不思議ではないだろう。弥惣兵衛は紀州藩主時代からの吉宗に仕え、治水・利水・新田開発に高い技術力を持った幕臣。これに対して喜八郎は、はじめ家宣に仕え勘定役から代官となった、経理・徴税・民政の専門家。想像だが、ともに武士でありながら技術畑を歩んできた二人には、何か通じ合うところがあったのかもしれない。

小結

ここまでの研究で、享保期に(when)幕府代官である池田喜八郎が(who)享保の改革を背景に(why)新田開発を行った(what)という推定にたどり着くことができた。では喜八郎は、どこの水田を(where)どのように開発した(how)のだろうか。

この問題を解く鍵は、かつてこの地域に施工された条里水田にあった。次節では現地調査で気づいたことや、次章で詳しく述べる泉川条里跡の特色から、喜八郎がどのような手法で開発をしたか推定したい。

3．新井町周辺の現地調査から

(1) 現地調査の実施

以上述べてきたような見通しを持った私たちは、地元の青木正永さん・野原博幸さんにご案内をお願いし、現地調査を実施した（写真5-6）。

①天沼天満宮

新井町天沼天満宮（口絵13）には弁財天も合祀されている。弁財天は水源や沼に祀られることが多い。口伝によれば、天正15（1587）年に村内の有志が弁財天の肖像を近江竹生島より勧請し、天満宮に合祀して弁財天天満宮と称したとされている（栃木県神社庁2006）。

これに先立つ天正9（1581）年、皆川広照が織田信長に名馬3頭を献上した。家臣である関口石見守が参上し、叔父である智積院玄宥が同行した（江田2012）。一説によれば、この帰り道に勧請したのではないかとも言われているが定かではない。

写真5-6 現地調査風景

境内のケヤキは栃木市指定天然記念物である。拝殿に掲げられた、明治34（1901）年の算額も貴重な文化財として注目されている。この地域が学芸に熱心であったことがうかがえる。

かつては新井町所在の鹿嶋神社古墳（秋元・大橋1988）出土遺物も社務所に保管されていたが、大変残念なことに現在は行方不明になってしまっている。石室の天井石は、今も境内に祀られている（写真5-7）。

令和元（2019）年になって、新井町公民館の金庫から『大政威徳天満宮縁起事』と題された文書が発見された。天沼天満宮の縁起で、明治30（1897）年に書き写されたものである。前述の口伝とは異なる内容で大変興味深い。

②天沼跡

天満宮の境内には、かつて天沼と呼ばれる沼があった。ひょうたん形で、

写真5-7 鹿島神社古墳天井石

地元の方が洗濯や洗い物にも利用していた。きれいな水が社殿の前の石橋の下から沼に流れ込んでいたという。しかし次第に汚れが目立つようになり、市道の改修によって埋め立てられた(写真5-8)。石橋の下も現在は塞がれている(写真5-9)。

文政13(1830)年に編集された『古河志』によると、冬は水が涸れるが、苗代の時になると東西新井村のみならず野中村まで水は不足することがなかったと記載されている(栃木市史編さん委員会1986)。

天沼は『地誌』新井村に天神堀の水源と記されており、新井村・風野村・野中村の用水となっている。村をこえたこの地域の主要な水源であったこと

写真5-8 天沼の跡

写真5-9 拝殿前の石橋

が分かる。この水は錦着山周辺の薗部町でも使われており、現在も天満宮の祭礼に園部町から御神酒が奉納されるという。次章で述べる泉川条里跡の範囲とはほぼ一致する。

③木八沼と木八堀

この研究の本命である木八沼は、今も存在していた。字名は明開(めいかい)。天満宮の東側で今は廃寺となった龍光院跡の脇にあった。長さ数メートル程の細長い小さな沼には、現在もきれいな水をたたえている(口絵14)。東に水路が伸びておりすぐに南に折れる。これが木八堀に間違いない(写真5-10)。

この小さな沼と短い水路は、間もなく天神堀に合流する。新たに水田を開くというよりも、天神堀の水量を増やすために掘削したように思える。ここで青木さんや野原さんに、池田喜八郎や江戸時代の新田開発についてお伺いしてみたが、地元に伝承はないとのことであった。

④旧龍光院墓地

天沼天満宮の東には共同墓地が2箇

写真5-10 木八堀

所あった。龍光院の墓地を継承するものと考えられる。古手の石造物としては、中世末の小型五輪塔や(写真5-11)近世初頭の光背型五輪塔・板碑形墓標など(写真5-12)があった。中世末以来、人々の営みが続いていたことが分かる。

⑤泉光院と精進場沼

泉川町の泉光院と精進場沼を訪れたのは冬枯れの季節であった。天沼と同様に春になると水を満々と湛えるのだろう(写真5-13・14)。泉光院でいただいたパンフレットによれば、沼は次のような御詠歌にも歌われており、水垢離の行場として大切にされていることが分かる。

「…そのかたわらの沼こそは　身をば清むる　しょうじんば　身をば清めて　ぶじ拝む　ぶじ安楽を　ねごうべし…」

⑥天神堀(風野堀)

天沼を水源とする天神堀は、下流は錦着山付近に達している。栃木の川と水利について詳しいインターネット上のブログ「巴波川日記」を頼りに、私たちは現地を訪れた。

天神堀は錦着山付近では風野堀と呼ばれている(写真5-15)。この周辺は令和元(2019)年の台風19号によって甚大な被害を受けた。謹んでお悔やみとお見舞いを申し上げる次第である。

錦着山から北へ向かうと、堀は間もなく暗渠となった。堀と道はまっすぐ

写真5-11 旧龍光院墓地石塔(1)

写真5-12 旧龍光院墓地石塔(2)

写真5-13 泉光院

写真5-14 冬枯れの精進場沼

に北に伸びている。次章のテーマである条里地割が生きているのだ。道は泉川条里跡の地割に沿ったもので、堀はその幹線水路と考えられる。振り返ると、そのまっすぐ先には錦着山があった(口絵15)。何箇所かに道切りのお札が掲げられており、古くから堀が村境だったことがうかがえる。

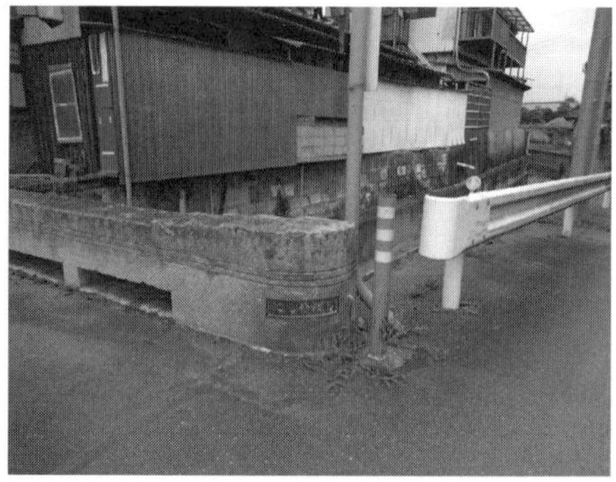
写真5-15 錦着山麓の天神堀(風野堀)

⑦旧風野村

現在の箱森町は、元の箱森村に風野村を含めた領域である。風野村は小規模で。天神堀を境界に新井村・泉川村と接していた。現地に行ってみると、その中心部は「はこのもり風野公園」となっていた(写真5-16)。

写真5-16 はこのもり風野公園

栃木市教育委員会で画像データを見せていただいた明治9(1876)年の地籍図には、風野村字元新田という新田開発に関係する地名がある(写真5-17)。まさに天神堀の下流、「はこのもり風野公園」付近である。

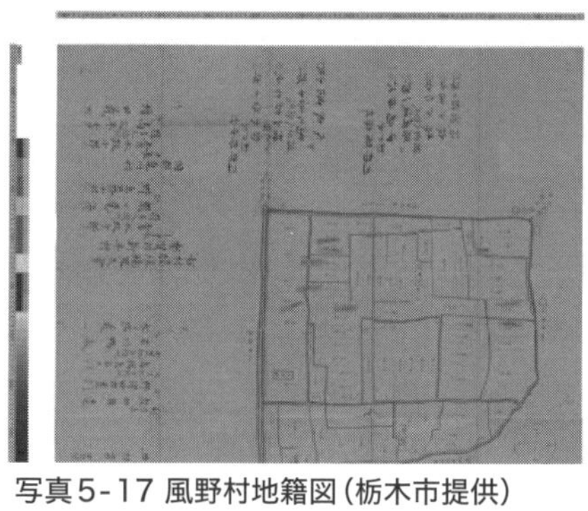
写真5-17 風野村地籍図(栃木市提供)

(2)泉川条里跡と新田開発

喜八郎が造らせた沼や堀は、天神堀の水量を補強するものであった。天神堀は泉川条里跡の幹線水路である。このことから喜八郎の開発は、泉川条里跡の区画や水利を再利用した、小規模で効率的なものだったのではないだろうか(図5-2)。

これも想像であるが、喜八郎の前任地豊後国での体験を活用したのかもしれない。というのも大分県は、現在も条里地割がよく残っており、条里制の考古学的研究でも他をリードしている土地柄である。

では喜八郎は、具体的にどこで新田開発を行ったのだろうか。前述の風野村字元新田は有力な候補であろう。しかし、風野村の元禄14(1714)年と天保5(1834)年の村高を比べたが増減の

表5-2 村高の推移

村名	慶安元年（1648）①	元禄14年（1701）②	天保5年（1834）③
風野村	83石7斗5升8合	91石9斗9升1合3勺	91石9斗9升1合3勺
新井村	665石6斗9升	797石9斗9升6合	800石4斗1合
野中村	864石1斗4升3合	1125石7斗5合	1125石8斗2升8合
薗部村	1263石9斗6升2合	1268石2斗8升6合	1269石3斗1升1合
泉川村	396石7斗	396石7斗	397石9升9合
箱之森村	1291石7斗1升2合	1350石2升5合	1370石8斗6升7合5勺

（『栃木市史』通史編より作成、史料は①『慶安郷帳』東大史料編纂所、②『元禄郷帳』国立公文書館内閣文庫、③『下野国郷帳』）

変化がほぼなかった。同じく天神堀流域の村を比較したのが表5-2である（『栃木市史』通史編）。箱森村は寛保元（1741）年に箱森新田の開発があり（角川日本地名大辞典編纂委員会1984）増加している。他にもわずかに村高が増加した村もあり、新たな水田の開発ではなく、用水量を増加させて水論の発生を抑え、米の増産につなげた可能性も考えられる。

おわりに

私たちは「享保の改革を背景に幕府

図5-2 泉川条里跡の水利（栃木市教委2015に加筆）

代官池田喜八郎が新井村で、条里制の区画や水利を再利用した小規模で効率的な新田開発を行ったのではないだろうか」と考えたが、地元に伝承はなく『栃木市史』などを見ても先行研究はないようだ。もしこの新しい想定が事実とすれば、忘れられた小さな開発が存在していたことになる。

享保期の新田開発について、飯沼新田のような大規模なものばかりでなく、この研究で想定したような小規模なものもあったのではないか。代官は全国の幕府領に配置されたが、各地でこのような代官主導によるきめ細かな開発があったとしたら、全体的には大きな生産向上となったに違いない。

この研究は、奈良大学と奈良県が主催する令和元（2019）年度第13回全国高校生歴史フォーラムに応募したところ、佳作に選んでいただいた。フォーラム当日には、佳作研究のポスター発表も行われた。この時の本校の作品を口絵17に掲載した。

現地をご案内いただいた青木正永様・野原博幸様、お話をうかがった泉光院様、全体の論旨についてご指導をいただいた平野哲也先生（常盤大学）に篤くお礼申し上げる次第です。

〈第５章・初出〉

栃木県立学悠館高等学校歴史研究部2019「『地誌編緝材料取調書』で発見した新井村の小さな新田開発」『研究集録』40 栃木県高等学校文化連盟社会部会

〈第５章・参考文献〉

秋元陽光・大橋泰夫（1988）「栃木市鹿嶋神社古墳について」『栃木県考古学会誌』第10集 栃木県考古学会

『石下町史』「第三編 近世　第三章 用水と新田 第四節 飯沼干拓」常総市／デジタルミュージアム

江田郁夫（2012）『下野長沼氏』中世武士選書11 戎光祥出版

大石慎三郎（1973）「近世中期の新田開発」『學習院大學經濟論集』第10巻3号　學習院大學

角川日本地名大辞典編纂委員会（1984）『角川日本地名大辞典　9栃木』角川書店

『寛政重修諸家譜』国立国会図書館デジタルコレクション

さしま郷土館ミューズ（2015）『飯沼新田物語』

『詳説日本史』山川出版社（2018）

第13回全国高校生歴史フォーラム実行委員会（2019）『奈良大学創立50周年記念 第13回（2019年）全国高校生歴史フォーラム 発表集』

武川夏樹（2015）「栃木県の条里」『関東条里の研究』東京堂出版

東京大学史料編纂所近世編年データベース　史料稿本　享保7年5月3日条

栃木県神社庁（2006）『栃木県神社誌 神乃森 人の道』

栃木市教育委員会（1990）『栃木市遺跡地図』

栃木市教育委員会（2015）『栃木市遺跡分布地図』

栃木市史編さん委員会（1978）『目で見る栃木市史』

栃木市史編さん委員会（1986）『栃木市史　史料編・近世』

栃木市史編さん委員会（1988）『栃木市史　通史編』

西尾市岩瀬文庫／古典籍書誌データベース『久美寿々理』源月耕1833年

西沢淳男（2015a）『徳川幕府全代官人名辞典』東京堂出版

西沢淳男（2015b）『代官の日常生活　江戸の中間管理職』角川ソフィア文庫

『日田市史』日田市（1990）

『水海道市史　上巻』「第四編 近世の水海道地方　第三章 農業技術の発展と生産の向上 第二節 新田開発と用水の整備」常総市／デジタルミュージアム

『宮崎縣史蹟調査 第１輯』宮崎縣（1927）（西日本図書館コンサルト協会復刻1980年）

コラム6

関東地方の大規模新田開発地を巡る

(1) 見沼代用水新田

生徒の研究が進展する間、享保期の新田開発に興味を深めた筆者は、個人的に見沼代用水新田に関わる史跡を訪れた。そもそも見沼代用水とは、旧大宮・浦和市郊外に存在した「見沼」という沼を干拓し、一方で見沼の水利の代用として利根川から水を引いた用水である、ということを知った。この工事を進めたのは、前節で述べた井澤与惣兵衛である。

①見沼代用水元圦(もといり)(行田市)

見沼代用水の利根川からの取水堰である。享保12(1727)年に設置された。明治39(1906)年にレンガ造に改造されたが、昭和43(1968)年の利根大堰の取水開始によって閉鎖された。現在これを記念する石碑と与惣兵衛を祀る祠が、利根川の堤防の手前にあった(写真5-18)。

見沼代用水は、現在も使用されている。利根大堰で武蔵水路とともに取水されともに南流する。桜の美しい見沼公園で星川と合流する(写真5-19)。

②見沼自然公園(さいたま市緑区)

その後、見沼代用水は元荒川の下を潜り(伏越)、さらに綾瀬川を跨ぐ(掛渡井)。大変な技術である。直後に東縁用水路と西縁用水路に別れる。

東縁用水路の辺りに見沼自然公園がある。沼があり与惣兵衛の銅像が建てられている(写真5-20)。用水路は総延長約60kmで、下流の約1,200haの新田を潤している。

③氷川女体神社(さいたま市緑区)

西縁用水路は、氷川女体神社が鎮座する台地の突端を流れている。神社は本来広大な見沼を望む地に祀られてお

写真5-18 見沼代用水元圦

写真5-19 見沼代用水と星川の合流

り、見沼と一体のものとして古くから信仰されていた。

鎌倉幕府執権北条泰時が奉納した太刀が、社宝として伝えられている。今も御船祭（磐船祭）と呼ばれる祭祀が行われている（写真5-21）。

④見沼通船堀（さいたま市緑区）

その見沼は、江戸初期の利根川東遷事業により水量が減少した。そこで寛永6（1629）年関東郡代である伊奈忠治は八丁堤を築き、「見沼溜井」として復活させ、下流の水田の水源とした。

その後井澤与惣兵衛は、見沼溜井も新田とするために八丁堤を切り、代替の水源として見沼代用水を掘削したのである。これによって開発された新田は15,000haにも及ぶという。さらに排水路である芝川と見沼代用水東縁・西縁を舟運で結ぶために、日本初の木製二段式閘門を有する見沼通船堀を掘削・建造した（写真5-22）。享保16（1731）年のことである。閘門とは、水位の異なる水路を二つの水門で区切り、間で船を昇降させる施設である。パナマ運河のが有名である。

この事業については、今上天皇陛下がご即位の直前に出版された講演集『水運史から世界の水へ』に詳しく紹介されている（徳仁親王2019）。

なお見沼通船堀の東端で、見沼代用水東縁との合流点には、寛政12（1800）年に築かれた「木曽呂の富士塚」がある（写真5-23）。高さ5.4mの規模で、

写真5-20 見沼自然公園の井澤弥惣兵衛像

写真5-21 磐船祭祭祀跡

写真5-22 見沼通船堀

写真5-23 木曽呂富士

通船差配であった鈴木家の住宅とともに、往時の繁栄を忍ばせる史跡である。

(2) 飯沼新田

飯沼新田の開発も、井澤弥惣兵衛が中心になって進められた事業である。享保7(1722)年に開発願いが提出された。同9(1724)年に認可され、前述のとおり翌年1月に着工、同12(1727)年には検地が行われた。時系列では見沼より前である。現在の坂東市・常総市・古河市・八千代町にまたがる1,500haの開発で、面積は10分の1ではあるが、見沼に先立つ大規模開発であったことが分かる。これによって蓄積されたノウハウが大きかったのだろう。

現地では、さしま郷土館ミューズでその概要を知ることができる。広大な水田地帯である(写真5-24)。これを挟んで西仁連川と東仁連川が台地の裾部を流れる景観は、見沼新田に共通する。天然の河川ではあり得ない流路である。

石造物を見て気がついたことだが、飯沼の右岸では武蔵型板碑が散見するのに対し、左岸では筑波山系の産出とみられる花崗岩製の小型五輪塔が多く見られた。中世末には、飯沼が石造物供給の境界となっていたことがうかがえる。干拓事業はこの地域を一つにまとめたようである。

〈コラム6・参考文献〉
さしま郷土館ミューズ(2015)『飯沼新田物語』
徳仁親王(2019)『水運史から世界の水へ』NHK出版

写真5-24 現在の飯沼新田

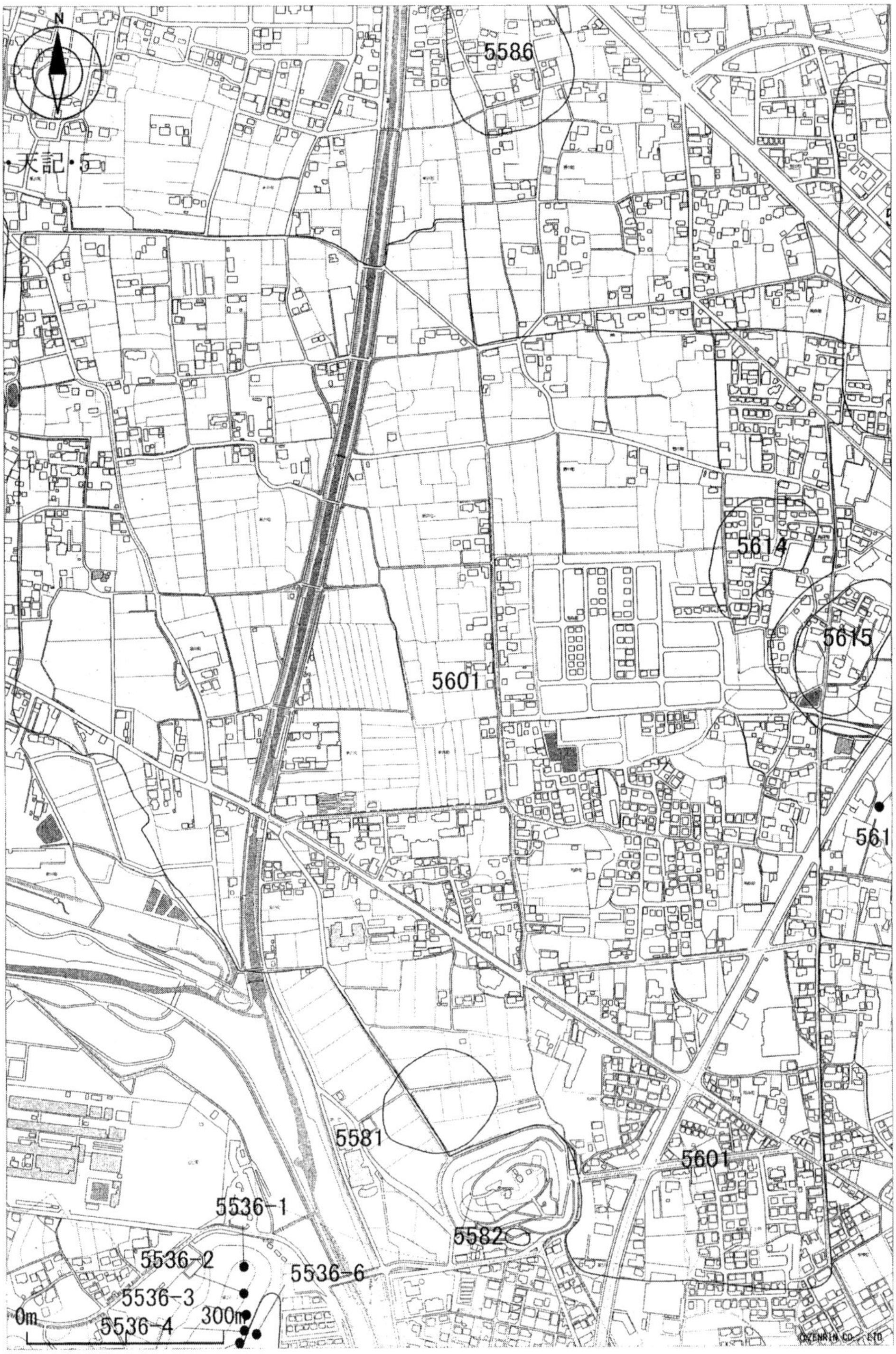

図6-1 泉川条里跡（栃木市教育委員会2015）

第6章

泉川条里跡の研究

～新井村・泉川村～

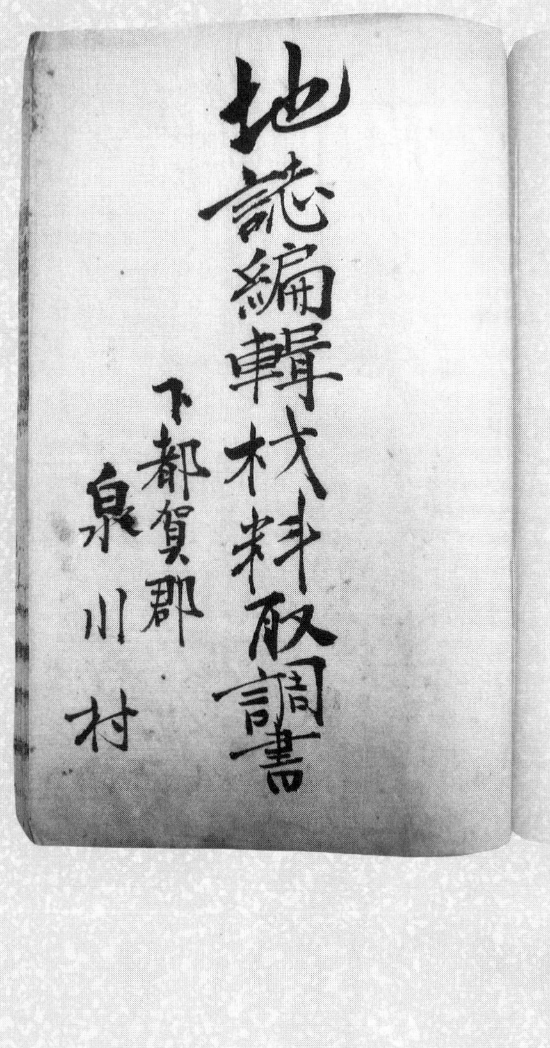

1．『地誌』と地籍図に残された条里の名残

はじめに

泉川条里跡は栃木市街の北西部、永野川左岸の遺跡である。旧皆川八カ村の東端に当たる。

その範囲は、東西1km南北1.35kmで、新井町・泉川町・野中町・箱森町・薗部町に広がっている。『栃木市遺跡地図』(2015) にも記載されている周知の遺跡である(図6-1)。南に緩やかに傾斜する低位台地上に立地している。水田下の地層は砂混じりのローム層で、さらにその下は砂礫層となっている。永野川が形成した扇状地の上にローム土が堆積した地形である。

ここでは研究史、明治9(1976)年の地籍図、明治18(1985)年の『地誌』、現地調査や栃木市教育委員会による発掘調査の成果、下野国府跡出土漆紙文書などから、条里としての特徴や、地域の歴史への影響を考えてみたい。

栃木県内のこれまでの研究の主な根拠は、地表に残る方格地割であったと言える。泉川条里跡については、後述するが発掘調査で水田面は確定できたものの、地割や畦畔を検出するに至ってはいない。施工年代も明らかではない。これらを補う意味でも『地誌』や地籍図などの検討が必要だろう。

なおこの内容は、歴史研究部が令和元(2019)年5月19日に駒澤大学で行われた日本考古学協会高校生ポスターセッション(口絵19)、同年8月17日に栃木県立博物館で開催された栃木県考古学会、同年11月19日に栃木県立石橋高等学校行われた栃木県高等学校文化連盟社会部会研究発表大会で発表させていただいたものである。たくさんの方々から貴重なご意見をいただくことができた。

(1) 条里制について

条里制とは大化の改新後、新しく中央政府が打ち出した土地区画制度とされている。南北は条、東西は里と呼ばれ、一辺6町の正方形に区画するのが基本である。この中の1町四方を坪と呼び、1坪をさらに10等分し、その区画は段と呼ばれた。段には長地型(ながちがた)と折半型(はおりがた)があった。

このような細長い区画にしたのは、当時牛耕が広く行われていたからと言われている。この制度により、田地の正確な位置や面積が簡単に分かるようになった。

現代の地割にその痕が残っている場合がある。一辺が109mの長方形(坪)が連なり、中が1×10面(長地型)または2×5面(折半型)の長方形(段)に区切られている。

しかし近年各地の発掘調査でも、大

化の改新までさかのぼる条里地割は見つかっていない。本場の奈良盆地でも奈良時代が最古である。さらに第二次世界大戦後の耕地整理事業で改変されている場合が多い。地図上で正方形区画の連なりを発見しても、古絵図などで地域の歴史を丹念に検討し、発掘調査で水田の区画を検出して時期を確定しなければ、いつどのように施工されたかを明らかにすることはできない。

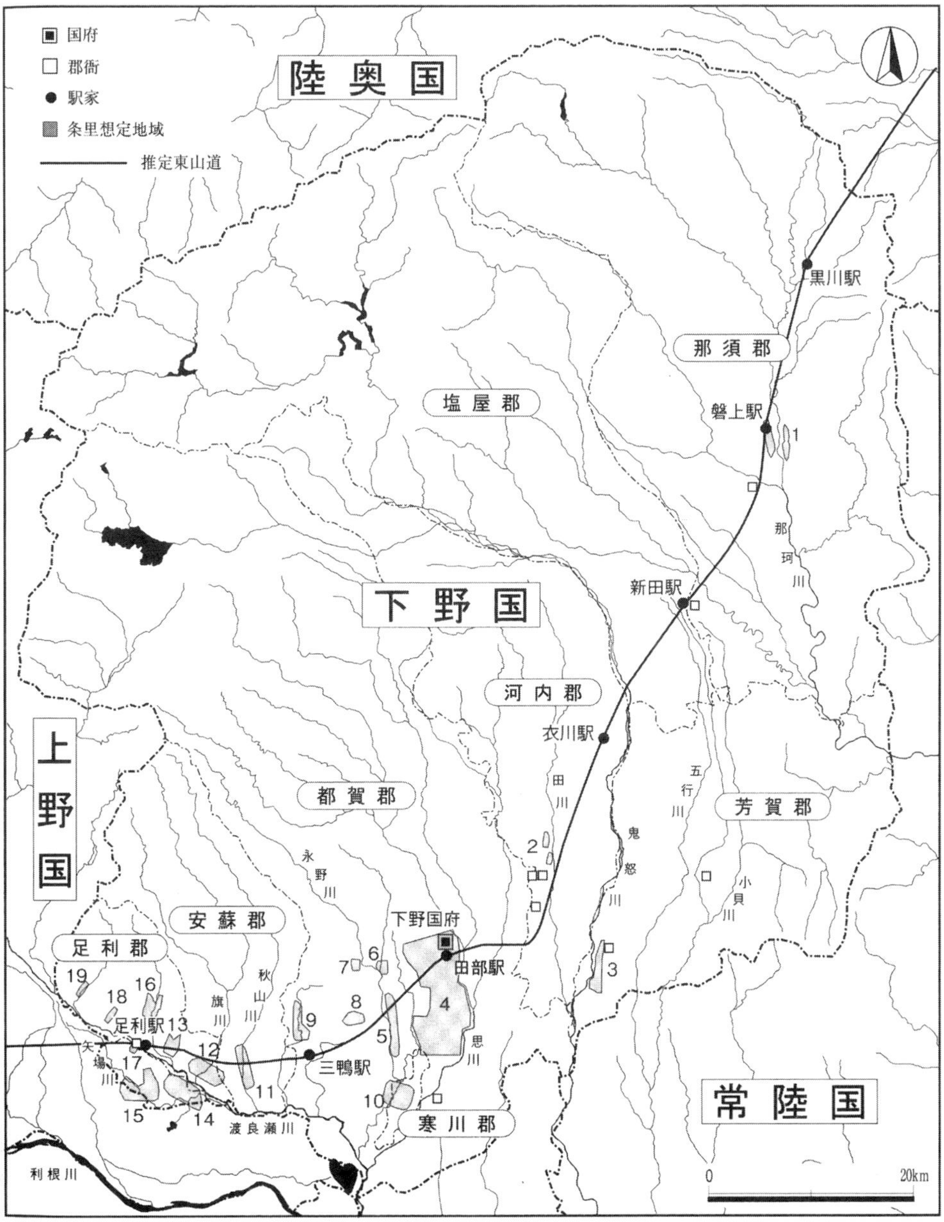

図6-2 栃木県の条里分布（武川2015）

(2) これまでの研究から

栃木県では、昭和34(1959)年に三友国五郎氏が条里の存在を指摘(三友1959)。昭和49(1974)年に日下部高明氏が足利の条里遺構について、『地誌』や近世の村絵図などを用いた研究成果を発表している(日下部1974、1975)。

泉川条里跡など栃木周辺の条里地割は、三友氏が前掲の論文で存在を指摘して以来、岡田隆夫氏による昭和55(1980)年の『栃木県史』(岡田1980)、内山謙治氏による昭和59(1984)年の『小山市史』(内山1984)など、下野の古代史研究に引用されてきた。最近では武川夏樹氏が泉川条里跡について、「県内で地割が唯一残存し、周知の埋蔵文化財包蔵地としても取り扱われている」と、その重要性を述べている(武川2015)。

一方で大澤伸啓氏は、足利市田中条里跡を取り上げ、発掘調査の成果を紹介している。その上で条里水田の縁辺部を、区画に沿って古代東山道が通過すると推定している(大澤2015)。

これらの先行研究の指摘によれば栃木市東部には、下野国府域を含む東日本有数の規模の条里跡(図6-2 No.4)の存在が指摘されている。これに対し西部には、泉川条里跡(No.6)の他に、皆川城内町(No.7)・川連町(No.5)・大平町西山田(No.8)・岩舟町小野寺(No.9)などに小規模な方格地割がみられる。両者のあり方は対照的である。

(3) 地籍図にみる泉川条里跡

栃木市では明治9(1876)年の地籍図を画像データで保管している。これを見ると確かに一町四方の方格が連なっているように見えるが、そうでない部分も多くある。群馬県や南関東に比べて、はっきりしない印象である。唯一、新井村字中田・松下・檜下付近には長地型の方格地割が見られる。

泉川村では字壱町田周辺、風野村の全域(写真5-17)にも長地型の方格地割が見られる。これは現在の新井町・泉川町・箱森町の境界付近である。泉川条里跡の中心に当たるこれらの方格地割は、明治初年以前にさかのぼることが分かる(口絵19)。

(4)『地誌』の記載から

次に『地誌』新井村・泉川村などの

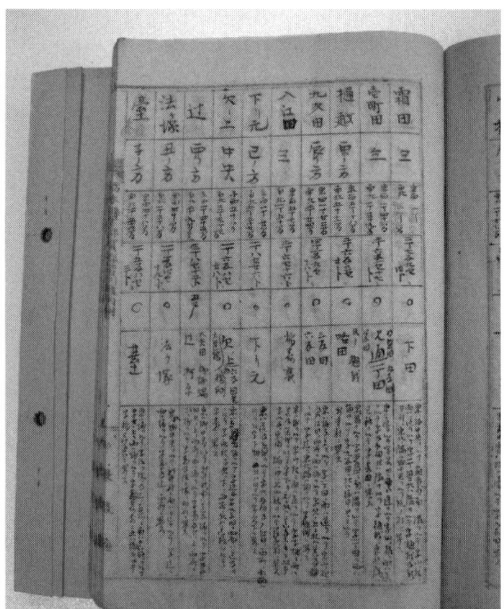

写真6-1 泉川村字地

写真6-2「野中村東坪女人講中」

記載から、泉川条里跡に関係すると思われる部分を取り上げる。

①字名

『地誌』新井村では字名の中に、条里制に由来するものがないか探したが、いまひとつはっきりとした地名に出会うことはできなかった。

しかし、『地誌』岩出村には「角道」という字名があった。方格地割の隅に由来すると思われる。また『地誌』泉川村には「壱町田」があった。条里に

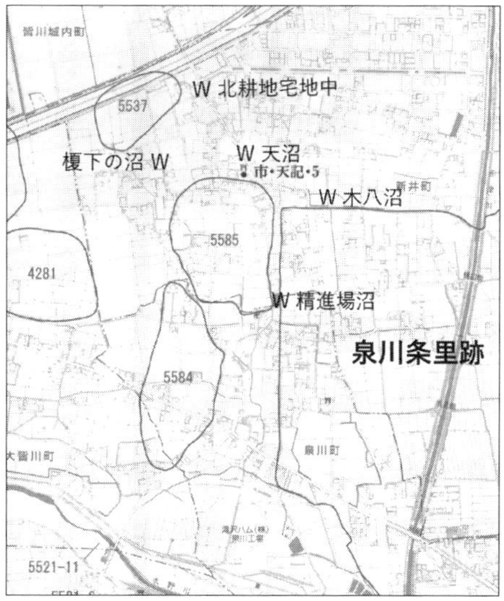

図6-3 泉川条里跡の水源地（栃木市教育委員会2015に加筆）

由来する可能性が高い地名である。さらに「九反田」、旧字名には「三反田」「六反田」などがあり、方格地割に関連する可能性がある（写真6-1）。

同じく『地誌』泉川村には、旧字名として「西坪」と書かれていた。また野中町にも「東坪」という地名があることを現地調査で見つけた石造物で確

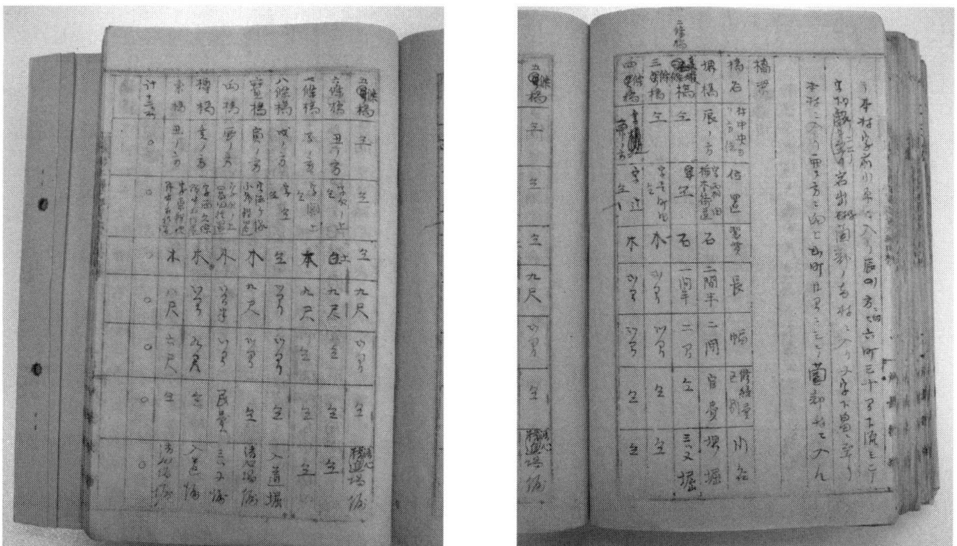

写真6-3 泉川村橋梁。一条橋から八条橋の名称が記載されている

認できた(写真6-2)。坪は集落の意味でもあるが、条里制でもよくみられる地名である。

②橋の名前

橋の名前では、泉川村には「二条橋」から「八条橋」まで数値を付けた橋があった。本来の条里制で条は、一辺が約654mで面積36町の大きな単位であるが、方格地割を意識して後に付けた名前とも考えられる(写真6-3)。

さらに新井村には「角橋」がある。方格地割の北西隅で天神堀にかかる橋である。前述の岩出村字「角道」も、このような南西隅から太平山に向かう道に由来すると推定できる。

③沼

『地誌』新井村によると、溝渠の水源は全て湧水である。「天神堀」については「本村字天沼天神社の際なる天沼」が水源と記されている。同様に「西堀」は「榎下の沼」、前章の「木八堀」は「木八沼」、「清水堀」は「字北耕地　宅地中より出水」、「精進場堀」は「精進場と称する沼」とされている。

これらを地籍図に落としてみると、方格地割の北西に集中している。このあたりが泉川条里跡の水源地であったことを示している(図6-3)。

④溝渠

天神堀などの溝渠は、卯の方(東)または分流して午の方(南)に流れるという記載が多く、明治期以前から方格地割のマス目に沿った農業用水路であったと言えるだろう。

小結

明治9(1876)年の地籍図や、明治18(1985)年の『地誌』は、書かれたのが明治初年であり、それ以降の区画整理などの影響を受けていない。少なくとも江戸以前の地割を反映させている可能性が高い。

これらの史料から読み取れる情報から、条里制としての明瞭さにはやや欠けるものの、古い方格地割の存在を示していると言えるだろう。

2．泉川条里跡の考古学的所見

(1) 現地調査

前述のように、方格地割の主要な水源は北西部に集中している。天沼には弁財天天満宮、精進場沼には泉光院があり、信仰対象となっている。もし条里施工時にさかのぼるならば、水源の祭祀に由来するとも考えられるが定かではない。

また前章で述べたように、天沼を水源とする天神堀は錦着山付近では風野堀とも呼ばれ、泉川条里跡の主要な用水路であると言える。道と共に方格地割に沿って直線的に南下し、錦着山にまっすぐに向かっている(口絵15、図5-2)。

このことから道と用水路は、錦着山をランドマークに用いて北から見通して設定した、方格地割の南北方向の軸線上であった可能性が考えられる。このようなランドマークを用いる工法は、東山道などの古代官道の建設にも使われていると思われる。

写真6-4 泉川条里跡38地点住居跡

写真6-5 住居跡出土遺物

(2) 栃木市教育委員会の確認調査

栃木市教育委員会では、これまでに泉川条里跡で43カ所の確認・立会調査を行ってきた。文化財担当の高見哲士氏に教えていただいた3地点について紹介する(高見2018・図6-4)。

平成28(2016)年度第38地点の調査では、黒色土の下を遺構検出面とする

図6-4 確認調査地点

平安時代の住居跡の一部を発見した。この黒色土層が水田面と考えられる（写真6-4）。住居跡からは土師器の小片（写真6-5）が出土した。住居跡のかまどは貧弱であり、平安時代の可能性が高いという。

同じ黒色土は他の地点でも確認できた。平成28（2016）年度第37地点は方格地割が最もよく残っている部分である。表土の下に黒色土がある。その下のローム層が粘土化している（写真6-6）。

平成29（2017）年度第39地点は泉川条里跡の南の端で、すでに住宅地になっている。水田面である黒色土の上に、近年の宅地造成による厚い盛り土が載っている（写真6-7）。

(3) 下野国府出土漆紙文書

条里が施工された時期は、平安時代以降である可能性がやや高まった。さらに私たちは下野国府出土漆紙文書を検討した。漆紙文書とは、漆桶のパックに再利用された紙が、漆が付いたために腐らずに残ったものである。転用される以前に書かれていた文字が読める場合があり、特に古代史研究の貴重な史料となっている。

下野国府でも多数の木簡とともに漆紙文書が出土している。中でもSK-011出土漆紙文書13は有名である（写真6-8）。報告書の釈文を見ると、何条・何里・坪の番号・坪の名前・面積の順に書かれている。土地台帳である田籍様文書とされ、条里水田について書かれていると考えられている（図6-5）。裏面の漆面には延暦9（780）年の年号がある。しかしこれがどこの条里を示しているか、地名が見当たらないこともあって、諸説はあるが明らかでない（栃木県教育委員会他1987）。

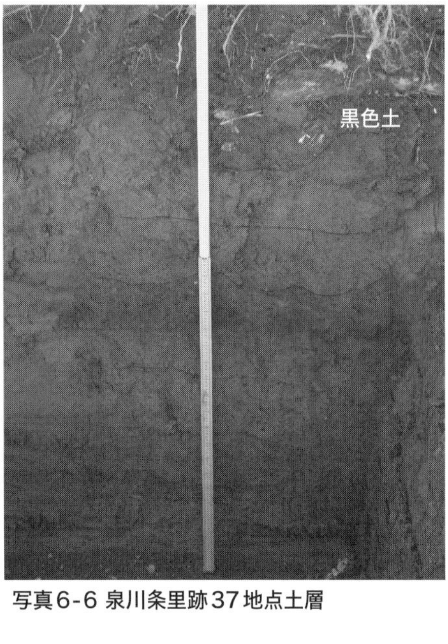

写真6-6 泉川条里跡37地点土層

写真6-7 泉川条里跡39地点土層

条と里の一番大きな数字を見ると、29条と5里である。一里を654m四方とすると、最低でも南北19km東西3km余りの長大な条里制があったことを示している。前述した栃木県内の条里制の研究史を見る限り、このような長大な方格地割が確認できるのは下野国府周辺の平野部だけである(図6-2)。

この可能性は『栃木市史』でも指摘されている(栃木市史編さん委員会1988)。

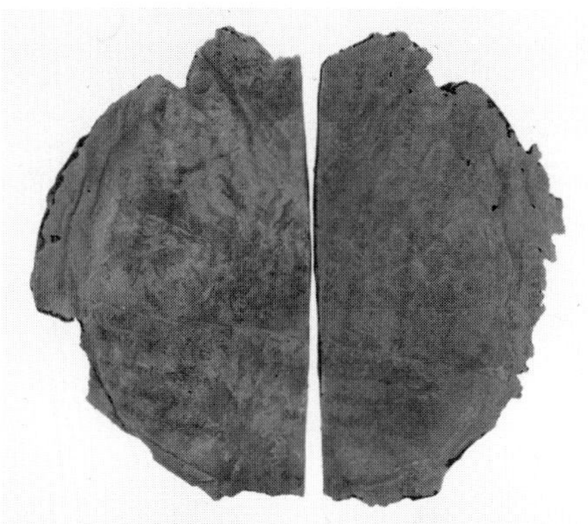

写真6-8 下野国府漆紙文書(複製、栃木県教育委員会蔵)

栃木市東部には、8世紀末以前から条里制が敷かれていた可能性が高いと言える。一方の栃木市西部の小規模な方格地割は、これを手本に遅れて施工されたのではないだろうか。

(4) 泉川条里跡のその後

泉川条里跡については、施工の年代などまだまだ分からないことが多く、今後の発掘調査に期待がかかる。ここではこの地域のその後の歴史と条里水田の関わりを振り返ってみたい。

泉川条里跡の水田は、鎌倉時代には長沼宗員(むねかず)・時村の支配下となった。さらに戦国大名皆川氏の領域に属し、その勢力の基盤の一つであった。

前章で論じたように、享保期には幕府代官池田喜八郎季隆(すえたか)により、条里の水利を再利用した小規模で効率的な新田開発が行われた。

新井町を始め皆川地区の地場産業で

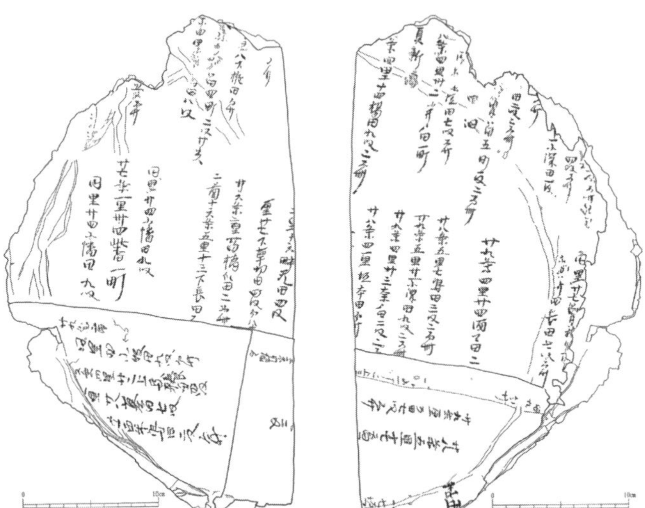

図6-5 下野国府SK-011出土漆紙文書13実測図(栃木県教育委員会他1987)

ある瓦の生産は、『地誌』新井村「物産」の表にも記載されている。明治8(1875)年から10(1877)年にかけて生産額が、280円から600円へと飛躍的に伸びている(写真6-9)。栃木に蔵造りの街並みが発展したことに依るのだろう。業者は農家から水田の土を買うと表土を剥いで粘土を採取し、別の土で埋め戻して返すそうである。長年にわたる水田耕作が、水田下に良質の粘土層を生成したと言えるだろう。

余談ではあるが、青木さん・野原さんのお話では、特産品である麻を煮るときに出る「おかわ」も、地元の子どもが洗っておくと、栃木から買いにくる人がいて小遣い稼ぎになったそうである。蔵の漆喰の混和材になるそうである。そういえば平成20(2008)年の栃木城発掘調査の折、破損した凝灰岩製小型五輪塔がいくつか出土した。これも砕いて漆喰の混和材にしたのではないかと考えている。

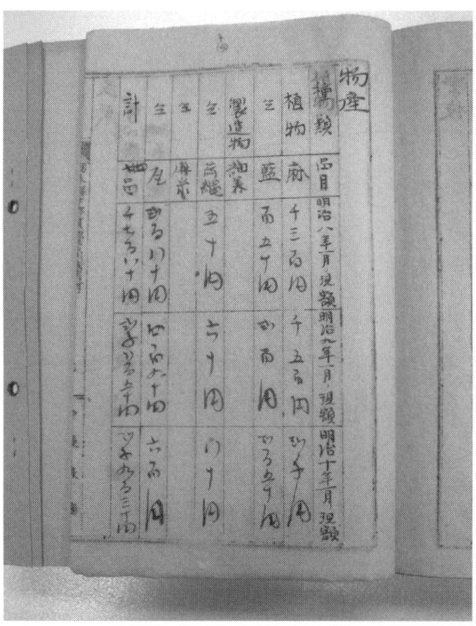

写真6-9『地誌』新井村物産

赤津川放水路は泉川条里跡を斜めに切るように流れている(写真6-10)。戦後、栃木の町を洪水から守るために建設された。しかしこれに対して新井町では、先祖からの水田を守りたいと、激しい反対運動があった(栃木市史編さん委員会1988)。

小結

泉川条里跡は、地割・字名・水利・信仰などに痕跡が残り、発掘調査からも水田の層が確認できた。栃木市西部には他にも小規模な条里水田が散在するが、施工年代は今後の課題である。また条里水田はその後の地域の支配・開発・産業の歴史や、水田を大切にする人々の心情に大きな影響を与えたと言える。

本研究に際しましては、酒寄雅志先生(國學院大學栃木短期大学)・武川夏樹様(栃木県教育委員会)・大澤伸啓様(足利学校)に貴重なご教示をいただきました。また高見哲士様(栃木市教育委員会)には泉川条里跡の発掘調査資料についてご高配を賜り、詳しくお教えいただきました。皆様に厚くお礼申し上げます。

〈第6章・初出〉

栃木県立学悠館高等学校歴史研究部(2019)「栃木市泉川条里跡の研究」『日本考古学協会第85回総会　研究発表要旨』日本考古学協会
栃木県立学悠館高等学校歴史研究部(2020)「栃

木市泉川条里跡の研究」『研究集録』41 栃木県高等学校文化連盟社会部会（予定）

〈第6章・参考文献〉

石井里津子（2017）『千年の田んぼ　国境の島に、古代の謎を追いかけて』旬報社
内山謙治（1984）「平安時代の小山」『小山市史　通史編Ⅰ』小山市
江田郁夫（2012）『下野長沼氏』中世武士選書11　戎光祥出版
大澤伸啓（1992）「足利市域に於ける耕作遺構調査の現状と課題」『栃木県考古学会誌』第14集　栃木県考古学会
大澤伸啓（2015）「栃木県足利市の条里」『関東条里の研究』東京堂出版
岡田隆夫（1980）「条里と交通」『栃木県史　通史編2』栃木県
関東条里制研究会（2015）『関東条里の研究』東京堂出版
金田章裕（2018）『古代国家の土地計画−条里プランを読み解く−』吉川弘文館
日下部高明（1974）「足利における条里遺構について」『足利市史研究』3　足利市史編さん委員会
日下部高明（1975）「足利における条里遺構について」『地理学評論』Vol.48-2
日下部高明・菊地卓（2006）『新訂足利浪漫紀行』随想舎
高見哲士（2018）「泉川条里跡」『栃木県埋蔵文化財保護行政年報40平成28（2016）年度』栃木県教育委員会
武川夏樹（2015）「栃木県の条里」『関東条里の研究』東京堂出版
栃木県教育委員会他（1987）『下野国府跡Ⅶ』
栃木県教育委員会（2007）『栃木県埋蔵文化財保護年報29　平成17（2005）年度』
栃木市教育委員会（1990）『栃木市遺跡地図』
栃木市史編さん委員会（1988）『栃木市史　通史編』
平川南（1989）『漆紙文書の研究』吉川弘文館
三友国五郎（1959）「関東地方の条里」『埼玉大学紀要社会科学編（歴史学地理学）』8　埼玉大学（『関東条里の研究』所収）

写真6-10 赤津川放水路と瓦工場

あとがき

7年間にわたるこれらの研究では、地域の方々にお話をうかがったり、現地をご案内いただくなど大変お世話になった。各章本文ごとに謝辞を書かせていただいたが、改めてお礼申し上げる次第である。

地域の中に学校がどのように関わることができるか、近年の学校教育の大きな課題のひとつである。地域の歴史研究を通して地元の方々と交流ができたことは、とても良かったと思う。新井町ではこれがきっかけとなり、近所の方々が度々集まって地元の歴史談義に花を咲かせるようになったという。

文化財行政もまた、地域との連携が問われている。地域で生きる人々の関心を高めまることで、文化財の保存と活用がより良い形で計られると思う。高校生のこうした研究活動が、その橋渡しのひとつになれば素晴らしいことである。

『地誌編輯材料取調書』は、地域の歴史にとって宝石箱であった。初めて読む私たちをタイムトラベルに誘ってくれた。さらに深読みすると、そこには忘れられた地域のエピソードがあった(と推定できる)。

本書の作成に当たって改めて『地誌』を読み直してみると、まだまだ多くのヒントが眠っている。たとえば、岩出町以外にも富士山信仰の痕跡はありそうだ。これも含め、未知なる山岳信仰の示唆もある。皆川城内町の条里遺構も読み取れるかもしれない。興味はまだまだ尽きない。

私自身は大学では考古学を専攻し、これまでささやかながら研究活動にも関わってきた。その中で、地域の視点から遺跡や遺物を見ていきたいと思っていた。今回皆川地区についてこのような形で学ぶことができ、とても幸せであった。地域にはそれぞれ、歴史の中で育まれてきた流れがある。各時代の様々な出来事の中で、人々は流れに沿って対応してきた。その結果が次の流れを形成した。地域の歴史を学ぶことで、その流れを認識できるのではないだろうか。

皆川地区に関しては、山と水を対象とした信仰が、時代を貫いて守られてきたと思われる。一方でその時々の社会的状況や、外部からのさまざまな影響で変化する姿も見られた。しかし人々の基層となる心情は、時代を超えてどこかに受け継がれたと見るべきではないだろうか。

こうしたあり方をより具体的・実証的に解明するためには、考古学のみならず、地域に関わるあらゆる情報を総合する必要があるだろう。こうした方向性を今後も目指していきたい。

最後に、編集方針が大いにブレてしまったことを告白する。当初は研究書としてまとめようと思っていた。単なる思い出話にしたくはなかった。

しかし研究の主体者であり、数十ページもある古文書を読んでパソコン入力したのは生徒である。毎週二日の活動で数カ月に及ぶ膨大な時間を費やした。なかなかできることではない。

本書の作成に当たり、7年間で合わせて416頁にも及ぶ成果を読み比べてみると、関わった一人一人が翻刻という課題と格闘していた軌跡が伝わってくる。中には誤読や用語の不統一などもあった。一方で明治時代の文章を分かり易く表記しようと、各自が細かな工夫していたことを改めて認識した。

さらに現地調査も行い、発表用のスライドやポスターも作った。石造物調査のために、生徒たちと琴平神社に通い続けた日々もあった。中でも出藍祭(本校の文化祭)でCM動画を作ってくれて、これが地域と研究のイメージを深めるのに大変役になった。中でも幻想即興曲(ショパン)のイメージで富士山信仰に関わるさまざまな文物を組み合わせた30秒の動画を、今でも時々パソコンで見ている。当日は多くの方々から賞賛の言葉をいただいた。みな大切な思い出である。やはりこの本はみんなの共同作品である。

そんなことから、初出の文章を大幅には書き換えなかった。どうしてそのように考えるに至ったか、研究途中での感想などを各所に少なからず載せている。したがって引用文献の記載には注意したつもりであるが、研究書としての形式からは逸脱してしまった。

本書の作成にあたり、多くの研究者の方々、同僚の先生方にご助言とご協力をいただきました。また出版元の随想舎の下田太郎様には、慣れない自分を懇切に導いて下さいました。厚くお礼申し上げます。

また本来ならば研究参加者として歴史研究部の部員・卒業生の全員の名前を記すべきところですが、個人情報保護の問題もあり、最後に関わってくれて、自分と一緒に卒業する二人を代表として挙げさせていただきます。

櫻井聖人くん・関口薫さん、他の卒業生の皆さん、副顧問として支えて下さった先生方に、心からお礼申し上げ締めくくります。

2020年3月

編者　識

[編者紹介]
齋藤　弘（さいとう　ひろし）
昭和34（1959）年生まれ
栃木県立足利高等学校・明治大学文学部史学地理学科卒業（考古学専攻）
栃木県立学悠館高等学校教諭（令和2〈2020〉年3月31日定年退職予定）

[論文・共著等]
「佐野南東部の中世墓群と安蘇山系修験道関連遺跡」（明治大学考古学研究室編『地域と文化の考古学Ⅱ』六一書房、2008年）
「北関東の中世墓」（『日本の中世墓』高志書院、2009年）
「山川長林寺の石造物」（『山川長林寺の歩みと文化財』福聚山長林寺、2014年）＊鈴木努氏との共著
「下野の板碑」（『板碑の考古学』高志書院、2016年）
「下野の板碑と中世的信仰世界の転換」（栃木県歴史文化研究会『歴史と文化』27、2018年）
『喜連川町史　通史編1』（さくら市、2008年、共著）

『地誌編輯材料取調書』から読み解く栃木市皆川地区の歴史

2020年3月26日　第1刷発行

編　者●齋藤　弘

発　行●有限会社 随 想 舎
〒320-0033　栃木県宇都宮市本町10−3 TSビル
TEL　028-616-6605　FAX　028-616-6607
振替　00360－0－36984
URL　http://www.zuisousha.co.jp/

印　刷●モリモト印刷株式会社

装丁●栄舞工房

定価はカバーに表示してあります／乱丁・落丁はお取りかえいたします
 ISBN978-4-88748-379-8

資料　『地誌編輯材料取調書』翻刻

例言

一、本書は、旧皆川八ケ村（皆川城内村・柏倉村・小野口村・志鳥村・岩出村・新井村・泉川村・大皆川村）の『地誌編輯材料取調書』を翻刻したものである。

二、翻刻文はできるだけ読みやすいように、また現代の高校生が作業に当たることも考えて、①カタカナはひらがなに改めた。②異体字・難読漢字はなるべく当用漢字に改めた。③句読点を適宜補った。④ただし歴史的仮名遣いや、方位・数量の単位などについては、原文のまま記載した。

三、翻刻文の改行は原文を尊重してはいるが、紙面の関係からできるだけ詰めている。項目は太字で示した。

四、翻刻文の表は、番号をつけて掲載した。

五、原文中、赤字または黒字で訂正された部分は、訂正後のものを翻刻した。

六、原文の明らかな誤りは訂正したが、多少疑問のあるものはそのまま掲載した。

七、その他の所見については、本書の序章に記載した。

八、明治初年の『地誌編輯材料取調書』は、地域の歴史を知る上での根本史料である。この翻刻作業と刊行が何らかの貢献となれば幸いである。なお原史料は栃木市教育委員会が保管している。

地誌編輯材料取調書

皆川城内村

本村古時より都賀郡に属し、皆川庄岩田郷長岡村と称せり。永享元酉年頃改めて皆川城内村の称となす。明治十一年十一月八日、都賀郡を上下二郡に分け、則ち下都賀郡に属す。

彊域　東は永野川の中央及道路の中央を以て本郡大皆川村に界し、西は道路を以て同郡粕倉村に接し、南は瀧山の嶺を以て同郡西山田村に隣し、北は長江山・藤葉山・二荒山の嶺及道路を以て本郡宮村に界す。東北隅は道路を以て本郡吹上村・野中村・新井村の各村に連ぬ。東南隅は赤沼川の中央及向山より草倉山迄は道中央、又草倉山より瀧山迄は山嶺を以て本郡岩出村に接す。西南隅は瀧山の峯及道路中央を以て同郡志鳥村に、又奈良渡川の中央及道路中央を以て同郡小野口村に連ぬ。西北隅は長江山の嶺を以て本郡粕倉村・千塚村の西村に接す。

幅員　東西十五町四十間、南北一里四十間　積面四百二十町十八歩

内訳

三百七十三町六畝三歩　明治九年より同十一年に至る地租改正の額
道路十六町二反六畝二歩
河川九町五畝十七歩
溝渠三町一反五畝三歩
沼五畝三歩
池五畝十一歩
井六歩
堤塘一町九反六畝二十二歩
土揚場四町五反七畝九歩
土手敷二町七反九畝五歩
崖岸一反五畝二十三歩
芝地二町三反一畝八歩
礦地六町一反七畝二十一歩
石置場二畝歩
丘陵二反三畝十九歩
塚一反二畝十九歩

管轄沿革　永享元酉年頃より長沼淡路守領し石高不詳。嘉吉二壬戌年より皆川山城守領す。慶長十七迄石高不詳。慶長十七年検地ありて村高千六百石と改む。正保二乙酉年八月より代官松下八太夫氏支配し、慶安元戊子年四月より安部対馬守領す。延宝九辛酉年四月より代官近山與左衛門氏支配し、元録四乙未年四月より北條伊勢守知行となり、元録十一丁寅年四月より米倉丹後守二千二百十七石余領す。（慶長十七年の検地後、何の時代に村高給したるや不詳。もっとも一村数給に分れたる事なし）明治四年七月六浦県支配となり、同年十一月より当栃木県の管轄となる。

里程　村の中央字馬場より

栃木旧県庁卯の方一里十一町八間
宇都宮栃木県庁へ寅の方八里十一町十九間二尺
下都賀寒川郡役所へ辰の方一里十七町
栃木裁判所へ辰の方一里二十町
栃木警察署へ辰の方一里十六町
栃木電信分局へ卯の方一里十三町　以上官庁に至る里程
栃木町へ卯の方一里十三町八間　以上幅湊の地に至る里程
大皆川村へ卯の方十四町十五間四尺
岩出村へ辰の方二十二町十五間四尺
西山田村へ午の方一里十五町四間四尺
志鳥村へ未の方二十六町四十九間二尺
小野口村へ申の方二十七町三十間三尺
柏倉村へ酉の方二十二町二十三間一尺
千塚村へ亥の方二十七町八間
宮村へ子の方十七町八間
吹上村へ丑の方二十九町四十四間
野中村へ寅の方一里十町十五間四尺
新井村へ寅の方二十九町十九間四尺　以上接続村に至る里程

地勢　南北は瀧山・草倉及長江・藤葉・二荒の諸山を負ひ、東は永野川の疎水を帯び、中央より南は細長くして、北は左右に斜廻し、その形あたかも三味線をひく撥の形に似たり。南北高く中央低し。運輸の便利可なり。又薪炭等には乏しからず。又民居は旧二等道路永野往還に沿い人家十九戸在り。これを字松原と云ひ、村道出流往還の左右に十二戸班在するを字新町と云い、吹上往還の左右二荒山の麓に三十一戸散在するを字荒宿・藤葉と云い、旧二等道路栃木往還に沿ひ左右に班在する民家八十戸を字鳥居戸・馬場・上馬場・谷津・長江と云ふ。狩岡山の麓に一聚落をなし人家十四戸あるを字五下と云ひ、佐野往還の左右に人家二十七戸稠密するを字宿及町屋と云ふ。森山の麓に六戸ある民家を字森山と云ひ、向山の際に九戸点在する民家を字伊勢山下と云ふ。字瀧の山間に一聚落をなし人家十七戸点在するを字瀧ノ入と云ひ、志鳥往還の東端永野川際に人家四戸あるを字砂畑と云ふ。

地味　地質各種ありといえども野土多く真土少し。又肥地多し。痩地少し。種芸は大麻・皮麻・藍葉等に適し、木綿等には適せず。旱澇の憂少しくあり。田は全管の四等甲より起り十四等の乙に止まり、畑は二等の乙より起り十四等乙に止む。

【表一地味】

（二頁分欠損）

筆数八百五十七筆　四等甲より起り十四等乙に止む

畑　九十六町四反六畝四歩　此地価金一万八千七十七円九十七銭四厘

筆数千三十一筆　二等乙より起り十四等乙に止む

宅地　三十一町六反八畝〇五歩　此地価金一万〇三十九円十六銭一厘

筆数二百四十三筆　村の一等より起り四等に止む

平林　十九町六反六畝二十九歩　此地価金二百八十一円四十一銭五厘

筆数百五十三筆　五等より起り十一等に止む

林山　百三町二畝二十一歩　此地価金七百六十一円三十三銭九厘

筆数四百三十四筆　八等より起り類外一等に止む

藪　一反歩　此地価金五十一銭三厘　筆数三筆　十一等より起り類外一等に止む

芝地　二畝六歩　此地価金八銭八厘　筆数一筆　類外一等

墓地　一町三反二畝二十二歩　筆数十六等

獣畜埋場　六畝二十四歩　筆数一筆

表一　地味

字地名	村の中央より方位	土色	地質	沃痩	地味等級	種芸適否	旱澇有無
松原 新町裏	丑の方	薄赤	真土	肥	一等	大麻藍葉裸麦小麦に宜し 木綿大豆小豆に悪	有
新町	同	同	石砂混	痩	十二等	桑に宜・麦小麦早稲に悪	無
荒宿 藤葉	同	黒	野土	肥	五等	大麻皮麻小麦陸稲宜 藍葉木綿に悪	無
馬場	中央	薄黒	泥	痩	九等	早稲中稲宜・晩稲に悪	無
柳堀	卯の方	薄赤	野土	肥	五等	中稲晩稲宜・早稲悪	無
砂畑	辰の方	同	砂交	同	二等	大麻大麦宜・藍葉悪	無
藤川沖 向沖	巳の方	黒	野土	痩	一等より九等至	中稲宜・早稲晩稲悪	無
瀧ノ入 伊勢山下	午の方	薄赤	同	同	八等より十三等至	早稲中稲宜・晩稲悪	有
宿 町屋	申の方	同	粘真土交	肥	五等	中稲宜・早稲晩稲悪	有
谷津 長江	戌亥の方	赤黒混	粘土	痩	二等より十四等至	同	有
赤沼	巳の方	同	同	肥	四等	中稲大麦裸麦に宜 大豆小豆木綿に悪	無
森山	未の方	薄赤	野土	痩	八等	小麦大豆小豆土に宜 大麻藍葉に悪	同
五下	申の方	薄黒	同	同	同	小麦皮麻宜・藍葉 木綿悪	同
上馬場	申の方	薄赤	粘土	肥	五等	皮麻麦中稲宜し 早稲麻悪	同

官有神地　一町一反六畝十二歩　筆数四筆

官有寺地　六町四反六畝十九歩　筆数四筆

官有山　二十二町四反一畝歩　筆数七筆

官有林　一町四反四畝七歩　筆数一筆

官有芝地　六反八畝一歩　筆数八筆

官有堂地　二反六畝四歩　筆数二筆

官有溜　一反十四歩　筆数二筆

表二　字地

字名	位置	広袤	反別	民居	旧字名	四至
松原	寅の方	東西三町四間 南北六町四間	二十三丁三反二十畝歩	十九戸	龍神前・龍神西・松原	東は宅地を以て吹上村・野中村の両村に界し、北は畑を以て宮村に接す、南は道路を以て新井村に隣り、西は畑を以て字新町裏に界す
新町裏	同	東西二町二十四間 南北六丁三十二間	十五町七反一畝十二歩	○	久保原・犬馬場・二本柳	東は畑を以て字松原に、北は畑を以て宮村に界す、南は道路を以て大皆川村・新井村の両村に界す。西は平林を以て字新町に接す
新町	同	東西三町四十間 南北五丁	十八町九反六畝十七歩	十二戸	新町	東は平林を以て新町裏に、西は平林を以て字荒宿に、南は道路を以て大皆川に界し、北は宅地を以て宮村隣す
荒宿	丑の方	東西四町四十六間 南北六町四十間	二十四町八反八畝十六歩	二十五戸	新宿・長岡・川入・寺家ノ内・升ノ内・白山前・横宿・天堤・寺小路・台	東は平林を以て字新町に、西は道を以て字馬場・藤葉の両所に、南は道路を以て字柳堀に、北は山岳を以て字二荒に、東南隅は宅地を以て字鳥居戸に界す
藤葉	子丑の方	東西一町十七間 南北六町	三丁七反二十一歩	六戸	藤葉	東北西の三面は山岳を以て字藤葉入に接し、南一方畑宅地を以て字馬場に界す
馬場	中央	東西三町五十四間 南北二町五十間	十町三反六畝九歩	二十七戸	下馬場・東町屋	東は田畑を以て字柳堀・字荒宿の両所に、西一半は小井戸川を以て字町屋に、又一半は衣川を以て字上馬場に、南は田を以て字柳堀に、北は山林を以て字城山に接し、其一半は畑宅地を以て字藤場に界す
柳堀	卯の方	東西五丁 南北三丁十四間	十五町二反一畝九歩	一戸	前沖・東仙坊	東は田を以て字鳥居戸に、西は田を以て字馬場に、南は藤川を以て字藤川沖に、北は道路を以て字荒宿に接す
鳥居戸	同	東西三町十六間 南北六町三十間	十三町四反二畝八歩九	十二戸	鳥居戸	東は永野川の中心を以て大皆川村に、西は田を以て字柳堀に、南藤川を以て字砂畑に、北は道路及び宅地を以て字荒宿に界す
下河原	同	東西二十一間 南北八間	六畝二十四歩	○	下河原	東北南北共字鳥居戸に接す
砂畑	辰の方	東北三町十六間 南北三町四十六間	十丁三反二畝九十歩	四戸	砂畑	東は永野川の中央を以て大皆川村に、西は田を以て字藤川沖・向沖の両所に、南は山林を以て字向山に、北は藤川を以て字鳥居戸に、東南隅は赤沼川を以て岩出村に界す
藤川沖	午の方	東西四町二十二間 南北二町三十四間	十町九反二畝十七歩	六戸	ミソハギ・下宿・三田	東は田を以て字砂畑に、西は田を以て字町屋に界し、南は道を以て字向沖に、北は藤川を以て字柳堀に界す
向沖	午の方	東北四町十九間 南北三町五十二間	十町〇十反十一歩	一戸	傑岑寺前・須久保塚	東は田を以て字砂畑に、西は奈良渡川の中央を以て志鳥村に、南は奈良渡川及赤沼川を以て字赤沼及伊勢山下の両所に、北は道を以て字藤川沖に界す
伊勢山下	巳の方	東西二町二十間 南北三町三十間	七町三反一畝十歩	九戸	向山・山王・伊勢山	東は山林を以て字向山に、西南の二方は田を以て字瀧ノ入に、北は赤沼川を以て字赤沼及び向沖の両所に接す
向山	辰の方	東西二町四十二間 北南六町五十六間	六町六反五畝十五歩	○	向山	東は道を以て岩出村に隣り、西は宅地を以て字伊勢山下に、南は山を以て字水石に、北は赤沼川を以て字砂畑に界す
水石	辰巳の方	東北三町四十四間 南北四町	九町二反七畝二十五歩	○	小飯盛・片倉・水石	東北二方は山の半腹なる道中央を以て岩出村に隣り、南は山岳を以て字草倉に、西は田を以て字瀧ノ入に、北は山林を以て字向山に接す
草倉	巳の方	東西二町三十八間 南北三町四十間	六丁七反四畝三歩	○	長峯・草倉	東は山嶺を以て岩出村に界し、南は山岳を以て字瀧に、西は耕地を以て字瀧ノ入に、北は山を以て字水石に接す
瀧	午の方	東西八町五十九間 南北三町四十間	五十一町七反八畝十八歩	○	大兎・小兎・瀧	東は山嶺を以て岩出村に、南は峯を以て西山田村に、西は嶺を以て志鳥村に界し、北は耕地を以て字瀧ノ入に接す
瀧ノ入	同	東西二町四十四間 南北十一町二十八間	二十五町七反六畝十五歩	十七戸	瀧ノ入・観音前・溜下・大橋	東南西の三面は山林を以て字瀧に、北は志鳥川を以て字赤沼に接す

赤沼	同	東西三町四十間 南北一町二十四間	二町四反九畝十八歩	○	赤沼	東北は奈良渡川を以て字向沖に、南は志鳥川を以て字伊勢山下に、西は道路を以て志鳥村に界す
森山	未の方	東西二町二十四間 南北四町十四間	十町一反四畝二十五歩	六戸	森山	東は奈良渡川を以て字町屋及向沖の両所に、南は道を以て志鳥村に、西は山林を以て小野口村に、北は奈良渡川を以て字宿に界す
町屋	同	東西一町四十八間 南北四町十四間	七町四反二畝九歩	八戸	桑田・町屋	東は田を以て字藤川沖に、南は道路を以て字森山に、西は道を以て字宿に、北は五下川を以て字上馬場に界す
宿	未申の方	東西二町二十二間 南北三町三十四間	十町五反四畝十一歩	十九戸	上宿・中宿	東は宅地を以て字町屋に、南一半は奈良渡川を以て字森山に、又一半は奈良渡川の中央及道を以て小野口村に、北は五下川を以て字上馬場に、西は道を以て字五下に接す
五下	申の方	東西四町三十間 南北一町二十八間	五町五反八畝二十三歩	十四戸	五下・山下	東は道を以て字宿に、南は道を以て小野口村に、西は山を以て字狩岡に、北は五下川を以て字長江に接す
狩岡	同	東西二町十間 南北四十二間	七反五畝九歩	○	狩岡	東北は畑を以て字五下に接し、南は道路を以て小野口村に、西は山林を以て柏倉村に界す
上馬場	酉の方	東西三町三十四間 南北一町三十八間	七町六反七畝二十六歩	十二戸	醍醐・上馬場	東は衣川を以て字馬場に、南は五下川を以て字町屋・宿・五下の三カ所に接し、西は道を以て字長江に、北は衣川を以て字谷津に界す
谷津	酉の方	東西三町二十九間 南北二町	六町三反四畝二十五歩	十二戸	谷津	東は山を以て字城山に、南は衣川を以て字上馬場に、西は田を以て長江に、北は山を以て字谷津山に接す
長江	戌の方	東西二町 南北九町五十間	十七町二反八畝十九歩	十六戸	長江・徳間ヶ入・蓬沢・由ヶ沢	東は山を以て字谷津山に、北は山を以て字長江入に、西は山を以て字大原に、南は五下川及衣川を以て字五下及谷津の両所に接す
大原	同	東西一町四十八間 南北二町三十二間	一町七反四畝歩	○	大原	東南は畑を以て字長江に、西は道を以て柏倉村に、北は山林を以て字長江入に接す
長江入	亥の方	東西六町五十二間 南北五町二十間	二十一町五反三畝歩	○	由ヶ沢・長峯・田根入	東は山を以て字藤葉入及谷津山の両所に、南は耕地を以て字長江に、西は山嶺を以て柏倉村に、北は山嶺を以て柏倉村・千塚村の両村に界す
谷津山	亥子の方	東西二町五十六間 南北四町十四間	四町五反九畝三歩	○	谷津山	東は山を以て藤葉入に、南は宅地を以て字谷津に、西は畑を以て字長江に、北は山林を以て字長江入に接す
城山	子の方	東西三町四十間 南北三町二十八間	十町四反四畝歩	○	大城山・小城山	東は田畑を以て字藤葉に、南は宅地を以て字馬場に、西は平林を以て字谷津に、北は山を以て字藤葉入に接す
藤葉入	同	東西三町二十間 南北五町十間	八町三反五畝歩	○	藤葉入	東は峯を以て字二荒に、南は田を以て字藤葉に、西は峯を以て字谷津山及長江入の両所に、北は峯を以て宮村に界す
二荒	子丑の方	東西三町 南北五十八間	三町一畝十八歩	○	寺山	東南は畑を以て字荒宿に、西は山を以て字藤葉入に、北は山岳を以て宮村に界す
計三十三カ所	○	○	統計反別三百七十三丁六畝歩	二百二十六戸	計七十一カ所	○

統計反別　三百六十五町三反四畝十歩

地価金七万三千七百三十四円四十一銭二厘　筆数二千七百六十七筆

田　五十七町九反三畝十二歩　此高八百石四斗六升六合　筆数千五十筆

畑　百三町七反九畝四歩　此高千百三十九石三斗二升二合　筆数千百二十三筆

屋敷　二十七町七反四畝二十七歩

此高二百七十七石四斗九升　筆数二百二十二筆

山　百七十六町五反七畝二十歩　筆数五十四筆

墓地　一町三畝十七歩　筆数十五筆

死人焼場　二畝二十四歩　筆数一筆

死馬捨場　二畝歩　筆数二筆

大縄場　十四町一反三畝九歩　筆数二百筆
秣場　一町一反三畝歩　筆数六筆
統計反別　三百八十二町四反八畝二十三歩
　此高二千二百十七石二斗七升八石　筆数二千六百七十三筆
字地　左表に記載す。**【表二】**
貢租
田租金千三百二十四円五十二銭
畑租金五百三十七円七十銭二厘
宅地租金三百十一円十五銭二厘
平林租金八円二十四銭二厘
林山租金二十二円八十五銭六厘
芝地租金三厘
藪金一銭五厘
　総計金二千二百四円四十九銭　以上明治九年地価百分の三
田租金一千百三円七十八銭六厘
畑租金四百四十八円九銭一厘
宅地租金二百五十九円二十八銭八厘
平林租金六円八十七銭四厘
林山租金十九円五銭一厘
芝地租金二厘
薮租金一銭二厘
　総計金千八百三十七円十銭四厘　以上明治十一年地価百分の二ヶ半
米二百九十七石八斗一升五合
畑永二百三十貫六文
屋敷永百一貫文
大縄田米十七石二斗七升六合
同畑永十五貫八十九文
山永十貫八百六十六文
小物成永二十四貫百九十八文
　総計米二百十五石九升一合　永三百八十一貫百五十九文

賦金
国税
証券印紙税金百五十円
証券界紙税金五円
煙草印紙税金二円
酒類醸造税金三百七十四円
酒類免許税金二十円
車税金十二円
牛馬税金二円
売薬税金一円
煙草税金五円
県税
銃猟税金三円
料理税金四円
菓子屋税金五円
宿屋税金二円五十銭
漁業税金二円五銭
質取金高税金十円五十銭
　総計金五百九十八円五銭　以上明治八年分
国税
証券印紙税金二百円
証券界紙税金五円
煙草印紙税金二円五十銭
酒類醸造税金三百九十五円
酒類免許税金三十円
車税金十三円
牛馬税金二円
売薬税金一円
煙草税金五円
県税

銃猟税金三円
料理税金四円
菓子屋税金五円
宿屋税金四円五十五銭
漁業税金二円五十銭
質取金高税金十二円五十銭
　総計金六百八十五円五銭　以上明治九年分

戸数
　本籍二百十戸　士族四戸　平民二百六戸
寄留十八戸内　出寄留八戸　入寄留十戸　平民十戸
以上明治八年一月一日現在
　本籍二百十四戸　士族四戸　平民二百十戸
寄留二十戸内　出寄留十戸　入寄留十戸　平民十戸
以上明治九年一月一日現在
　本籍二百十七戸　士族四戸　平民二百十三戸
寄留十六戸　内出寄留十戸　入寄留六戸　平民六戸
以上明治十年一月一日現在

社　十四社　郷社一社　無格社十三社

寺　四宇　内　真言宗一宇　曹洞宗二宇　浄土宗一宇　総計十八宇

人員　千二百三十五口
　男六百五口　内士族十二口・平民五百九十三口
　女六百三十口　内士族十二口・平民六百十八口
寄留六十五口
　出寄留二十一口　内男十口平民　女十一口平民
入寄留四十四口　内男二十二口平民　女二十二口平民
総計千三百口　以上明治八年一月一日現在

人員　千三百五十口
　男六百六十口　内士族十一口・平民六百四十九口
　女六百九十口　内士族十四口・平民六百七十六口
寄留六十七口
出寄留二十五口　内男十二口平民　女三口平民
入寄留四十二口　内男二十一口平民　女二十一口平民
総計千四百十七口　以上明治九年一月一日現在

人員　千四百三十五口
男七百五口内　士族十四口・平民六百九十一口
女七百三十口　内士族九口・平民七百二十一口
寄留六十八口
出寄留二十八口　内男十四口　士族三口・平民十一口
　　女十四口　士族二口・平民十二口
入寄留四十口　内男二十口・平民　女二十口平民
総計千五百三口　以上明治十年一月一日現在

馬
牡馬五十七頭　以上明治八年一月一日現在
　同六十頭　以上同九年一月一日現在
　同五十九頭　以上同十年一月一日現在

車
人力車十一両　荷車十両　総計二十一両　以上明治八年一月一日現在
人力車十二両　荷車十五両　総計二十七両　以上明治九年一月一日現在
人力車十四両　荷車十七両　総計三十一両　以上明治十年一月一日現在

山
瀧山　高さ斜行百八丈余にて周回二十五町。村の午の方にあり。嶺上より四分し、東は岩出村に属し、南は西山田村に連なり、西は志鳥村に境し、北は本村の耕地に臨めり。山脈西山田村の晃石山より来り、是より東に奔るは薗部村富士山・平井村の太平山なり。東北に奔るを草倉山という。又西北に行くものは志鳥村の耕地に止まり、樹木は楢・栗の類生立す。山路一條にして、本村の字瀧ノ入より登る。高さ六町余。又この山より湧出する渓水一線あり。本村字瀧ノ入及伊勢山下等の水田用水となる。

城山　高さ斜行四十丈余にて周回十二町十四間。村の子の方に孤立し、東南は字馬場の宅地に接し、西は字谷津の耕地に臨み、北は谷を以て字藤葉入に属す。山路は本村字馬場より登る。高さ三町余。樹木は松・楢・栗の類生立す。絶頂より少しく下りて小池あり。又西南隅の麓に尾西ノ池と唱うる小池あり。これより流出する溝渠を柳堀と云い、本村字柳堀・鳥居戸田の用水となる。此山は昔時観音山と称し、永享八年中長沼淡路守氏秀築城し、後、毀城したる跡なる故、今城山

と称すなり。

二荒山　高さ斜行五十丈余にして周回十町余。村の丑の方にあり。嶺より三分し、東は永野川に臨み、北は宮村に属し、西南は本村の耕地に臨めり。山脈千塚村蛇巣山より来り、ここに至って一起す。絶頂に二荒神社あり。樹木は松多し。登路は本村字荒宿より上る。高さ三町余。これより西に谷津山・藤葉山・長江山の諸山ありといえども、何も不名の林山なり。

川　**永野川**　幹流平時磊磧砂地にして、淋雨至れば時として洪水あり。故に浅深不定なり。広き所は四十二間狭き所は十六間。急流にて清水。舟筏不通。堤防あり。水源は本郡永野村の百川に発し、星野村を経て鍋山村に至り、本郡出流村より発する出流川を合せ、それより梅沢村・大久保村・尻内村・千塚村・宮村を経て、本村字新町に入り、午の方に向ひ、四町三十八間下流にて字鳥居戸に至り、大皆川村と本村との間を午の方に向ひ、九町四十間にして岩出村・大皆川村と両村に入る。

衣川　幹流平水。浅き所一尺五寸深き所五尺広き所二間狭き所一間三尺。緩流清水、舟筏不通。堤防あり。水源は本郡柏倉村の所落入より発し、同村を経て本村字長江に入り、卯の方に向ひ、三町二十間迂流して字谷津に至り、本村長江山より発する小川を合わせ、それより卯の方に向ひ、二町四十間直流、東下して字馬場に至り、辰の方に向ひ、一町三十二間にして字町屋に至り、五下川を合わせ、ここをヲイド川と云ふ。これより辰の方に向ひ、一町三十四間下流して字柳堀に至り、藤川と称し、それより辰巳の方に向ひ、八町四十八間迂流して字砂畑に至り永野川に落つ。

奈良渡川　幹流平水。浅き所一尺五六寸深き所六尺広き所三間狭き所二間。緩流清水、舟筏不通。堤あり。水源は本郡小野口村の小曽場より発し、同村を経て本村字宿に入り辰巳の方に向ひ、十一町三十四間下流して字赤沼に至り、志鳥川を合わせ、ここの所より赤沼川と称し、卯の方に向ひ、七町十間迂流して字砂畑にて永野川に入る。

志鳥川　幹流平水。浅所一尺深所四尺。緩流にして清水、舟筏不通。堤防なし。水源は本郡志鳥村の大沢より発し、同村を経て、本村字滝ノ入に至り。ここにて本村瀧山より出水の小川を合わせ、卯の方に向ひ、五町二間下流して赤沼川に合う。

五下川　幹流平水。浅き所一尺深き所四尺。緩流清水、舟筏不通。堤防なし。水源は本郡柏倉村鞍掛山の近傍より発し、同村を経て本村字五下に入り、卯の方に向ひ、八町四十間東下して字町屋に至り、衣川と合う。

橋梁　本村の橋梁は細小にして別に景状を述ぶるに足らず。依て左表に記載す。

【表三橋梁】

溝渠　**長江堀**　谿水幹流にして平水。浅き所一尺深き所三尺広き所九尺狭き所四尺。水源は本村長江入に起り、字長江に至り、長江・谷津の田十町三反歩に漑ぎ、余滴は衣川に瀉下す。

柳堀　湧水にして水源は本村字谷津尾西の池より流出し、字馬場に至り三派に分

表三　橋梁

橋名	村中央より方位	位置	製質	長	幅	修繕費区別	川名
新開橋	申の方	字馬場、村道	木	四間	九尺	民費	小井戸川
観音橋	酉の方	字馬場、旧二等路	木	三間	九尺	官費	衣川
醍醐橋	申の方	字五下、村道	土	二間半	九尺	民費	五下川
辻橋	卯の方	字馬場、旧二等路	木	九尺	九尺	官費	柳堀
鳥居戸橋	同	字鳥居戸、旧二等路	木	九尺	九尺	同	柳堀悪水
赤沼橋	辰の方	字赤沼、村道	土	二間	六尺	民費	奈良渡川
瀧橋	午の方	字瀧の入、村道	土	二間	六尺	同	志鳥川
向沖橋	午の方	字向沖、村道	土	三間	六尺	同	奈良渡川
長江橋	戌の方	字長江、村道	土	三間	六尺	同	衣川
天王橋	未の方	字宿、村道	石	一間	六尺	同	町屋用水
茶薗橋	辰の方	字柳堀、作場道	土	九尺	八尺	同	柳堀用水
寺小路橋	丑の方	字荒宿、村道	土	九尺	九尺	同	同
荒宿橋	丑の方	字荒宿、村道	土	九尺	九尺	同	藤葉悪水
曲橋	寅の方	字荒宿、村道	石	一間	六尺	同	柳堀用水
真橋	寅の方	字荒宿、村道	石	一間	六尺	同	同
計十五か所	○	○	○	○	○	○	○

かれ、荒宿・柳堀・鳥居戸等の田九町五反歩に漑ぎ、余滴は各藤川に瀉下す。

下宿堀　字柳堀より起り、水源は藤川の水を漑ぎ入。本字中の田七町八反余歩の用水に漑ぎ、余滴は又藤川に瀉下す。

中堀　字町屋に起り、五下川の下流を漑ぎ入れ、字藤川沖に至り二派に分かれ、藤川沖の田五町余歩の用水に漑ぎ、余水は長堀に落つ。

長堀　本村字宿より起り、五下川の水を漑ぎ入れ、字町屋に至り、町屋の田五町余歩の用水に漑ぎ、又下流は向沖の田九町歩余の用水に漑ぎ、余水は赤沼川に瀉下す。

三田堀　字藤川沖の中央に起り、藤川の水を漑ぎ入れ、本字中の田四町五反歩の用水に漑ぎ、又砂畑の田四町余歩に漑ぎ、余水は赤沼川に落つ。

瀧堀　谿水汗流にして平水。浅き所一尺深き所四尺。水源は本村瀧山に発し、字瀧ノ入に至り二派に分れ、本字の田十四町四反歩の田に漑ぎ、又伊勢山下の田一町余歩に漑ぎ、余水は志鳥川に瀉下す。

林　東宮林　官有地。東西九十五間、南北五十五間、反別一町四反四畝七歩。筆数一筆。村の卯の方、字鳥居戸にあり、樹木は楢・栗多し。大樹なく間々檜・松等生ず。本林は元東宮神社の境内にて維新以来上地となり、今は東宮神社の風致林なり。

新町林　民有地。東西六十五間、南北四町四十間、段別八町八反六畝十九歩。筆数四十二筆。村の寅の方にあり。樹木は楢・椚・真竹等多し。大樹なし。

道路　栃木街道　旧二等道路に属す。村の卯の方字鳥居戸・大皆川村界より、西の方字長江・柏倉村境に至る。長十八町四十六間二尺、幅二間、馬踏一間四尺。道敷二間。字馬場より未申の方に折れ、佐野往還の支道あり。

吹上往還　村の中央字馬場より、丑寅の方字新町・宮村界に至る長十二町四十間、幅二間。

出流往還　村の丑の方字新町・宮村界より、午の方字同所・大皆川村界に至る。長五町三十四間、幅五間。

永野往還　旧二等道路に属す。村の寅の方字松原・新井村界より、子の方字同所・宮村界に至る。長七町十間、幅二間。

志鳥往還　村の辰の方字砂畑・大皆川村境より、申の方字森山・志鳥村堺に至る。長八町八間、幅二間、馬踏九尺、道敷二間。字森山傑岑寺前より北に折れ、小野口村へ通行の支道あり。

太平道　村の申の方字宿天王橋の際より、辰巳の方字草倉・岩出村界に至る。長十九町八間、幅九尺。

堤塘　砂畑堤　永野川に沿ひ、村の辰の方字鳥居戸の南部より、午の方字砂畑・岩出村界に至る。長四町四間、馬踏六尺、堤敷二間、高さ一丈。根堅の樹竹あり。

下宿堤　藤川に沿ひ、村の西の方字馬場より、辰巳の方字柳堀を経、字砂畑に至る。長十一町五十四間、馬踏六尺、堤敷三間、高さ一丈五尺。根堅の樹竹あり。蛇籠等なし。

向沖堤　奈良渡川に沿ひ、村の午の方字森山より、辰巳の方字向沖を経て、字砂畑に至る。長十二町五十八間、馬踏一間、堤敷二間、高さ一丈。根堅の樹竹あり。

陵墓　長沼淡路守秀宗の墓　村の西の方字上馬場金剛寺墳内の際にあり。秀宗公は永享元年本村元岩田郷皆川庄長岡村と称す頃、当村白山台に居城を築き当地を領し、永享十年八月朔日卒す。元号院殿華屋義幸大禅定門と記す碑あり。以後長沼淡路守氏秀・皆川山城守代々この地に埋葬す。慶応三年迄は金剛寺境内なりしが、明治以来民有地となり、今は共有墓地となれり。

神社　東宮神社　郷社。社地東西七十八間、南北四十間、積面一町一反二十一歩。官有地。村の寅の方字鳥居戸にあり。（武甕槌ノ命・経津主ノ命・天児屋根ノ命・姫大神）の四柱を祭る。当社は後冷泉院天皇天喜元年、東国鎮撫の為め源義家公始めて鎮祭す。奥羽平定のおり社領五石を寄付せらる。永享元年下総の長沼淡路の守、当社の西方すなわち今の城山に居城を築きしより、皆川庄六十三ヶ村の鎮守たり。其節居城の東方に鎮座するを以て、東宮神社と称す。後ち幕府以来旧に依て朱印地を寄付せらる。王政維新爾後、尚依然として故の如く、明治十年七月二十一日第一大区二小区本村外三十二ヶ村の郷社となる。祭日陽暦五月十三日・十四日大祭。十月二十七日。小祭大祭には近傍の民家より神馬の奉納ありて、神宮幣を以て馬場を駈乗し、又農馬を引集め競馬あり。人民大に群参す。祠南向、縦一間四尺横九尺。社地樹木楢・栗多し。もっとも祠の近傍には樅・杉の大樹あり。拝殿縦三間三尺横七間。鳥居一棟。石燈籠三個。社内支社三社あり。野木神社・八幡大神・小安神社　祭神　宇治ノ種郎子ノ命・誉田別命・木花開耶媛命を祭る祠縦二尺横四尺。稲荷神社・鷲ノ宮神社・天神々社　祭神　宇賀魂ノ神・天日鷲ノ命・菅原道真卿を祭る祠縦二尺横四尺。龍神社・可畏蛇神を祭る祠

縦三尺横二尺五寸。氏子二百十三戸。

【表四神社明細表】

寺　持明院　別峯山持明院光厳寺と号す。村の丑の方字荒宿、二荒山の半腹にあり。境内東西六十八間、南北六十八間三尺、積面一町七反二十七歩。官有地。当寺は山城国葛野郡嵯峨大本寺大覚寺の末派にして真言宗の中本寺なり。永享元酉年、本国都賀郡皆川領主長沼淡路守秀宗公、当地に築城し、嘉吉二壬戌年鬼門除としてこの寺を建立し、長沼紀伊守秀光三男栄賢をして当寺に住持せしめ、武運長久を祈願するの一寺となせり。爾後天正十九年十一月家康卿奥羽御発行之際、当村において朱印高十石御寄附あり。その後城主皆川山城守隆庸、寛永十年五月黒印二十石寄附せらる。明治元年三十九世の僧寺本憲護に至る。本堂縦八間横十三間、庫裡縦五間三尺横十四間南向。本尊阿弥陀如来仏木像にて立像、丈二尺四寸五分。護摩堂縦三間横三間、本尊五大明王。嘉吉二壬戌年創立す。鐘楼堂縦九尺横九尺。門縦六尺横九尺。境内樹木楢・栗の類多し。境外田畑反別二町二十一歩。末寺七ヶ寺。檀徒百九十五戸。

傑岑寺　健憧山法光院傑岑寺と号す。村の未の方字森山の半服にあり。境内東西百六十四間、南北百間、積面三町二反九畝十一歩。官有地。当寺は本国本郡西山田村中本寺大中寺の末派にして、曹洞宗了庵派の小本寺なり。天文二癸巳年、領主皆川山城守俊宗、城内谷津山と称す地に創立し、僧天嶺呑補和尚をして住持せしめ、同寺四世中興宗寅和尚は今川義元の舎弟たり。これに依て家康卿格別の御懇命あり。天正十九年奥羽後通路の節、御立寄皆川城内村において朱印高五十石御寄附せらる。同年皆川山城守同寺を転じ、現在地今の森山に移し、諸堂悉く全備し、依て古戦場草倉戦死追福の為の大施餓鬼の法会を勧修し、爾後毎歳陰暦七月十六日を以て法会を修行す。明治元年三十世の僧森山龍光に至る。本堂縦七間横八間、庫裡縦四間横十間東向。本尊正観世音仏は木像にて座像。丈一尺五寸二歩、大宮方末流定朝法印の作なり。鐘楼堂縦二間横二間。土蔵縦三間横二間。門縦二間横九尺。道了堂縦一間横九尺。本尊道了大薩埵。寛政三亥年創立す。観音堂縦一間横一間。本尊観世音菩薩。境外田畑反別二町八反九畝三歩。末寺一ヶ寺。檀徒六十五戸。境内樹木大樹なし。杉桧の小木あり。

照光寺　家康山徳蓮院照光寺と号す。村の申の方字宿にあり。境内東西二十間、南北七十二間二尺。積面二反八畝二十歩。官有地。当寺は下総国結城郡結城町中本寺十八檀林弘経寺の末派にして浄土宗の一寺なり。応永三十四丁未年、開山良懐上人、本国都賀郡皆川において一寺を創建し、名て偏照山光明院称念寺と号し、西京知恩院の末寺なりしが、爾後天正十九年領主皆川山城守隆庸、同寺を転じ再び造立し、会て祝棟の祭を営むに際し、折節家康卿奥羽御通行ありて、当地に御立寄、数日ここに足を休せられ、一寺の成就するを観、深く感賞あり。以て造築全成の後、領主隆庸山院寺の三号改撰を家康卿に請求す。卿深く恩召あって名て家康山徳蓮院照光寺と改称す。然る後、数年を経て本寺を改て求め、すなわち現寺末派となれり。下総国結城郡結城町浄土宗十八檀林弘経寺に求む。昔年応永三十四年より明治元年十七世の僧明山に至る。本堂縦九間横六間三尺。庫裡縦七間三尺横四間三尺。本尊阿弥陀如来は木像にて座像。丈二尺一寸五分。境内樹木なし。檀徒七十三戸。

金剛寺　村の酉の方字上馬場にあり。境内東西八十間、南北五十五間、積面一町一反七畝二十一歩。官有地。当寺は武蔵国高麗郡生越村龍穏寺の末派にして、曹洞宗了奄派の一寺なり。永享二庚戌年八月、下野国都賀郡皆川の城主長沼淡路守秀宗創建し、曹洞宗開祖道元禅師十世の法孫、泰叟妙康和尚を以て開山となし、本宗大本寺越前国吉田郡志比荘永平寺末となり、その後開基長沼氏、姓を皆川と改め、時の城主皆川山城守隆庸なり。天正十九年十一月、徳川家康卿奥羽御発途の際、当城に御立寄数日御滞留せられ、城主隆庸、卿を案内し、当寺へ参詣あらせられ、その際家康卿御直筆にて朱印高三石、寺中可為不入の折紙頂戴。その後寛永六己巳年三月、本寺永年寺は遠国となるを以て、武蔵国高麗郡生越村龍穏寺歴住、洪洲呑察和尚を請して再び開山となし、同寺末となる。昔年永享二年より明治元年十七世の僧皆川祖隆に至る。本堂縦八間三尺横六間三尺。庫裡縦十三間三尺横六間南向き、本尊釈迦牟尼如来は木像にて座像。丈一尺五寸。仏師元祖運慶の作なり。防中堂宇仏殿縦四間横四間東向。薬師堂縦二間横二間東向。木尊（薬師瑠璃光如来・将軍地蔵菩薩）の二尊合併安置にて、瑠璃光如来は仏師元祖運慶の作なり。曽て皆川山城守隆庸、戦場において眼疾を憂る事甚し。故を以て臣等、この如来にその速に癒るを祈誓すや、たちまち平愈の著しあるを感じ、すなわち現地に一字を創建すとあり。又将軍地蔵菩薩は行基菩薩の作る処にして、皆川城主国家鎮護の為め安置し、その霊験かつて数ひ難しと旧記に見ゆ。通行門縦九尺横七尺。境内樹木少し。もっとも柿の木多し。境外田畑反別九反三畝十六

表四　神社明細表

社号	位置	祭神	社地縦横	段別及官民有別	社殿縦横	社格方位	拝殿縦横	祭日	事蹟	氏子信徒	境外田畑	大木有無樹木有無
東宮神社	村の寅の方字鳥居戸		縦四十間横七十八間	官有一丁一反二十一歩	縦一間四尺横九尺	郷社南向	縦三間三尺横七間	陽暦五月十三日十四日・十一月二十七日	前に記す	二百十三戸	○	大樹有
八坂神社	村の丑の方字新町	素戔嗚尊	東西二間南北四間	民有八歩	縦二尺五寸横一尺五寸	無格社東向	拝殿無之	陰暦六月十五日	不詳	十三戸	田畑無之	大木無椚五木有
同	村の丑の方字荒宿	同	東西十三間南北二十九間	民有一反二畝十七歩	縦二間横一間三尺	同南向	同	同	同	四十四戸	同	大木無楢栗小木有
大神宮	村の子丑の方二荒山半服	天照大神	東西五間南北五間三尺	官有二畝二歩	縦二尺横二尺	同南向	同	陰暦十一月十六日	同	三十一戸	同	樹木無間々痩松を生す
二荒神社	村の子丑の方二荒山の嶺	大巳貴命　思姫命　言代主命	東西三十二間南北十五間	官有三畝九歩	縦二尺横二尺	同南向	同	同七月七日	同	三十一戸	同	大木無松多し
大神宮	村の巳の方伊勢山峯	天照大神	東西八間三尺南北七間三尺	民有十五歩	縦六尺横四尺	同南向	同	同十一月十六日	同	十戸	同	大木無小木無
八坂神社	村の申の方字宿	素戔嗚尊	東西五間三尺南北七間三尺	民有一畝九歩	縦三間横二間	同南向	同	同六月十五日	同	二十一戸	同	樹木無之
厳島神社	村の子の方城山半服	市杵嶋姫命	東西五間南北六間	民有一畝歩	縦九尺横九尺	同南向	同	同四月一日	同	二十一戸	同	楢栗の小木有
八幡神社	村の戌の方字長江	誉田別命	東西二十四間南北十四間	民有八畝二十二歩	縦三間三尺横二間三尺	同東向	同	同八月十五日	同	二十七戸	同	大木無小木有
瀧尾神社	村の丑の方瀧山の麓林山中	思姫命	東西三間南北四間	民有二十七歩	縦三間横三間	同東向	同	同十一月十五日	同	十六戸	同	杉小木有
雷電神社	村の子の方城山の半服	鳴雷大神	東西三間南北十間	民有二十四歩	縦九尺横九尺	無格社南向	拝殿無之	陰暦四月一日	同	二十一戸	同	大木無小木有
狩岡神社	村の酉の方字狩岡林山中	猿田彦命	東西七間南北四間	民有一畝二十四歩	縦五間横三間	同東向	同	同十一月十五日	同	十一戸	同	同
浅間神社	村の戌の方字大原	木花開耶姫命	東西十間南北十間	民有十五歩	縦三尺横二尺五寸	同南向	同	同十一月三日	同	三十戸	同	樹木無之
猿田彦神社	村の亥の方長江山麓	猿田彦命	東西三間南北三間	官有九歩	縦二尺横二尺	同南向	同	同三月十五日	同	二十八戸	同	大木無小木有
計十三ヶ所	○	○	○	合計　官有一町一反六畝十二歩　民有二反八畝十一歩	○	十三抹	○	○	○	合三百四戸	○	○

歩。檀徒六十一戸。諸堂宇修繕等は長沼淡路守秀宗以来皆川家世々継て、当主皆川庸徳に至る十八代なり。毎世の遺骸を当寺に葬るに依り、創立以後慶応三年に至る迄、皆川家において補理を加ひ来る。明治維新以来檀徒を増加し、因て共有保存の一寺となる。

明治十九年三月十二日夜一時頃、庫裡表側端場より発火し、為めに本堂・庫裡・仏殿・通行門共都合四棟焼失す。

堂　薬師堂　村の丑の方字荒宿にあり。境内東西二十三間、南北九間、積面七畝十一歩。官有地。創立年月不詳。本堂縦三間四尺横三間四尺東向。本尊薬師瑠璃光如来は木像にて立像。丈二尺五寸。縁日陰暦四月八日。境内柳一本、長さ二丈二尺回り樫の小木三本あり。信徒二十五戸。

観音堂　村の中央字馬場にあり。境内東西四十七間、南北十五間。積面一反八畝二十三歩。官有地。永享八丙辰年七月、長沼淡路守氏秀始て創建す。本堂縦二間三尺横二間三尺南向。本尊千手観世音菩薩は木像にて立像。丈八寸四分。縁日陰暦七月十日。境内に行家一字、縦六間横三間。境内樹木なし。信徒二十一戸。

学校　皆川学校　村の中の方字宿にあり。民立にして生徒百十八人内男九十一人・女二十七人、教員三人・役員一人。明治六年七月始て之を置き、開校して明倫舎と称し、照光寺を以て仮用す。教場縦十三間横六間三尺東向。結社柏倉村・小野口村・志鳥村との連合なりしが、明治八年中皆川学校と改称す。同年三月柏倉村は分離して別に一校を置、之を柏倉学校と称す。又小野口村に分校を置く。本校は教員一人に止まり、同年七月に至り、授業はこれなく閉校す。同月小野口村の分校を廃し、本校に合併して開校す。小野口村より来る生徒三十人、内男二十五人・女五人。志鳥村より来る生徒十三人、内男十人・女三人。本村は七十五人、内男五十六人・女十九人。総計百十八人。明治七年は柏倉村より来る生徒二十五人、内男二十四人・女一人。小野口村より来る生徒二十五人、内男二十三人・女二人。志鳥村より来る生徒十二人、内男十人・女二人。本村は四十三人、内男三十六人・女七人。総計百五人。教員四人・役員一人。又明治九年は小野口村より来る生徒三十一人、内男二十六人・女五人。志鳥村より来る生徒十五人、内男十三人・女二人。本村九十一人、内男六十九人・女二十二人。総計百三十七人。教員三人・役員一人。明治十一年二月、柏倉学校を廃し、再び本校に帰結し、今は四か村の連合なり。

郵便局　村の中央字上馬場にあり。五等郵便に属す。村住士族町田延世の私宅を仮用す。明治九年一月調書信数二百五十個、税金三円。明治八年は書信数二百個、税金二円。明治十年は書信数四百十個、税四円五十銭なり。

皆川故城墟　村の子の方字城山の山岳にあり。東西三町五十間、南北三町二十間、反別およそ十町歩にしてその形あたかも螺状をなす。故に名て螺貝城と称したり。永享元酉年、桑田鎮守府将軍田原藤太秀郷九代の後胤宗政、即ち長沼淡路守秀宗、三代宗成、長沼の姓氏を皆川と改称し、宗成四代皆川山城守広照、天正十四年の秋、小田原城主北条氏政、関東の諸将を集め大軍を以ひ来て皆川を襲撃せしめんと欲す。広照之を聞て大いに驚き、にわかに富士山（又一説に太平城とも云ふ）所に堡塞を築き、兵を置いて防御す。然して已に敵兵来たり攻る。広照しばしば苦戦し、互に勝敗あり。翌十五年家康卿の高命に従りて、北条氏政と和睦をなす。後尚天正十八年三月、広照・嫡男隆庸親子にて兵を率いて小田原に出陣し、文禄元年より慶長元年に至るも本城に帰する暇なく、所々に連戦し止む能はず。戈を枕とし星霜を経るも尚、小田原竹鼻口に陣中、天正十八年四月四日、上杉中納言景勝、浅野弾正少弼の両氏、関白秀吉公の厳命して大軍来て戦ふ中、終に同月八日亡城すと皆川正中記に見ゆ。

草倉古戦場　大永六丙戌年、皆川山城守俊宗、小田原左京之大夫氏綱の大敵を防ぎ戦うところにして、その後天正十四年皆川山城守広照、復小田原北条氏政と両氏数々この所にて戦ひ、或は勝ち或は敗し而して、小田原勢数千人、又皆川勢四百有余人ここに戦死すと。因てこの地に墳を築き、之を称して草倉千人塚と云ふ。近国諸人の能く知る所なり。天正十九年七月十六日、戦死者追福の為め、当村傑岑寺往僧数人の僧徒を請集し、この地において大施餓鬼の法会を修行し、卒塔を建立す。示後毎年七月十六日を以て法会を勤修し、折節塔婆の建幣を為す。村の辰巳の方字草倉の嶺、岩出村との境界際にあり。その近傍の山林およそ反別十町余歩の地は、元傑岑寺に附属の除地なりが、明治維新以来上地となり、その後御払地となりし故、今は民有山林なり。

物産　植物　大麻　その質中等にして、明治九年一月一日現在、一周年度の産額五千円、又明治十年は六千五百円、明治十一年は一万円也。

藍葉　質中等にして明治九年一月一日現在、一周年度の産額千二百円、明治十年は千五百円、明治十一年の産額千五百円也。

薪　明治九年一月現在、産額百五円也、明治十年は百二十六円、明治十一年は百四十七円也。

製造物　**畳間**（又一説に麻縦とも云う。是は皮麻を縦にして、藁を横に織りたるものにて、他邦に輸出す。他に至りては之を名て皆川と称す。）と云ふ。俗に唱えるこもなり。明治九年一月現在、一周年度の産額四千七百二十円、又明治十年は五千七百六十円、明治十一年は七千二百円也。該品は本村のみならず志鳥村・小野口村・柏倉村の各民家より本村字宿に出品し、毎月二・七の日に栃木町及古江村の商人来りて之を売買す。

細美　質中等にして、明治九年一月現在、一周年度の産額三百円、明治十年は三百七十五円、明治十一年度は四百五十円也。

藍玉　その質中等にして、明治九年一月一日現在、一周年度の産額六百円、明治十年は七百二十円。明治十一年は千六百円也。

炭　明治九年一月一日現在、一周年度の産額五十円、明治十年は六十円、明治十一年は七十円也。

飲食物　**清酒**　その質下等にして、明治九年一月現在、一周年度の産額二千円、明治十年は二千五百円、明治十一年は三千円也。

民業　男は農を業とす。女は農暇に畳間織り、又は細美織を業とす。酒造一戸・旅店二戸・質屋五戸・醤油屋一戸・荒物屋二戸・大工六人・家根葺三人・泥工一人・木挽四人。

右之通相違無之候也　下都賀郡皆川城内村　戸長　鈴木宗四郎
栃木県令　樺山資雄殿

地誌編輯材料取調書

柏倉村

本村古時より都賀郡に属し岩田郷と称し、永享元己酉年頃より皆川の庄となり、明治十一年十一月中都賀郡を上下二郡に分ち則ち下都賀郡に属す。村名は古来より変称したる事なし。

疆域　東は道路及川を以て本郡皆川城内村に隣りし、南は山峯を以て本郡小野口村・小野寺村の両村に堺し、西は山嶺を以て安蘇郡の中村及葛生町に接し、南は山峯を以て本郡尻内村・千塚村の両村に接し、西北の一隅は山嶺を以て安蘇郡会沢村に界し、東北隅は山峯を以て本郡皆川城内村に堺す。

幅員　東西二十九町九間、南北二十町八間、面積四百十九町五反八畝十一歩

内訳　三百九十町九反八畝十八歩　明治九年より十一年に至る改租調理の額

川　七町五畝七歩

道路　十町二反五畝歩

土手敷　八町六反三畝十四歩

土揚場　九反二畝九歩

溝渠　九反一畝十八歩

芝地　七反八畝十七歩

石置場　三畝十八歩

小計反別二十八町五反九畝二十三歩

管轄沿革　永享元己酉年より長沼淡路守領し石高不詳。正保二乙酉年八月より三ヶ年間徳川家代官松下八太夫氏支配せり。村高八百四十三石四斗六升三合なり。慶安元戊子年四月より三十三ヶ年間安部対馬守領す。石高同。天和元辛酉年四月より十ヶ年間徳川家代官近山與左衛門氏支配す。石高同。元禄四乙未年四月より七ヶ年間北條伊勢守の知行となり、石高同。元禄十一戊寅年二月より代官承田作蔵氏支配し、同年七月全村を二給に分ち、一は石高六百二十一石七斗五升六合久世隠岐守領分となり、又其一は石高二百二十一石七斗七合横山内記氏の知行となる。明治二年より高二百二十一石七斗七合は日光県支配となり、また明治四年高六百二十一石七斗五升六合は関宿藩の支配となり、同年十一月より両給合て高八百四十三石四斗六升三合、当栃木県管轄となる。

里程　村の中央字柳町より

栃木旧県庁へ卯の方一里三十町三間一尺

宇都宮栃木県庁へ丑寅の方八里三十三丁四十二間三尺

下都寒(ママ)川郡役所へ卯の方二里三町二十三間一尺

栃木裁判所へ卯の方二里六町二十三間一尺

栃木警察署へ卯の方二里二町二十三間一尺

栃木電信分局へ卯の方一里三十五町二十三間一尺

栃木町へ卯の方一里三十五町三十一間一尺　以上官庁へ至る里程

葛生町へ酉の方一里十八町　以上幅湊の地に至る里程

皆川城内村へ卯の方二十二町二十三間一尺

小野口村へ辰の方一里

小野寺村へ午の方一里十八町

安蘇郡中村へ申の方一里

同葛生町へ酉の方一里十八町

同会沢村へ戌亥の方二里

尻内村へ子の方一里二十八町三十一間

千塚村へ丑の方一里十三町三十一間　以上接続町村へ至る里程

地勢　西南北の三面は鞍掛の山脈を左右に連続し山を負ひ、只東一方耕地に臨み、中央に長坂あり。之より来る山脈中なる高岳あり。其の状恰も不等の長方形をなせり。西は高く東は低し。運輸の便利可なり。また薪炭等は充分なり。民居は旧二等道路栃木町より田沼往還の左右に沿ひ、人家六十四戸点在す。また村道に沿ひ村の東北隅に民家十戸点在するを字五反田と言ひ、北部の山間に人家三十六戸あり。之を俗に北柏倉と言ふ。則壁谷・大倉・辻等の字名なり。また鞍掛山の嶺上に人家三十戸連続す。之を字琴平と言ふ。

地味　田は全管の四等甲より起り十五等の乙に止む。畑は全管の四等乙より起り類外一等の甲に止む。

【表一 地味】

地種

表一　地味

字地名	村の中央より方位	土色	地質	沃瘠	地味等級略	種藝適否	旱潦有無
山下	卯の方	赤	野土真土交	瘠	四等	中稲晩稲宜 早稲麦悪	有
愛宕下	辰の方	薄赤	真土砂交	同	二等	中稲早稲麦小麦麻宜 藍晩稲木綿悪	同
炭釜	午の方	赤	野土	同	九等	晩稲小麦芋宜 早稲大麦木綿悪	同
水神前	酉の方	薄赤	野土石交	同	拾等	中稲晩稲小麦麦宜 藍木綿悪	同
柳町	中央	同	同	同	七等	同	同
神明前	卯の方	同	石地	同	四等	早稲麦木綿麻宜 藍紫芋悪	同
権現前	同	同	真土石交	肥	二等	早稲中稲晩稲綿麻宜 藍紫芋悪	同
星ノ宮	寅の方	同	真土	同	二等	同	同
元内	同	同	同	同	一等	麦中稲早稲木綿宜 小麦藍紫芋悪	同
五反田	寅の方	薄赤	粘土	瘠	二等	中稲晩稲皮麻小麦宜 木綿麦藍葉悪	同
辻	同	同	野土石交	同	六等	中稲晩稲小麦皮麻宜 早稲麦木綿藍悪	同
石尊前	同	同	真土	肥	二等	麦大麦木綿麻宜 藍麦悪	同
壁谷	丑の方	同	野土	瘠	九等	小麦早稲中稲芋宜 晩稲木綿大麦悪	同
大仁場	同	同	同	同	七等	中稲早稲麦皮麻宜 晩稲芋悪	同
所落	子の方	同	真土石交	同	十等	早稲中稲麦小麦麻宜 晩稲大麦悪	同
大倉	同	同	粘土石交	同	十一等	早稲中稲宜 晩稲悪	同
計	○	○	○	○	○		○

民有第一種
田　四十四町四反七畝十五歩　此地価金二万四千五百九十六円五十八銭七厘
　筆数五百七十一筆　四等甲より起り十四等乙に止む
畑　二十四町八反四畝十六歩　此地価金三千九百一円五十五銭七厘
　筆数三百四十筆　四等乙より起こり類外一等乙に止む
宅地　十町七反五畝十六歩　此地価金三千三百二十二円八十銭七厘
　筆数百三十九筆　全管十一等より郡村四等に止む
平林　九畝二十二歩　此地価金一円六十三銭三厘
　筆数六筆　六等より起こり九等に止む
薮　一畝六歩　此地価金二銭四厘　筆数二筆　類外三等
林山　百十七町四反三畝十八歩　此地価金六百三十九円二十五銭五厘
　筆数五百二十三筆　八等より起り類外三等に止む
草山　百六十六町四反五畝三歩　此地価金三百九十八円三十二銭七厘
　筆数八十三筆　類外二等より起り類外五等に止む
池　二畝二十三歩　此地価金八銭三厘　筆数一筆　類外二等
芝地　九畝十八歩　此地価金十六銭二厘　筆数二筆
民有第二種
墓地　二反七畝二十七歩　筆数九筆
獣畜埋場　三畝歩　筆数三筆
用水堀　二十八歩　筆数二筆
官有第一種
神社地　八反五畝二十六歩　筆数六筆
官有第三種
秣場　二十町四畝二十四歩　筆数九筆
官有第四種
寺地　四反七畝二歩　筆数二筆
総計反別　三百八十五町八反九畝四歩
　地価金三万二千八百六十円四十三銭五厘　筆数千六百九十八筆
　以上明治九年より十一年に至改租調理の額
田　二十二町一畝二歩　此高二百十七石八斗四升六合七勺　筆数六百二十筆

表二　字地

字名	位置	広袤	反別	民居	旧字名	四至
山下	卯の方	東西四町五十二間　南北二町三十五間	十町一畝一歩	○	中沖・下沖・隅田・八反田・山下	東は道を以て皆川城内村に、西は道を以て字愛宕下に、南は道を以て小野口村に界し、北は川を以て字元内・星ノ宮の両所に界す
愛宕下	辰の方	東西七町　南北五十五間	六町六反二十八歩	十一戸	池ノ尻・田中・愛宕下・日影・前沢・土橋	東は道を以て字山下に、西は耕地を以て字炭釜に、南は山の裾を以て字田中前に、北は川を以て字権現前・神明前の両所に界す
炭釜	午の方	東西八町三十間　南北四十六間	五町四反七畝十四歩	八戸	炭釜・つむら・廣久保・瀧ノ沢・神田倉	東は耕地を以て字愛宕下に、西は川を以て字水神前に、南は山の裾を以て字高野・瀧ノ沢の両所に、北は川を以て字神明前・柳町の両所に界す
水神前	酉の方	東西四町十二間　南北四十間	三町一反四畝五歩	五戸	落合・ねぎ殿・入山神・水神前	東は川を以て字炭釜及び柳町の両所に、西は山の裾を以て大曲沢に、南は川を以て字小坂・深沢両所に、北は山以てナメリ石・藤倉の両所に界す
柳町	中央	東西七町二間　南北一町	四町八反六畝四歩	十三戸	木落・御道ケ入・柳町	東は耕地を以て字神明前に、西は川を以て字水神前に、南は川を以て字炭釜に、北は山根を以て字藤倉・市ノ沢の両所に界す
神明前	卯の方	東西六町　南北一町十二間	七町二反八畝二十四歩	十五戸	神明前・野越路前・下山神・野午場前・畑中	東は耕地を以て字権現前に、西は耕地を以て字柳町に、南は川を以て字炭釜・愛宕下の両所に、北は山根を以て字市ノ沢・明神前の両所に界す
権現前	卯の方	東西三町一間　南北一町三十四間	四町四反六畝一歩	二戸	権現前・西前・内出	東は耕地を以て字星宮に、西は耕地を以て字神明前に、南は川を以て字愛宕下に、北は山の根を以て字明神前に界す
星ノ宮	寅の方	東西二町八間　南北一町二間	二町六反一畝十六歩	五戸	星宮	東は道を以て字元内に、西は耕地を以て字権現前に、南は川を以て字山下に、北は山の根を以て字明神前に界す
元内	同	東西三町四十七間　南北一町五十間	六町六反九畝二十二歩	五戸	元内・藤森・車道・下河原	東は道を以て皆川城内村に界し、西は道を以て字星宮・辻の両所に、南は川を以て字山下に、北川を以て字五反田に界す
五反田	同	東西四町三十二間　南北一町四十五間	七町八反十歩	十戸	五反田・久保山・内出・嶋・猪ぬま	東は道を以て皆川城内村に界し、西は耕地を以て字石尊前に界し、南は川を以て字元内に、北は山根を以て字石尊に接す
辻	同	東西四町二十町　南北五十間	三町六反五畝十五歩	六戸	辻・蔵屋敷・川原	東は道を以て字元内に、西は川を以て字大仁場に、南は山を以て字明神に界し、北は川を以て字石尊前に界す
石尊前	同	東西四町二十五間　南北一町三十間	六町二反四歩	十八戸	石尊前・中山・中せど・中道	東は耕地を以て字五反田に、西は道を以て字壁谷に接し、南は川を以て字辻及大仁場に界し、北は山を以て字壁谷及石尊に界す
壁谷	丑の方	東西五町二十間　南北六町五十間	十五町一反二畝二十四歩	一戸	壁谷・長十三・中ノ入・馬道・大さらめき	東は山の峯を以て皆川城内村・千塚村の両村及字石尊に界し、西は峯を以て字入道ケ入・弥平ケ入に接し、南は川を以て字大仁場に、北は嶺を以て尻内村に界す
大仁場	同	東西四町五十七間　南北一町二十間	四町一反六畝二十七歩	七戸	大仁場・子ば・這坂・向田	東は川を以て字辻及石尊前に接し、西は道を以て字所落に接し、西南の隅は川を以て字大倉に、南は川を以て字明神に、北は川を以て字壁谷に、又一半は山を以て字入道ケ入に界す
所落	子の方	東西六町五十八間　南北五十四間	五町一畝五歩	○	所落・隠岐殿・田ノ入・山神	東は道を以て字大仁場に、西は山林を以て字栃目木に、南は川を以て字小倉・深沢の両所に北は山林を以て字弥平ケ入・入道ケ入の両所界す
大倉	同	東西七町四十八間　南北五十間	五町六反七畝五歩	四戸	大倉・寺山・野越路・大芝原	東は山林川を以て字寺山・大仁場の両所に界す。西は山を以て唐沢に接し、南は山を以て字孫平・寺山の両所に、北は山を以て大芝原・榎沢の両所界す
金刀比羅	酉の方	東西五十九間　南北十八間	五反七畝二十五歩	三十戸	鞍掛	東は山を以て大曲沢に、南西の二方は字針ケ入に接し、北は字鞍掛に界す
田中前	辰の方	東西七町四十六間　南北三町二十間	七町七反五畝三歩	○	越中場・田中前・ふご沢・討付山	東は道を以て字山下に、南峯を以て小野口村に、西は峯を以て字西の入に界し、北は耕地を以て字愛宕下に接す

西ノ入	巳の方	東西三町六間 南北三町二十間	八町三反四畝九歩	○	西ノ入・東ノ入	東は峯を以て字田中前に、南は峯を以て小野口村に、西は峯を以て字瀧の沢に、北耕地を以て字炭釜に界す
瀧ノ沢	午の方	東西二町二十間 南北六町八間	九町三反八畝十五歩	○	瀧ノ沢・釜ケ入・椎本・御不動	東は峯を以て字西ノ入に、南は峯を以小野寺・小野口の両村に界し、西は峯を以て字高野に界す
高野	未の方	東西四町四十間 南北二町	四町九反四畝歩	○	高野・廣久保・観音入	東は峯を以字瀧ノ沢に、南は峯を以て小野寺村に、西は峯を以て字小坂に、北は耕地を以て炭釜に界す
小坂	同	東西一町三間 南北二町六間	八町七反二畝十五歩	○	小坂	東は峯を以て字高野に、南は峯を以て小野寺村に、西は峯を以て字深沢に、北は耕地を以て字水神前に界す
深沢	申の方	東西一町四十間 南北三町十間	七町九反九畝九歩	○	深澤	東は峯を以て字小坂に、南は峯を以て小野寺村、西は峯を以て字三枚沢に、北は川を以て字水神前に界す
三枚沢	同	東西五町十間 南北二町八間	十町九反五畝二十七歩	○	大平向・三枚沢・ていか越	東は峯を以て字深沢に、南は峯を以て小野寺村に、西は峯を以て字馬入らずに、北は道を以て字針ケ入及大曲沢の両所に、北東隅は耕地を以て字水神前に界す
馬入らず	同	東西三町三十間 南北一町十三間	九町三反九畝十五歩	○	馬入らず・長畑・地獄沢・小豆斗	東は峯を以て字三枚沢に、南は峯を以て小野寺村に、西は峯を以て安蘇郡中村に、北は道を以て字壺ケ・針ケ入の両所に界す
壺ケ	申酉の方	東西一町二十六間 南北一町十二間	四町三反五畝十八歩	○	壺ケ	東北は峯を以て字針ケ入に、南は道を以て字馬入らずに、西は峯を以て安蘇郡中村に界す
針ケ入	酉の方	東西四町十間 南北一町二十八間	八町七反二畝六歩	○	針ケ入・大平	東は小峯を以て字大曲沢に、南は道を以て字三枚沢・馬入らずの両所に、西は小峯を以て字壺ケに、北は峯を以て字琴平に界す
大曲沢	同	東西二町二十六間 南北一町四十間	八町八反五畝六歩	○	大曲沢・小曲沢	東は耕地を以て字水神前に、南は道を以て字三枚沢に、西は小峯を以て針ケ入及琴平の両所に、北は小峯を以て字鞍掛及なめり石の両所に界す
鞍掛	同	東西三町二十間 南北二町十間	十三町二反十八歩	○	大鞍落し・鞍掛・譲葉立	東は小峯を以て字大曲沢に、南は峯を以て字琴平に、西は安蘇郡葛生町に、北は峯を以て字なめり石に界す
なめり石	戌の方	東西七町四十八間 南北二町十間	十九町三反八畝二十四歩	○	朴木久保・岩ノ入・をとめ・なめり石	東は峯を以て字藤倉に、南は耕地を以て字水神前に、西南隅は峯を以て字鞍掛に、西は峯を以て葛生町に、北は峯を以て字直道に界す
藤倉	亥の方	東西五町十二間 南北二町二十間	八町七反歩	○	藤倉・唐沢・尾たれ	東は峯を以て字市の沢に、南は耕地を以て字水神前及柳町の両所に界し、西は峯を以て字なめり石に、北は峯を以て白田・直道の両所に界す
市ノ沢	子の方	東西六町 南北一町二十六間	四町九反七畝二十四歩	○	市ノ沢・野越路・御道ケ入	東は峯を以て字神明前に、南耕地を以て字神明及柳町の両所に、西は峯を以て字藤倉に、北は峯を以て字孫平・寺山の両所に界す
明神前	丑の方	東西九町三十五間 南北一町二十四間	六町一畝十二歩	○	明神前	東は道を以て字元内に、南は耕宅地を以て神明前・権現前・星宮の三カ所に、西は峯を以て市ノ沢に、北は峯を以て字明神に界す
明神	同	東西五町 南北一町二十間	一町八反一畝十五歩	○	明神・西ケ谷津・這坂沢	東は耕地を持って字辻に、南は峯を以字神明前に、西は小峯を以て字寺山に、北は川を以て字大仁場・辻の両所に界す
寺山	同	東西六町四十間 南北一町二間	二町六反八畝二十四歩	○	寺山	東は小峯を持って字明神に、南は峯を以て字明神前・市ノ沢の両所に、西は小峯を以て字孫平に、北は耕地を以て字大倉に界す
孫平	子の方	東西四町十間 南北一町四十八間	十町一反二畝十二歩	○	大洞・孫平・東向田	東は小峯を以て字寺山に、南は峯を以て字市ノ沢に、西は小峯を以て字白田に、北は耕地を以て字大倉及唐沢の両所に界す
白田	同	東西二町五十三間 南北一町三十一間	六町一反一畝歩	○	藤なし・つばくらぐち・白田	東は小峯を以て字孫平に、南は峯を以て字藤倉に、西は小峯を以て字直道に、北は川を以て字長峯に界す
直道	戌の方	東西五町二十八間 南北二町	十八町九反四畝三歩	○	馬入らず・直道・葛生坂	東は峯を以て字白田及長峯の両所に、南は峯を以てなめり石に、西は安蘇郡葛生町に、北は川を以て字長峯・大ひじりの両所に界す

大ひじり	同	東西三町二十間 南北一町二十六間	六町六反八畝十八歩	○	五平荷場・狸沢・大神沢・大ひじり	東は峯を以て字長峯に、南峯を以て字直道に、西は安蘇郡葛生町に、北は峯を以て字道木に界す
長峯	亥の方	東西五町十間 南北一町四十間	七町七反九歩	○	長峯	東は川を以て字孫平に、南は川を以て字白田・直道の両前に、西は峯を以て字大比尻に、北は峯を以て字道木に接続す
道木	同	東西八町十六間 南北四町十間	十三町九反十八歩	○	道木	東は峯を以て字唐沢に、南峯を以て字長峯・大比尻の両所に、西は安蘇郡葛生町に界し、北は峯を以て字大阿久平・水ケ沢・深沢の三カ所に接す
唐沢	子の方	東西一町五十間 南北二町三十間	七町五反三歩	○	唐沢	東は峯を以て字榎沢に、南は川を以て字孫平に、西は峯を以て字道木に、北は峯を以て字深沢・小倉の両所に界す
榎沢	同	東西一町四十間 南北一町四十二間	五町四反六畝九歩	○	榎沢	東は峯を以て字大芝原に、南は川を以て字大倉に、西は峯を以て字唐沢に、北は峯を以て字小倉に界す
大芝原	丑の方	東西五町十間 南北一町二十間	八町三反七畝二十一歩	○	大芝原	東南は耕宅地を以て字大倉に界し、西は峯を以て字榎沢に、北は峯を以て字小倉に界す
小倉	同	東西六町 南北一町三十五間	七町一反三歩	○	田ノ入・辰巳ケ入・前ケ入・小倉	東南の二方は字大芝原に界し、西南の隅は峯を以榎沢・唐沢の両所に、西は峯を以て字唐沢に、北は耕地を以て字所落に界す
深沢	子の方	東西二町 南北二町四十間	三町六反五畝九歩	○	深沢	東は峯を以て字小倉に、南は唐沢・道木の両字に各峯を以て界す。西は峯を以て字大阿久平に、北は川を以て字所落に界す
大阿久平	亥の方	東西二町三十六間 南北二町十二間	四町五反六畝十五歩	○	大畑入・小畑入・梨木平・大阿久立	東は峯を以て字深沢に、南は峯を以て字道木に、西は峯を以て字水ケ沢に界す。北は道を以て字大久保に界す
水ケ沢	同	東西四町三十間 南北三町四十間	十三町四反六畝十五歩	○	水ケ沢・大笹	東は峯を以て大阿久平に、南は峯を以て字道木に、西は峯を以て安蘇郡会沢村に界し、北は峯を以て字大樫・名目利石の両所に界す
大樫	同	東西三町四十間 南北二町四十間	八町二反二畝六歩	○	仁田・大樫	東は峯を以て字名目利石に、南は峯を以て字水ケ沢に、西は安蘇郡会沢村に界し、北は峯を以字名目利石に界す
名目利石	同	東西一町三十八間 南北二町五十間	四町五反十五歩	○	名目利石	東は峯を以て字大久保に、南は峯を以て字水ケ沢に界し、西は峯を以て字大樫に、北は尻内村に界す
大久保	同	東西二町三十間 南北三町四間	三町六畝歩	○	大久保	東は峯を以て字栃目木に、南は川を以て字大阿久平に、西は峯を以て字名目利石に、北は尻内村に峯を以て界す
栃目木	子の方	東西二町二十八間 南北二町二十四間	四町五反三畝三歩	○	栃目木・どろぶ沢・五次郎	東は峯を以て字弥平ケ入に堺し、南は耕地を以て字所落に界し、但一半は川を以て字深沢に接す。西は峯を以て字大久保、北は尻内村に峯を以て界す
弥平ケ入	同	東西二町三十四間 南北二町十二間	五町一反五畝三歩	○	弥平ケ入・うで久保	東は峯を以て字入道ケ入に接し、南は耕地を以て字所落に、西は峯を以て字栃目木に、北は峯を以て尻内村に界す
入道ケ入	丑の方	東西三町五十間 南北二町四間	一町八畝六歩	○	入道ケ入	東北の二方は峯を以て字壁谷に界し、南は耕地を以て字大仁場・所落の両所に界し、西は峯を以て字弥平ケ入に界す
石尊	寅の方	東西七町五十間 南北一町三十間	五町二反五畝十二歩	○	石尊山・久保山	東北の二方は峯を以て皆川城内村界し、南は耕地を以て字五反田及石尊前に界し、西は峯を以て字壁谷に界す
合計五十五ケ所	○	○	三百九十町九反八畝十八歩	百四十戸	百五十ケ所	○

畑　三十八町二反六畝二十七歩　此高三百三十三石六斗三升四勺
　筆数九百二十四筆
屋敷　八町一畝四歩　此高八十石一斗一升三合四勺　筆数九十五筆
山　二百四十二町四反三畝歩　筆数三百十一筆
大縄場　六反七畝二十六歩　筆数五十筆
墓地　六ヶ所　筆数六筆
神社地　六畝二十歩　筆数一筆
秣場　一ヶ所反別未定　筆数一筆
総計反別　三百十一町四反六畝十九歩
　高六百三十一石五斗九升五勺　筆数二千八筆
　以上明治五年改正の額

【表二字地】

貢租

田租金七百三十七円八十九銭五厘
畑租金百十七円五銭五厘
宅地租金九十九円六十八銭八厘
平林租金四銭七厘
林山租金十九円十九銭
芝地租金六厘
藪租金厘位未満
草山租金十一円九十五銭三厘
池租金二厘
　総計九百八十五円八十三銭六厘　以上明治九年地価百分の三
田租金六百十四円九十二銭
畑租金九十七円五十三銭三厘
宅地租金八十三円七銭七厘
平林租金三銭九厘
林山租金十六円三厘
芝地租金五厘
藪租金厘位未満
草山租金九円九十六銭五厘
池租金二厘
　総計八百二十一円五十四銭四厘　以上明治十一年地価百分の二ヶ半
米百十一石一斗二升一合
畑屋敷永九十二貫三百六十三文
大縄田米一斗七升九合
同畑永七十七文
山永三十五貫四百五十八文
□米七斗一合
□永三貫九百五十一文
小物成永十九貫五百八十八文八分
　総計米百十二石一合　永百五十一貫四百三十七文八分　以上明治五年の納額

賦金

国税
酒類醸造税二十六円也
酒類免許税十円也
酒類受売免許税八十円也
牛馬税金一円也
車税八円五十銭
売薬税金二円也
県税
料理店税十七円
菓子屋税金五円
歌舞音曲税金十三円
口入税二円也
古着古道具税九円也
質取金高税金一円也
家屋税七十二円
　総計金二百四十六円五十銭　以上明治八年一月現在の額
国税

酒類醸造税二十六円也
酒類免許税十円也
酒類受売免許税七十円也
牛馬税金一円也
車税九円五十銭
売薬税二円也
県税
料理店税十七円也
菓子屋税金五円
歌舞音曲税金十三円也

表三　戸数

種類	明治八年一月現在	明治九年一月現在	明治十年一月現在
本籍	百十三戸	百十七戸	百三十四戸
平民	百十三戸	百十七戸	百三十四戸
寄留	十六戸	二十二戸	三十戸
入寄留	十六戸	二十二戸	三十戸
平民	十六戸	二十二戸	三十戸
社	五社	五社	五社
村社	一社	一社	一社
無格社	四社	四社	四社
寺	二宇	二宇	二宇
真言宗	二宇	二宇	二宇
合計	百三十六宇	百四十六宇	百七十一宇

表四　人員

種類	明治八年一月現在	明治九年一月現在	明治十年一月現在
男	二百五十五口	二百六十六口	二百九十五口
平民	三百六十五口	二百六十六口	二百九十五口
女	二百六十九口	二百六十五口	二百九十八口
平民	二百六十九口	二百六十五口	二百九十八口
寄留	二十八口	四十五口	六十六口
入寄留	二十八口	四十五口	六十六口
男	十三口	二十三口	三十六口
平民	十三口	二十三口	三十六口
女	十五口	二十二口	三十口
平民	十五口	二十二口	三十口
総計	五百五十二口	五百七十七口	六百五十九口

表五　牛馬

種類	明治八年一月現在	明治九年一月現在	明治十年一月現在
馬	三十八頭	三十八頭	三十八頭
牡馬	同	同	同
総計	同	同	同

表六　車

種類	明治八年一月現在	明治九年一月現在	明治十年一月現在	明治十七年一月現在
人力車	九輌	七輌	六輌	四輌
荷車	二輌	二輌	一輌	一輌
総計	十一輌	九輌	七輌	五輌

古着古道具税九円也
質取金高税一円也
宿屋税金七十二円也
　総計金二百三十五円五十銭　以上明治九年一月現在の額

【表三戸数・表四人員・表五牛馬・表六・車】

山　鞍掛山　高さ斜行百二十有余丈、周回凡二十町、村の酉の方にあり、嶺上より四分し、西は安蘇郡葛生町及同郡中村に持し、南は本郡小野寺に連なり、北は本村の連山に属し、東は本村の耕地に臨めり。車北に奔る山脈は三派に分れ、一は本村明神山に至て耕地に止み、一は本郡千塚村の蛇巣山また本村の石尊山を経て本郡皆川城内村の二荒山にて止む。一は本郡尻内村の亀ヵ鼻にて永野川に止む。南に行くものは、一伏一起して安蘇郡中村の君ヵ獄・諏訪山を経、また同郡栃本村の唐沢山を経て、同郡韮川村に止む。東南に行くものは本郡小野寺村を経て小野口村の回路に止む。登路三條。一は本村字水神前より上る。高さ十町、険して近し。一は安蘇郡中村より上る。高さ十八町易にして遠し。一は本郡小野寺村より上る。高さ二十町、易にして遠し。渓水一條、深き所四尺浅き所一尺広き所三間狭き所一間。本村及皆川城内村の田七十町余歩の用水となり、余滴は永野川に入る。樹木少くして柴草大に茂生す。嶺上に琴平神社あり。これを鞍掛山琴平神社と称す。其近傍に人家三十戸あり。其地を字琴平と言う。他の町村郡国に於ては多く、字に山を称へて琴平山と称すなり。

明神山　高さ斜行八十丈余。周回二十町余、村の丑の方にあり。嶺上より東南は本村の耕地に臨み、西は本村の山岳に持し、北は衣川の渓水に沿ふ。山脈鞍掛山より来り茲に止む。登路一條。本村字明神前より上る。高さ四町三十間。嶺上に硯石と唱ふる石あり。此石平面にして縦三間横二間、中に窪き所ありて年中水絶えず。其形真に硯石の状をなす。また鼓石と唱ふる石あり。此石手を以て敲つときは、誠に鼓の音に聞ひり。嶺上より北に下りたる所を雨ヶ谷津と言う。また南の麓に大楽院あり。樹木栖栗多し。

石尊山　高さ斜行八十丈、周回凡二十五町。村の丑の方にあり。嶺上より東西は本村の山林に接し、北は本郡千塚村の山岳に属し、南は本村の耕地に臨めり、山脈本郡千塚村の蛇巣山より来り、是より西に奔るものは皆川城内村字大原の耕地に止み、東北に行くものは本郡宮村にて永野川に止む。登路一條。本村字石尊前より上る。高さ五町。嶺上に阿夫利神社あり。また南の麓に成就院あり。樹木は栖栗多し。

坂　長坂　高さ斜行六十丈。村の戌の方字なめり石にあり。山脈本村鞍掛山より来り茲に至て一伏す。登路二條。一は本村字鞍掛の麓より上る。高さ十町険にして近し。一は安蘇郡葛生町より上がる。高さ二十五町、易して遠し。栃木町より葛生町への通路にして幅九尺。嶺上より辰の方琴平へ相距る事十町。

切通し坂　高さ斜行四十丈。村の酉の方字馬入らずにあり。山脈安蘇郡中村の君ヶ嶽より来り、茲に至て一伏す。是より北に一起して高峯なる山嶺は則ち鞍掛山なり。登路二條。一は本村の字壷ケより上がる。高さ五町、険にして近し。一は安蘇郡中村より上がる。高さ十五町、易にして遠し。旧二等道路に属す。則栃木町より田沼宿及足利町への直路にして道幅九尺なり。

川　衣川　谿水、幹流平水。浅き所一尺深き所四尺広き所三間狭き所二間。急流清水堤防なし。水源は本村字所落及大倉の両所より発し、卯の方に向ひ本村中三十三町三十六間迂流して皆川城内村の字長江に入る。

南川　谿水幹流。浅き所一尺五寸深き所四尺広き所三間狭き所二間。急流清水堤防なし。水源は本村字鞍掛近傍の山間より発し、卯の方に向ひ本村中三十四町曲流して皆川城内村に入る。

【表七橋梁】

溝渠　中堀　湧水、幹流平水。浅き所一尺深き所二尺広き所四尺狭き所二尺。水源は本村字田中前より出水し、本村字山下の田八町一反余の用水に漑き、余水は南川に瀉下す。

南堀　字愛宕下より起り南川の流水を漑き入、本字田二町六反歩に漑き、余滴は

表七　橋梁

橋名	村中央より方位	位置	制質	長	幅	修繕費区別	川名
柳橋	中央	字柳町	木	三間	九尺	官費	南川
滝ノ沢橋	同	字同	木	二間	九尺	〃	渓水
堺橋	酉の方	柳町 水神宮	木	二間半	九尺	〃	南川
琴平橋	同	水神宮	木	二間半	九尺	〃	〃
土橋	卯の方	権現前	土	四間	九尺	民費	〃
辻橋	寅の方	字辻	土	三間半	九尺	〃	衣川
中山橋	同	字石尊前	土	九尺	九尺	〃	渓水
壁谷橋	丑の方	字大倉	土	三間	八尺	〃	〃
大倉橋	同	字〃	土	三間	八尺	〃	〃
五反田橋	寅の方	字五反田	木	三間	八尺	〃	衣川
計十ヶ所	○	○	○	○	○	○	○

尚南川に瀉下す。

前堀　村の中央字柳町より起り南川の水を漑ぎ入れ、深き所一尺浅き所五六寸広き所二尺狭き所一尺五寸。字神明前及字権現前の田六町歩の用水に漑き、余水は尚南川に瀉下す。

北堀　村の丑の方字辻に起り衣川の流水を漑き入れ、広き所二尺狭き所一尺五寸浅き所六七寸深き所一尺。本字及五反田の田五町歩の用水に漑ぎ、余滴は尚衣川に落つ。

元内堀　村の卯の方字星宮に起り南川の水を漑ぎ入れ、浅き所一尺深き所二尺広き所三尺狭き所一尺五寸。字元内に至り四町歩の田用水に漑ぎ、余水は北川に落つ。

星宮堀　字権現前より起り南川の水を漑ぎ入れ、字星宮の田一町三反余歩の用水に漑ぎ、余滴は南川に瀉下す。

道路　**栃木街道**　旧二等路に属す。村の卯の方字山下・皆川城内村界より、酉の方字馬入らず切通し坂の嶺上安蘇郡中村堺に至る。長三十五町二十間幅二間乃至九尺。字神明前より辰巳の方に折れ小野口村へ通行の支道あり。また字水神前より戌亥の方に折れ葛生往還の支道あり。

皆川往還　村道。村の寅の方字五反田・皆川城内村堺より、戌の方字大樫の嶺安蘇郡会沢村堺に至る。長三十町四十八間幅九尺。

神社　**琴平神社**　無格社。社地東西三十間南北十一間、面積七畝二十六歩。官有地。村の酉の方字琴平鞍掛山の嶺上にあり。大物主命・崇徳天皇・大山祇命を祭る。安永元壬辰年三月創建す。地名を鞍掛と称す。天保九戊戌年十二月神祇官統領伯王殿公文所御勧遷の允司を乞へ倉掛山金刀毘羅宮と称し、明治元年戊辰年鞍掛山琴平神社と改め茲に信仰の諸人群詣す。祭日陽暦毎月十日。祠東向き縦二間横九尺樹木少なし。拝殿縦五間横二間、額殿縦八間横三間半、社務所縦八間横三間半、鳥居二棟、石燈籠五個、鉄製天水鉢四個あり。また石製玉垣及石階二十間あり。信徒戸数五百四十六戸、講社人員一万五千八百人、境外附属地三反三畝九歩。

【表八神社明細表】

寺　**大楽院**　真乗山鹿園寺大楽院と号す。村の卯の方字星ノ宮、明神山の麓にあり。東西三十八間南北三十二間、面積二反五畝十一歩。官有地。当院は大和国二上郡初瀬大本山小池坊の末寺にして真言宗新義派の一寺なり。人皇五十二代嵯峨天皇の御宇弘仁年中宗祖弘法大師草庵を結び玉ひし霊地にして、天安元丁丑年智泉上人伽藍を創建す。加持水の池（今弘法水と言う。本堂の傍らにあり）伝承の仏具今当院に現存す。人皇百五代後奈良天皇享禄三庚寅年五月二十五日、五十三世の僧栄呼法印の代に炎火に罹り、御法流とも不残焼失す。寛永三年院内へ法経塔を建立す。人皇百九代明正天皇寛永八辛未年本堂再建し、同年十二月五十四世の僧長誉上人格院中興の元祖たり。天和二年十二月五十六世の僧宥栄法印の代、大和国初瀬寺小池坊の末寺となり自来初瀬寺の法流を継ぐ(当代を一世と改む)。人皇百十五代桜町天皇延享元甲子年六十七世の僧栄慶法印堂宇再興あり。依て中興開山と称す。明和六年八月三宝院御門主より栄慶に上人号を賜ひ、并びに本堂

大師堂共御幕提燈等菊桐の御紋御免許御寄付を賜う（其文の写左に掲く）。文化二年八月再び火災に罹り堂宇残らず焼失す。同六年十月本堂庫裡再建す。文久三年六十二世の僧亮済法印半鐘を鋳る。慶応三年五月門宇建設す。明治元年六十二世の僧亮済に至る。本堂縦四間横五間三尺、庫裏縦三間横九間三尺南向き。本尊阿弥陀如来木像にて立像丈二尺五寸。法経塔方九尺。門縦一間三尺横四間。納屋縦二間横三間。境内樹木少し。境外田畑反別一町五反四畝歩。檀徒戸数六十四戸。

［印］野州都賀郡皆川庄柏倉村真乗山大楽院者往古宗祖弘法大師関東初山の開基仏法繁栄霊地依之本堂並大師堂御幕提燈等菊桐之御紋御免許御寄付不可有子細

［印］三宝院御門主様御気色所依執達如件

西往院権僧正信隆［印］

［印］明和六己丑年八月奉之

前大楽院　栄慶上人

其院先師長誉事格院為中興元祖に付上人官御免許不可有相違三宝院御門主御気色所執達如件

西往院権僧正信隆［印］

明和六己丑年八月奉之

下野国柏倉村

前大楽院　栄慶上人

成就院　赤岩山成就院法恩寺と号す。村の丑の方字五反田石尊山の麓にあり。境内東西三十四間南北四十六間面積二反一畝二十一歩。官有地。当寺は本郡皆川城内村中本寺持明院の末派にして真言宗の一寺なり。永享三年十月創建す。明治元年二十二世の僧憲栄に至る。本堂縦七間三尺横五間、庫裡縦六間横三間三尺南向。本尊大日如来仏は木像にて座像丈一尺八寸。坊中堂宇薬師堂縦九尺横九尺東向、本尊薬師瑠璃光如来。鐘楼堂縦八尺横八尺。境内樹木少し。境外所有地田畑反別一町六反七歩。檀徒五十五戸。

学校　**柏倉学校**　村の卯の方字星ノ宮にあり。民立。生徒四十人、内男三十人女

表八　神社明細表

社号	位置	祭神	社地縦横	官民有別	社殿縦横	拝殿縦横	額殿縦横	社格方位	祭日	事蹟	氏子信徒	境外田畑	大樹有無樹木有無
愛宕神社	村の巳の方字田中前・山の半服	軻遇突智命	縦十九間横二十間	官有一反三畝九歩	縦三間横二間	無之	無之	村社東向	陰暦九月二十四日	不詳	百三十六戸	無之	大樹無之小木有
琴平神社	村の酉の方鞍掛山の山嶺上	大物主命 崇徳天皇 大山祇命	縦三十五間横十一間	官有七畝二十六歩	縦二間横九尺	縦五間横二間	縦八間横三間	無格社東向	陽暦毎月十日	前に述	五百四十六戸	付属神地三反三畝十歩	松の小木あり
八坂神社	村の卯の方字明神前畑中	速須佐之男命	縦十六間横四間	官有二畝十歩	縦二間横一間半	○	○	無格社南向	陰暦六月二十一日	村内信仰に依り明和元甲申年六月創立す。牛頭天王と称し明治元年八坂神社と改称す。	五十九戸	○	無
同	村の丑の方字石尊前・石尊山の麗	須佐之男命	縦二十四間横十五間	官有一反二畝十四歩	縦二間横一間半	○	○	無格社南向	陰暦六月二十五日	不詳	五十一戸	○	同じ
阿夫利神社	村の丑の方石尊山の嶺	大山祇命	縦十九間横十五間	官有一反六畝十八歩	縦七尺横七尺	○	○	無格社南向	陰暦七月十七日	不詳	五十一戸	○	小木有
五ヶ所	○	○	○	五反二畝十七歩	○	一棟	一棟	○	○	○		三反二畝九歩	

表九　物産

種類	品目	明治八年一月現在産額	明治九年一月現在産額	明治十年一月現在産額
植物	麻	百五十円	百六十六円	百八十八円五十銭
同	薪	百五十円	百八十円	二百十円
製造物	畳間	五百七十六円	八百六十四円	千百五十二円
同	莚	七十二円	九十円	百八円
同	炭	百八十円	二百十円	二百四十円
飲食物	清酒	百五十六円	百八十二円	二百六十円
合計		千二百八十四円	千六百九十二円	二千百五十八円五十銭

十人教員一人役員一人。明治八年三月皆川学校より分離して始て本村に置く。大楽院を仮用す。教場縦五間三尺横四間南向。明治九年は生徒四十五人内男三十三人女十二人教員一人役員一人。また明治十年は生徒五十人内男三十五人女十五人教員一人役員一人なり。明治十一年二月本校を廃し皆川学校の結社となり同校に合併せり。また同年中琴平神社の山内に一の学校を置き之を鞍掛学校と称し、生徒三十人教員一人役員一人なりしが、明治十二年中之も皆川学校に合併し、同校の分校となり、今は本校帰したり。

【表九物産】

民業　男は農を業とす。農暇には採樵及炭焼をなす。女は莚及畳間を織るを業とす。酒造一戸、旅店二十戸、質屋一戸、大工一人、木挽一人なり。

右之通相違無之候也　下都賀郡柏倉村　戸長　鈴木宗四郎

明治十八年六月　栃木県令　樺山資雄殿

地誌編輯材料取調書

小野口村

本村古時より都賀郡に属し、皆川庄岩田郷小野口村と称せり。明治十一年十一月八日、都賀郡を上下二群に分ち則ち下都賀郡に属す。

彊域　東は山嶺を以て本郡志鳥村に界し、西は山間の谿水中央及道路中央を以て本郡小野寺村に接し、南は山嶺を以て本郡西山田村に界し、北は山嶺の道中央を以て本郡柏倉村に連なり、東北隅は道路中央及奈良渡川の中央又山林中の道路等を以て本郡皆川城内村に隣り、西南隅は山嶺を以同郡小野寺村に界す。

幅員　東西十八町四十六間　南北一里二町四十六間　積面四百二十八町八反二十九歩

内訳

三百九十八町九反二歩　明治九年より十一年に至る地租改正の額

道路　十二町五反三畝二十六歩

川　一町四反五畝五歩

溝渠　二町八反三畝十七歩

池　十歩

堤塘　六畝八歩

土揚場　二町四反五歩

土手敷　五町六反二畝十三歩

芝地　四町九反四畝三歩

塚　五畝歩

管轄沿革　永享元年己酉年頃より長沼淡路守秀宗領し後、長沼氏を皆川と改め、皆川山城守天正六庚酉（ママ）年頃迄領す。石高不詳。天正十一乙寅（ママ）年頃徳川家代官矢木仁兵衛氏支配す。高不詳。天正十二丙卯（ママ）年頃より浅倉備後守領す。天正十五己午（ママ）年頃より又皆川山城守領し、慶長十二年己未（ママ）頃より安部対馬守領す。慶安四辛卯年頃より代官近山與右衛門氏の知行となり、承応元壬辰年頃西郷越中守の知行となり、寛文元辛丑年御検地ありて村高九百十九石七斗四升七合となる。元禄十一戊寅年より米倉丹後守領分となり、明治四年七月六浦藩の支配となり、同年十一月当栃木県の管轄となる。当村往古より数給に分したる事なし。

里程　村の中央字宮前より

栃木旧県庁ゑ卯の方二里一丁三十八間三尺

宇都宮栃木県庁ゑ寅の方九里二町四十九間五尺

下都賀寒川郡役所へ卯の方二里八町三十間三尺

栃木裁判所へ卯の方二里十一町三十間三尺

栃木警察署へ卯の方二里七町三十間三尺

栃木電信分局へ卯の方二里四町三十間三尺　以上官庁へ至る里程

栃木町へ卯の方二里四町三十八間三尺

佐野町へ申の方四里　以上近傍幅湊の地に至る里程

皆川城内村へ丑の方二十七町三十間三尺

志鳥村へ辰の方二十八町三十二間

西山田村へ巳の方二里六町三十五間一尺

小野寺村へ申の方一里十三町三十八間五尺

柏倉村へ戌の方一里　以上接続村に至る里程

地勢　東南は西山田村晃石山の山脈なる連山を負ひ、北西は柏倉村鞍掛山より来る山脈に接し、只東北隅の一方を開き、東北隅より東南隅に廻延し、其の形半月の状をなせり。南は高く北は低し。運輸の便利可なり。又薪炭等も乏しからず。民居は佐野往還に沿ひ人家四十六戸点在す。又東北隅の山間に民家七戸一聚落をなすを字堤崎と云ひ、西北隅の山間に一聚落をなせる人家十四戸あるを字打越寺山と云ひ、東部の山際に一区域をなし民家六戸あるを字月影と云ふ。

地味　田は全管の七等甲より起り、類外一等の甲に止む。畑は全管の六等甲より起り、類外一等の甲に止む

【表一地味】

地種

民有第一種

田　四十九町七反九畝歩　此地価金二万七千百三十九円三十九銭
　筆数五百六筆　七等甲より起り類外一等甲に止む

畑　二十六町六反二畝二十六歩　此地価金三千六百五十八円九厘

表一　地味

字地名	村の中央より方位	土色	地質	沃痩	地味等級の略	種芸適否	旱潦有無
堤崎	寅の方	薄黒	野土	痩	三等	早稲中稲小麦宜 晩稲藍葉悪	有
五下前 狩岡	丑の方	薄赤	真土	肥	一等より六等至	中稲晩稲麦宜 早稲木綿悪	有
打越 寺山 程久保	子の方	薄黒	同	同	一等より三等至	早稲中稲麦大豆宜 晩稲麻藍悪	有
勝見沢	子の方	薄黒	真土	痩	四等	中稲麦大豆小豆宜 藍葉木綿晩稲悪	有
欠ノ上	丑の方	赤	野土	同	八等	早稲小麦小豆宜 晩稲麦麻悪	有
愛宕下 宮前	中央	薄黒	真土	肥	三等	中稲晩稲麦小麦宜 早稲麻藍悪	有
日影	辰の方	薄赤	粘土	痩	六等	早稲小麦木綿宜 麦麻晩稲悪	有
西ノ内	申の方	薄黒	真土	肥	二等	中稲晩稲麦宜 早稲麻藍悪	有
廻路	申の方	黒	野土	痩	七等	早稲小麦宜 晩稲麻悪	有
八幡沢	未の方	赤黒混	野土 石交	同	九等	早稲小麦小豆宜 晩稲麻藍悪	有

筆数四百七十一筆　六等甲より起り類外一等甲に止む
宅地　五町九反二十三歩　此地価金千四百五十七円七十二銭四厘
筆数七十三筆　一等甲より起り二等に止む
平林　一町一反四畝十歩　此地価金九円五十銭五厘
筆数二十七筆　七等より起り類外一等に止む
芝地　一反九畝十歩　此地価金八十八銭　筆数八筆　類外二等
藪　四畝十一歩　此地価金十三銭一厘　筆数二筆　類外二等
池　四畝六歩　此地価金八銭四厘　筆数一筆　類外三等
林山　百八十七町三反二畝六歩　此地価九百九十四円二十一銭八厘
筆数三百九十二筆　九等より起り類外二等に止む
草山　八畝二十四歩　此地価金三十五銭二厘　筆数十筆　類外一等

民有第二種
溜　一段一畝九歩　筆数一筆
墓地　二反八畝二十四歩　筆数八筆
獣畜埋場　八畝三歩　筆数五筆
官有第一種
官有神社地　六畝十三歩　筆数四筆
官有第三種
官有堂地　三畝十五歩　筆数一筆
官有林山　七町九反一畝二十一歩　筆数四筆
官有草山　百十二町七反六畝二十七歩　筆数二十二筆
総計段別　三百九十二町五反二畝十八歩
地価金二万六千八百六十一円二十九銭三厘　筆数千五百三十五筆
以上明治九年より十五年に至る地租改正額
田　四十八町二反三畝二十五歩　此高五百九十四石四斗一升四合五勺
筆数六百十五筆
畑　三百六町五反一畝九十歩　此高二百八十七石九斗四升一合五勺
筆数七百八十一筆
屋敷　三町四反三畝九歩　此高三十四石三斗九升一合四勺
筆数六十三筆
山　百七十八町七反二畝五歩　筆数百三十一筆
大縄場　一町三反二畝二十七歩　筆数十五筆
墓地　一反四畝十二歩　筆数十二筆
馬捨場　二畝十四歩　筆数六筆
社地　一畝十八歩　筆数一筆
秣場　百三十四町九反五畝歩　筆数八筆
官林　六十七町五反三十歩　筆数三筆
総計反別　四百七十町七反一畝二歩
高九百十四石七斗二升二合七勺　筆数千六百三十五筆
以上明治五年改正の額

【表二字地】

表二　字地

字名	位置	廣袤	反別	民居	旧字名	四至
堤崎	寅の方	東西五町 南北六町四十間	二十六町八反十八歩	七戸	堤崎 小又 札場 奈良渡	東は奈良渡川の中央及び山林の道を以て皆川城内村に界し、西は道を以て字欠ノ上及び程久保に、南は峯道を以て志鳥村に、北は田を以て字五下前に接す。西南隅は峯を以て字日影に界す
五下前	丑の方	同六町四十八間 同二町	七町五反一畝二十五歩	○	中田 石橋 五下前	東は道中央及溝渠中央を以て皆川城内村に界し、西は道を以て字打越に、南は川を以て程久保に、北は道を以て字狩岡と界す
狩岡	同	同三町三十間 同五十八間	四町九畝 二十六歩	○	狩岡	東は道を以て皆川城内村と界し、西は道路及び山岳を以て字打越に、南は道を以て字五下前に接し、北は峯を以て柏倉村に界し、東北隅は道を以て皆川城内村に界す
打越	子の方	同七町二十間 同六町十間	四十二町九反八畝二十 九歩	十二戸	打越	東は道及び山林を以て字狩岡に接し、西は山嶺の道を以て柏倉村に界し、南は峯の道を以て字勝見沢に、北は峯の道を以て柏倉村に界す。本字中に寺山の一字を孕入す
寺山	同	同一町二十六間 同一町四十二間	二町六反六畝二十歩	二戸	寺山	四方共に打越に接す
程久保	同	同五町二十四間 同一町十九間	十三町三反 四畝二十三歩	七戸	関場 湊田 岩鼻 古屋敷 程久保	東は川を以て字堤崎及び字欠の上に接し、西は峯を以て字打越に、南は耕地を以て字勝見沢に、北は道・溝渠を以て字打越と界す。東北隅は耕地を以て字五下前に界す
勝見沢	同	同四町五十二間 同四町二十三間	十五町六反 五畝八歩	九戸	森下 荒屋敷 膳見沢	東は川を以て字欠の上に、西は峯を以て字打越に、南は峯を以て字宮脇に、北は道を以て字程久保に界す
欠ノ上	寅の方	同二町二十間 同五町四十二間	十町二反五畝七歩	○	花立 欠ノ下 十日 森下ノ入 欠ノ上	東は峯を以て字堤崎に接し、西は耕地を以て愛宕下に界し、南は峯を以て字日影に、北は耕地を以て字程久保に界す
愛宕下	子の方	東西一町四十九間 南北二町五十九間	三町七反 十八歩	一戸	岩ノ沢 外輪戸 薬師下 落内 薬師前 愛宕下	東は川を以て字欠の上に、西は道を以て字宮前に界し、南は川を以て字日影に接し、北は道を以て字宮脇に接す。西南の隅は道を以て字宮前に接す
宮脇	亥の方	同三町二間 同三町六間	二町七反 十二歩	○	宮脇	東は峯を以て字勝見沢に、西半は耕地を以て字西ノ内に、また一半峯を以て字アツキノ入に、南は耕地を以て字宮前に、北は峯道を以て字アツキノ入及勝見沢に、東南隅は耕地を以て字愛宕下と界す
宮前	中央	同五十八間 同二町四間	二町五反六畝二十九歩	三戸	宮前	東は川を以て字日影に、西南は耕地を以て字西ノ内に、北は道を以て字西脇に界す。東北隅は耕地を以て字愛宕下に界す
日影	辰の方	同五町四十九間 同八町	十一町九反 六畝十四歩	六戸	山下 日影	東は山嶺を以て志鳥村に界し、西は峯を以て字山下に、南は峯を以て字仁田倉に、北は耕地を以て字欠ノ上及び愛宕下・宮前に。東北隅は道を以て字堤崎に、西北隅は耕地を以て字西ノ内に界す
山下	午の方	同二町二十間 同二町四十間	二町四反四畝二十七歩	○	山下	東は峯を以て字日影に、西は耕地を以て字西ノ内に、南は峯を以て字仁田倉に、北は耕地を以て字西ノ内に界す
西ノ内	未の方	同三町三十二間 同四町十間	八町六反七畝二十七歩	十一戸	道祖神 庚申塚 西ノ内	東は川を以て字山下に、西は山裾を以て字大畑及立ノ入に、南は道路・溝渠を以て字回路・一ノ谷に接し、北は耕地を以て字宮脇・宮前・アツキノ入等に界す
アツキノ入	戌の方	同二町十間 同三町二十間	四町七畝 十八歩	○	アツキノ入	東は峯を以て字宮脇に、西は峯を以て字大畑に、南は耕地を以て字西ノ内に、北は山峯を以て字打越に界す
大畑	酉の方	同五町四十八間 同五町三十間	十二町一反 五畝十八歩	○	大畑	東一半は耕地を以て字西ノ内、又一半は山麓を以てアツキノ入。西は峯を以て柏倉村に界し、南は峯を以て字立ノ入及桧の倉に、北は峯を以て字打越に界す
立ノ入	申の方	同四町十間 同二町四十八間	八町五反 六畝歩	○	立ノ入	東一半は耕地を以て字西ノ内に、一半は山峯を以て字一ノ谷に、西は峯道を以て字大畑に、南は峯を以て字一ノ谷及桧ノ倉に、北一半は耕地を以て字西ノ内に、又一半は峯道を以て字大畑に界す

字名	方角	距離	反別	戸数	小字	境界
一ノ谷	未の方	同二町十五間 同二町二十三間	六町三反 四畝十二歩	○	一ノ谷	東は耕地を以て字回路・西ノ内に界し、西は峯を以て字立ノ入に界し、南は峯を以て字回路に接し、北は峯を以て字立ノ入に界。西南は道を以て字桧倉に接す
廻路	申の方	同四町二十八間 同五町五十九間	十一町八反 八畝八歩	三戸	廻路	東は耕地を以て字仁田倉・小曽場に界し、西は峯を以て一ノ谷・桧倉に、南は峯を以て北八幡沢に、北は道を以て字一ノ谷・西ノ内に接す。東南隅は祠以て字八幡沢に界す
仁田倉	午の方	同四町五十二間 同三町二十五間	一町三反 九畝十二歩	○	仁田倉	東は山峯を以て字日影及び志鳥村に界し、西は耕地を以て字回路に接し南は峯を以て字小曽場に、北は峯道を以て字山下・日影の両所と界す。西北隅は耕地を以て字西ノ内に界す
小曽場	〃	同五町四十間 同三町八間	六町三反 八畝歩	○	小曽場	東は道を以て志鳥村に界し、西は耕地を以て字回路に、南は峯を以て八幡沢に北は峯を以て字仁多倉に界す
八幡沢	〃	同十九丁二十間 同九町三十二間	百四十町六反 五畝十三歩	十二戸	袋ヶ入　山中 代山下　栗木戸 八幡沢	東は山嶺を以て西山田村に界し、西は耕地を以て字北八幡沢に隣り、南は山嶺を以て小野寺村に接し、北は峯を以て志鳥村及び字小曽場に、西北隅は耕地を持て字回路に、西南隅は峯を以て字岩見沢に、又其一半は川中央以て小野寺村に界す
岩見沢	申の方	同五町三十間 同四町八間	十八町八反 三畝十二歩	○	岩見沢	東北は峯道を以て字八幡沢に接し、西南は峯を以て小野寺村に界す
北八幡沢	申の方	同二町五十間 同一町十八間	五町一反 六畝十五歩	○	八幡沢	東南は耕地を以て字八幡沢に接し、西は峯道を以て桧倉に、北は峯を以て字回路に界す
桧倉	西の方	同七町八間 同五町三十四間	二十七町 五畝一歩	○	桧ノ倉	東は峯を以て回路及び八幡沢の両所に、西は道を以て柏倉村に、西南隅は川を以て小野寺村に、北は峯を以て大畑・立ノ入りの両所に、東北隅は峯を以て字一ノ谷に界す
合計 二十五ヶ所	○	○	三百九十八町九反二歩	七十三戸	五十二ヶ字	

貢租

田租金六百二十二円十七銭四厘
畑租金百九円八十七銭一厘
宅地租金四十三円七十二銭九厘
平林租金二十四銭二厘
林山租金二十九円八十四銭三厘
草山租金一銭一厘
芝地租金二銭七厘
藪租金四厘
池租金三厘
　総計金八百五円九十銭四厘　以上明治九年地価百分の三
田租金五百十八円四十七銭五厘
畑租金九十一円五十五銭四厘
宅地租金二十六円四十四銭九厘
平林租金二十銭四厘
林山租金二十四円八十六銭
草山租金一銭
芝地租金二銭一厘
藪租金三厘
池租金百厘
　総計金六百七十一円五十七銭八厘　以上明治十一年地価百分二ヶ半
米　九十四石二斗一升五合
畑屋敷　永四十三貫四百五十九文
大縄畑　永九百九十六文
山　永一六貫九百二十四文五分
口米二石六斗九升一合
口永二貫三百九十五文
小物成　永十五貫六百二十八文
　総計米九十六石九斗六合　永七十九貫四百三十二文五分　以上明治五年納額

賦金　無之

表三　戸数

種類	明治八年	明治九年	明治十年
本籍	六十五戸	六十七戸	七十戸
士族	一戸	一戸	○
平民	六十四戸	六十六戸	七十戸
寄留	一戸	一戸	二戸（ママ）
出寄留	○	○	○
入寄留	一戸	同	一戸
士族	○	○	○
平民	一戸	同	一戸
社四社	同	同	同
内			
村社	一社	同	同
無各社	三社	同	同
総計	七十宇	七十二宇	七十五宇

【表三戸数・表四人員数・表五牛馬】

山　津保花山　高さ斜行六十余丈、周囲九十八間、村の未の方字八幡沢中にあり。嶺上より西は本郡小野寺村に属し、北は本村字岩見沢に接し、東南は八幡沢に属す。山脈本郡西山田村の晃石山より来り、此に至一起高峯となり、東北に奔るものは一起一伏して本村字堤崎及皆川城内村の森山に止み、北に行くものは本郡小野寺村の耕地に止む。樹木楢・栗生ず。登路一條にして本村岩見沢の麓より上る。高さ四町十間、渓水一線、深き所二尺浅き所一尺広き所八尺狭き所四尺。

表四　人員数

種類	明治八年	明治九年	明治十年
人員	三百六十八口	三百九十二口	四百二口
男	百八十一口	百九十三口	百九十八口
士族	一口	一口	○
平民	百八十口	百九十二口	百九十八口
女	百八十七口	百九十九口	二百四口
士族	一口	一口	○
平民	百八十六口	百九十八口	二百四口
寄留	二口	二口	四口
入寄留	二口	二口	二口
男	一口	一口	一口
士族	○	○	○
平民	一口	一口	一口
女	一口	一口	一口
士族	○	○	○
平民	一口	一口	一口
出寄留	○	○	二口
男	○	○	一口
士族	○	○	一口
平民	○	○	○
女	○	○	一口
士族	○	○	一口
平民	○	○	○
総計	三百七十口	三百九十四口	四百六口

表五　牛馬

種類	明治八年	明治九年	明十一年
馬	二十九頭	同	同
牡馬	二十九頭	同	同
牝馬	○	○	○
総計	二十九頭	同	同

小野寺村の田用水に帰す。本山の東北に当る本字中に、八幡平と称する所あり。為に旧と八幡神社を祭りたる所にして、後ち小野寺村に宮を遷し、今村檜の神社と称するは則ち之なり。其故を以て此近傍百余町歩を八幡沢と称すと土人の口碑に伝へり。

川　奈良渡川　幹流平水、浅き所一尺五寸深き所四尺広き所九尺狭き所六尺。緩流清水舟筏不通。堤防なし。水源は本村字小曽場より発し、子の方に向へ十六町五十間迂流して本村字宮前に至り、字大畑より発する小川を合せ、是より丑寅の方に向ひ十七町二十間にして皆川城内村に入る。

表六　橋梁

橋名	村の中央よりの方位	位置	製質	長	幅	修繕費区別	川名
奈良渡橋	丑寅の方	字堤崎村通	土	三間三尺	一間二尺	民費	奈良渡川
程久保橋	子の方	字程久保佐野往還	土	一間半	五尺	同	打越堀
石橋	同	字打越佐野往還	土	一間	五尺	同	打越悪水
中橋	午の方	字西ノ内佐野往還	土	一間半	五尺	民費	西ノ堀
赤羽橋	申の方	字回路佐野往還	土	一間半	五尺	同	赤羽堀
計五ヶ所	○	○	○	○	○	○	○

【表六橋梁】

満渠　堤崎堀　谿水汗流(ママ)、浅き所一尺深き所二尺広き所四尺狭き所三尺。水源は字堤崎より起り、本字中の田六町四反歩に漑ぎ、余水は奈良渡川に瀉下す。

打越堀　谿水汗流(ママ)、浅き所一尺五寸深き所二尺広き所四尺狭き所二尺。水源は本村字打越の山間より発し、本字の田六町七反歩に漑ぎ、又字五下前の田六町五反歩に漑ぎ、余滴は奈良渡川に瀉下す。

道路　佐野往還　旧三等道路に属す。村の丑寅の方字五下前・皆川城内村界より、申酉の方字八幡沢・小野寺村界に至る。長一里七町幅二間馬路九尺道敷は二間乃至一間半。字宮前より東に折れ、志鳥往還の支道あり。

皆川往還　村の寅の方字堤崎・皆川城内村界より、西の方字程久保に至る。長六町二十間幅九尺馬路七尺道敷九尺。

柏倉往還　村の丑の方字五下前・皆川城内村界より、西の方字打越・柏倉村界に至る。長三町二十間幅二間馬路九尺道敷二間

【表七神社明細表】

学校　皆川学校　村の丑寅の方皆川城内村にあり。民立生徒百十八人内男九十一人女二十七人教員三人役員一人。明治六年七月始て之を置き、皆川城内村・志鳥村・柏倉村と連合にして、明治八年三月本村に分校を置く。生徒三十五人内男二十七人女八人教員一人役員一人なり。同年七月分校を廃し本校に合併す。本村より通学する生徒三十人内男二十五人女五人。明治七年は二十五人内男二十三人女二人。明治九年は三十一人内男二十六人女五人なり。

小屋古城墟　村の丑寅の方字堤崎にあり。東西一町八間南北一町三十間、段別六百三畝十八歩。其地形殆ど方行屋根の如し。嘉吉二壬戌年皆川山城守秀宗氏之を築き、堤崎喜三郎をして居城せしむ。則ち皆川の附城なり。堤崎喜三郎なる者は其頃本城の城代たり。後天正十八年四月中の役、城守奮撃して敵を防ぐと雖も遂に防ぐ能はず。本城と共に亡城す。其末孫堤崎喜十郎、依然として今猶古城跡の麓に居住す。而して其土も又同氏の所有地なり。

【表八物産】

民業　男女共農を業とし、農暇には採樵及炭焼をなす。女は農暇に莚・畳間を織る。大工二人あり。

表七　神社明細表

社号	位置	祭神	社地縦横	反別及官民有別	社殿縦横	拝殿縦横	社格方位	祭日	事蹟	氏子信徒	境外田畑	大樹有無樹木有無
星宮神社	村の中央 字宮前山の麓	天津日高彦 火瓊瓊杵尊	縦十間 横十間	官有 二畝十六歩	縦二間一尺 横二間一尺	○	村社 南向	陰暦 五月十日 九月十三日	不詳	六十 八戸	○	大樹なし 小杉五本あり
天満宮	村の未申の方 山の反腹	菅原道真朝臣	同八間 同八間	官有 一畝十八歩	同一間三尺 同一間三尺	○	無格社 南向	陰暦 二月二十五日	同	六十 八戸	○	樹木なし
愛宕神社	村の子の方 字宮脇の峯	軻遇突智命	同十一間 同十間	官有 一畝三歩	同四尺五寸 同三尺	○	同 同	陰暦 一月二十四日	同	同	○	同
神明神社	村の申の方 字回路の山の嶺上	大日霊女貴命	同五間 同五間	官有 一畝六歩	同三尺 二尺三寸	○	無格社 丑寅向	陰暦 九月十三日	同	同	○	同
四社	○	○	○	六畝十三歩	○	○	○	○	○	合二百七 十二戸	○	○

表八　物産　植物

種類	品名	明治九年一月現在産額	明治十年一月現在産額	明治十一年一月現在産額
植物	薪	二百円	二百二十円	二百四十円
製造物	畳間	千七百二十八円	二千三百四円	二千八百八十円
同	莚	二百八十八円	三百四十五円六十銭	四百三円二十銭
同	炭	三百六十円	四百二十円	四百二十円
総計		二千五百七十六円	三千二百八十九円六十銭	四千三円二十銭

地誌編輯材料取調書

志鳥村

本村古時より都賀郡に属し、往昔委文（シトリ）村の文字を用ゐ（字観音堂に古碑今に存在す。其年間は永仁の頃なりと口碑に伝ふ）。後ち今の志鳥村に改めしは年号干支不詳。又永享元己酉年頃は皆川の庄と称し六十三ヶ村の連合たりし事ありと云う。明治十一年十一月都賀郡を上下に郡二分ち則ち本郡に属す。

疆域　東は奈良渡川の中央及道路中央又は峯の道中央等を以て本郡皆川城内村に接し、西北は峯の道を以て同郡小野口村に隣りし、南は晃石山の峯を以て本郡西山田村に堺す。

幅員　東西七町十間、南北二十七町十間、面積百四十三町八反五畝十二歩

内訳

反別百三十一町三反六畝五歩、明治九年より同十一年に至る地租改正調理の額

川九反四畝十二歩
道路六町四反七畝二十歩
溝渠七反六畝二十三歩
土揚場八反一畝十五歩
土手敷五反一畝歩
芝地二町九反一畝二十七歩
堤塘五畝九歩
沼二十一歩

小計反別十二町四反九畝七歩

管轄沿革　永享元己酉年頃より長沼淡路守領し、後ち長沼の姓を皆川と改め皆川山城守代々天正六年頃迄領す。應仁二己子（ママ）年検地ありて村高三百七十五石三合となり、天正四年検地にてにて村高四百二十石一斗六升三合となる。天正六年より徳川家代官矢木仁兵衛氏支配し天正十二丙卯年頃より又皆川山城内領し、慶長十二己未年頃より代官近山与左衛門氏の支配となり、寛文二年三月検地ありて村高五百三十五石六斗九升八合となる。元禄十一戊寅年より米倉丹後守領し、元禄十二年検地ありて村高五百四十二石となる。明治四年七月より六浦藩の支配となり、同年十一月より当栃木県の管轄となる。当村往古より数給に分れたる事なし。

里程　村の中央字細田より

栃木旧県庁へ卯の方二里
宇都宮栃木県庁へ丑の方八里三十四町十九間二尺
下都賀寒川郡役所へ卯の方二里一町
栃木裁判所へ卯の方二里三町
栃木警察署へ卯の方二里二町
栃木電信分局へ卯方二里一町　以上官庁へ至る里程
栃木町へ卯の方二里三町五十七間二尺　以上幅湊の地に至る里程
皆川城内村へ寅の方二十六町四十九間二尺
小野口村へ酉の方二十八町三十二間
西山田村へ午の方一里十八町五十四間二尺　以上接続村に至る里程

地勢　東南は晃石山の山脈たる連山を負ひ、西北は高尖山（タカドヤ）、愛宕山等に連なる諸山を負ひ、僅かに東北隅の一方を開き、東北より西南に延び、形恰も長靴の状をなす。西は高く東は低し。運輸の便利可なり。薪炭等は充分なり。民居は村道の左右なる山の麓に人家三十六戸散在す。

地味　田は全管の六等甲より起り、類外一等の甲にと止む。畑は六等甲より起り、十五等乙に止む。

【表一　地味】

地種

民有第一種

田二十七町六段一畝歩
此地価金一万二千六百六十四円十九銭五厘
筆数二百六十二筆　六等甲より起り類外一等の甲に止む

畑十八町三反二畝二十三歩
此地価金二千七百六十三円十二銭八厘
筆数二百七十一筆　六等甲より起り十五等乙に止む

宅地三町八反五畝六歩
此地価金九百五十二円五銭七厘

表一　地味

字地名	村の中央より方位	土色	地質	沃瘠	地味等級略	種藝適否	旱潦有無
森山 大地 中田	自丑の方 至寅の方	黒	野土	肥	一等	麦小麦中稲晩稲大豆宜 早稲麻木綿悪	有
愛宕前 稲荷森 狭間 田島	自寅の方 至卯の方	黄黒	真土 野土交	同	二等	同	無
愛宕西沢 東下 細田	中央より 至寅の方	同	同	同	同	同	同
鶴巻 和田 大沢	自卯ノ方 至未ノ方	赤	野土	瘠	自四等 至十二等	中稲小麦大豆小豆宣 大麦麻藍悪	有
牛ノ沢 尼ヶ入	自未ノ方 至申ノ方	同	野土 石交	同	十二等	粟稗薩摩芋宜 麦小麦大豆小豆悪	同
小野口越路 西東 台	自未ノ方 至申ノ方	赤黒混	同	同	六等	中稲小麦大麦小豆宜 麦麻藍悪	同
真名口	亥の方	黒	真土 石交	同	同	小麦中稲大豆芋宜 早稲大麦悪	同

筆数三十九筆　一等より起り三等に止む
平林一町四反十四歩
此地価金十四円二十六銭七厘
筆数二十八筆　七等より起り十等に止む
林山六十三町二反九畝十二歩
此地価金三百七十四円四十八銭二厘
筆数二百二十筆　九等より起り類外一等に止む
藪九畝十四歩　此地価金二十七銭四厘　筆数四筆　類外二等
芝地九畝九歩　此地価金二十八銭九厘　筆数二筆　類外二等
池沼六畝二十二歩　此地価金二十銭二厘　筆数二筆　類外二等
民有第二種
墓地一反一畝十九歩　筆数四筆
獣畜埋場一畝十九歩　筆数四筆

官有第一種
神地一反三畝三歩　筆数四筆
官有第三種
林七反五畝二十一歩　筆数二筆
草山十二町四反歩　筆数一筆
溜一反六歩　筆数二筆
総計反別百二十八町二反六畝十八歩
地価金一万六千七百六十八円八十九銭四里　筆数八百四十五筆
以上明治九年より同十一年に至る地租改正調理の額
田二十七町五反二畝二十二歩
此高三百十九石六升八合　筆数三百六十五筆
畑二十四町八反七畝歩
此高百九十五石八斗二升九合　筆数四百六十二筆
屋敷二町七反一畝一歩　此高二十七石一斗三合　筆数五十一筆
山三十九町五反四畝六歩　筆数百二十四筆
大縄場四反六畝六歩　筆数十四筆
除地一畝歩　筆数一筆
墓所地一反三畝十歩　筆数五筆
死馬捨場一畝二十四歩　筆数一筆
官林五町四畝十七歩　筆数二筆
総計反別百町三反一畝二十六歩
高五百四十二石　筆数千二十五筆　以上明治五年改正の額

【表二字地】

貢租　田租金三百七十九円九十二銭一厘
畑租金八十二円八十九銭三厘
宅地租金二十八円五十六銭二厘
平林租金四十二銭八厘
林山租金十一円二十三銭
芝地租金八厘
藪租金八厘

表二　字地

字名	位置	廣袤	反別	民居	旧字名	四至
森山	寅の方	東西二十間 南北五十間	四反六畝 二十二歩	○	森山	東は川中央を以て皆川城内村に界し、南は田を以て字中田に、西北は道路を以て皆川城内村に界す
中田	丑寅の方	東西二町 南北二町七間	四町八反 九畝六歩	○	赤沼　中田 腰巻	東は道を以て皆川城内村に堺し、南は道を以て字愛宕前に接し、西は道を以て字大地に、北は道を以て皆川城内村に堺す
愛宕前	丑の方	東西二町 南北二町	四町八反 九畝十六歩	○	愛宕前 大檀房	東は川を以て字稲荷森に、南は堀を以て字田嶋に、西は道を以て字愛宕下に、北は堀を以て字大地及び中田に堺す
稲荷森	寅卯の方	東西一町四十間 南北三町	三町九反 二十一歩	○	稲荷森 大橋	東は道を以て皆川城内村に、南は山林及耕地を以て字狭間に、西北は川を以て字愛宕前に堺す
狭間	卯の方	東西二町四十間 南北二町二十間	四町八反 十三歩	四戸	四反田 狭間	東は道を以て皆川城内村に、南は山の峯及び道を以て字鶴巻に、西は川を以て字田島に、北は山林及耕地を以て字稲荷森に界す
田嶋	寅の方	東西二町 南北一町三十間	三町二十九歩	○	田島　八幡前 五反田	東は川を以て字狭間に、南は道を以て字東下に、西は道を以て字愛宕西沢に、北は堀を以て字愛宕前に界す
東下	寅の方	東西一町三十五間 南北一町二十間	二町二反 五畝六歩	三戸	東下　東裏　下	東は川を以て字鶴巻に、南は堀を以て字細田に、西は宅地を以て字下ノ裏に、北は道を以て字田島及愛宕西沢の両所に界す
鶴巻	卯辰の方	東西二町三十五間 南北二町	六町一反 八畝十六歩	六戸	鶴巻 薬師前 八反田	東は峯の道を以て皆川城内村に、南は山林及耕地を以て字平内入及薬師ノ入の両所に、西は川を以て字東下に、北は道及山林を以て字狭間に界す
平内入	辰の方	東西四十六間 南北五十間	九反三畝 二十七歩	○	平内入	東は峯の道を以て皆川城内村に、南は峯を以て字薬師ノ入に、西北は山林を以て字鶴巻に界す
薬師ノ入	同	東西一町十間 南北一町四十間	一町九反 二畝二十四歩	○	薬師ノ入	東は峯の道を以て皆川城内村に、南は峯を以て字和田に、西は峯を以て字奴天角房に、北は耕地及小峯を以て字鶴巻に界し、又薬師堂の一字を孕入す
薬師堂	同	東西八間 南北八間	二十四歩	○	薬師堂	東西南北共薬師ノ入に接す
奴天角房	同	東西一町十五間 南北一町三十間	九反二畝 十五歩	○	奴天角房	東南は峯を以て字薬師ノ入及び字和田の両所に、西は峯を以て字和田に、北は溝を以て字同所に界す
和田	辰巳の方	東西二町十間 東北二町二十間	九町九反 一畝二十五歩	二戸	十王堂 和田	東は峯を以て字奴天角房及薬師ノ入の両所に、南は道を以て皆川城内村に、西は峯を以て字金ノ入に、北は溝を以て字細田に界す
金ノ入	午の方	東西二町 南北五丁三十間	五町七反 二畝二十一歩	○	金ノ入	東は峯を以て字和田に、南一半は道を以て皆川城内村に、又一半は峯を以て字源六入に、西は峯を以て字大沢に、北は山の根を以て字大沢に界す
源六入	同	東西一町 南北三町十五間	三町八反 二畝十八歩	○	伊勢沢 源六入	東南は峯の道を以て皆川城内村に界し、西は峯及沢を以て字晃石裏及伊勢沢又は大沢等の各所に界し、北は峯を以て字金ノ入に界す
伊勢沢	同	東西二十六間 南北三十間	八畝二十七歩	○	伊勢沢	東南北の三方は山林を以て字源六入に界し、西は沢を以て字大沢に界す
晃石裏	午未の方	東西一町十五間 東北一町二十間	十二町四反歩	○	三重坂　立岩 堂岩　晃石裏	東は峯の通を以て皆川城内村に堺し、南は嶺を以て西山田村に隣りし、西は峯を以て字大栃ヶ入に、北は峯を以て字源六入に堺す

大栃ヶ入	同	東西一町 南北一町十間	九町二反九畝六歩		○	深沢 猿取 揚放 晃受沢 丸山 杉ノ沢	東は峯を以て字晃石裏に、南西は峯を以て小野口村に堺し、北は峯及沢を以て字大沢及神明西・牛ノ沢の三ヶ所に堺す
神明西	同	東西一町四十間 東北一町	四反六畝三歩		○	神明西	東は小峯を以て字神明及大栃ヶ入の飛地に、南は峯を以て字大沢及大栃ヶ入に、西は峯を以て字牛ノ沢に、北は小峯を以て字大沢に堺す
神明	未の方	東西四十六間 南北一町	四反八畝十八歩		○	神明	東南は山林を以て字大栃ヶ入の飛地に、西は小峯を以て字神明西に、北は山林を以て字大沢に界す
大沢	同	東西一町二十間 南北四町三十間	六町一反四畝歩		○	大沢	東は山の根及び沢を以て字金ノ入・源六入・伊勢沢の三ヵ所に、南は沢を以て字晃石裏・大栃ヶ入の両所に、西は沢及峯を以て字神明西・大栃ヶ入・牛ノ沢・台等の各字に、北は堀を以て字細田に堺す
牛ノ沢	同	東西二町二十間 南北三町二十間	四町七反二畝三歩		○	胡桃ヶ入 牛ノ沢	東南は峯を以て字大沢・神明西・大栃ヶ入の三ヵ所に、西は峯の道を以て小野口村に界し、北は峯を以て字台及六郎畑の両所に界す
六郎畑	申の方	東西一町二十四間 南北二町	四町一反三畝二十七歩		○	堂院坊 六郎畑 大釜	東は山の裾を以て字尼ヶ入に、南は峯を以て字大沢に、西北は峯の道を以て小野口村に界し、本字中に稗ノ入の一字を孕入す
稗ノ入	同	東西四十間 南北三十間	二反六畝二十四歩		○	稗ノ入	西南北の三方は山の根を以て字六郎畑に界し、東は山林を以て字尼ヶ入に界す
尼ヶ入	同	東西四十五間 南北四十間	九反七畝二十七歩		○	尼ヶ入	東は溝を以て字台に、南は山林を以て字六郎畑に、西は山林を以て字尼ヶ入及六郎畑に、北は小峯を以て字小野口越路に界す
小野口越路	申酉の方	東西二町三十間 南北一町五十間	三町八反二畝十七歩		二戸	小野口越路	東は堀及川を以て字西東及台の両字に、南は川及峯を以て字台及尼ヶ入に、西は峯を以て小野口村に、北は峯を以て字西ノ裏に界す
台	未申の方	東西一町 南北一町十五間	三町三畝十四歩		○	台	東は川を以て字大沢に、南は山林及溝を以て字牛ノ沢・六郎畑の両所に、西は川を以て字尼ヶ入・小野口越路の両所に、北は川を以て字西東及細田に界す
西東	申酉の方	東西一町五十間 南北一町二十間	一町九反六畝九歩		三戸	西東	東は堀を以て字細田に、南は川を以て字台に、西は堀及峯を以て字小野口越路に、北は山の裾を以て字西ノ裏及釈迦ノ入に界す
西ノ裏	酉の方	東西一町二十間 南北一町	一町八反五畝十五歩		○	西ノ裏	東北は峯及山の裾を以て字釈迦ノ入及西東の両所に、西南は峯を以て小野口村及字小野口越路の両所に界す
釈迦ノ入	酉戌の方	東西二町 南北一丁二十間	一町六反八畝二十七歩		○	釈迦ノ入	東は峯及山の根を以て字東及細田に、南は耕地を以て字西東に、西は峯を以て字西ノ裏に、北は峯の道を以て小野口村に界す
東	亥の方	東西一町二十間 南北一町	八反五畝歩		○	東	東南は山林及山の根を以て字細田に、西は峯を以て字釈迦ノ入に、北は峯を以て字真名口に界す
細田	中央	東西一町四十間 南北一町四十間	三町八反七畝十四歩		三戸	細田 久根ノ後	東は堀を以て字東下に、南は川を以て字和田に、西は堀及道を以て字大沢・台・西東の三ヶ所に界し、北は山林を以て字星ノ宮及東の両所に界す
星ノ宮	子の方	東西三十六間 南北三十間	一反五畝十二歩		○	星ノ宮	東南は耕地を以て字真名口及細田の両所に界し、西北は山を以て字真名口に界す
真名口	同	東西二町 南北一町三十六間	二町八反九畝十四歩		○	真名口	東は沢を以て字下ノ裏に、南は耕地及道を以て字東下及細田の両所に、西は山林を以て字星ノ宮及東の両所に、又は峯を以て小野口村に界し、北は峯を以て字観音入に界す
下ノ裏	丑の方	東西一町三十六間 南北一町二十間	一町二反五畝歩		○	下ノ裏	東は耕地を以て字東下に、南は耕地及沢を以て字真名口に、西は峯を以て字観音入に、北は山林を以て字八幡下及八幡上の両所に界す
八幡下	同	東西二十二間 南北十四間	一反一畝三歩		○	八幡下	東は耕地を以て字東下に、南は山林を以て字下ノ裏に、西北は山林を以て字八幡上に界す

八幡上	同	東西三十間 南北三十五間	二反五畝二十七歩	○	八幡上	東は耕地及社地を以て字八幡及東下の両所に、南は山林を以て字八幡下に、西は峯を以て字下ノ裏に、北は峯を以て字観音入に界す
八幡	同	東西十四間 南北十間	五畝六歩	○	八幡	東は耕地を以て字愛宕西沢に、西南は山林を以て字八幡上に、北は山林を以て字観音入に界す
観音入	子の方	東西一町四十間 南北二間	三町七反七畝六歩	○	観音入	東は耕地及山を以て字愛宕下・愛宕・愛宕脇・愛宕西沢・観音堂の五字に界し、南は峯を以て字八幡・八幡上・下ノ裏・真名口の四字に界し、北西は峯を以て小野口村に界す
愛宕西沢	丑の方	東西二町 南北一町五十間	二町八反七畝十三歩	六戸	愛宕西沢	東は道を以て字愛宕前・田島の両所に、南は堀及道を以て字東下及観音入の両所に、西北は山林を以て観音堂・愛宕下の両所に界す
観音堂	子丑の方	東西五十五間 南北四十五間	二反十二歩	○	観音堂	東南は山林を以て字愛宕西沢に、西は山を以て字観音入に、北は山を以て字愛宕下に界す
愛宕脇	丑の方	東西三十七間 南北三十二間	一反一畝九歩	○	愛宕脇	東北は山林を以て字愛宕下及愛宕の両所に、南は山地を以て字観音堂に、西は山を以て字愛宕下に界す
愛宕	同	東西二十間 南北十五間	一畝十二歩	○	愛宕	東北西の三方は山を以て字愛宕下に界し、南は山を以て字愛宕脇に界す
愛宕下	同	東西一町十間 南北二町九間	二町八反七畝四歩	○	愛宕下	東は耕地を以て字大地及愛宕前の両所に、南は山を以て字観音堂・観音入・愛宕・愛宕脇の四字に、西は峯を以て小野口村に堺し、北は山を以て字大地に界す
大地	同	東西三町三十間 南北三町	六町九反十八歩	七戸	大地 腰巻	東は道及び耕地を以て皆川城内村及字中田に、南は道を以て字稲荷前に、又は山を以て愛宕下に、西は峯を以て小野口村に界し、北は山を以て字尾又を界す
尾又	同	東西十三間 南北十間	一反三畝十五歩	○	神明前 尾又	東南西の三方は耕宅地又は山林等を以て字大地に界し、北は道を以て皆川城内村に界す
計四十六ケ所	○	○	百三十一町三反六畝五歩	三十六戸	七十三ケ町	○

池租金六厘
総計金五百三円五銭六厘　以上明治九年地価百分の三
田租金三百十六円六十銭七厘
畑租金六十九円七銭三厘
宅地租金二十三円八十銭二厘
平林租金三十五銭六厘
林山租金九円三十七銭二厘
芝地地租金七厘
藪租金七厘
池租金五厘
総計金四百十九円二十二銭九厘　以上明治十一年地価百分の二ケ半
米六十石七斗四升四合

畑屋敷永三十八貫九百六十四文
山永六貫三十五文七分
大縄畑永二百四十二文
口米一石七斗三升六合
口永一貫六百十九文
小物成永六貫八百二文
総計米六十二石四斗八升　永五十三貫六百六十二文七分
以上明治五年の納額

賦金　国税　酒類醸造税十二円
酒類免許税十円
牛馬税二円
県税　質取金高税五十銭

総計金二十四円五十銭　以上明治八年一月現在の額
国税　酒類醸造税十八円
酒類免許税十円
牛馬税二円
県税　質取金高税金五十銭
総計金三十円五十銭　以上明治九年一月現在の額

戸数　本籍三十七戸　士族一戸　平民三十六戸
社六社　内　村社一社　無格社五社
総計四十三宇　以上明治八年一月現在
本籍三十九戸　士族一戸　平民三十八戸
社六社　内　村社一社　無格社五社
総計四十五宇　以上明治九年一月現在
本籍四十戸　士族一戸　平民三十九戸
社六社　内　村社一社　無格社五社
総計四十六宇　以上明治十年一月現在

人員　男百二十二口　内　士族一口　平民百二十一口
女百十八口　内　士族三口　平民百十五口
総計二百四十口　以上明治八年一月現在
男百三十五口　内　士族一口　平民百三十四口
女百二十五口　内　士族三口　平民百二十二口
総計二百六十口　以上明治九年一月現在
男百四十口　内　士族一口　平民百三十九口
女百三十口　内　士族三口　平民百二十七口
総計二百七十口　以上明治十年一月現在

牛馬　牡馬十五頭　以上明治八年一月現在
牡馬十五頭　以上明治九年一月現在
牡馬十五頭　以上明治十年一月現在

山　**立石山**　高さ斜行三百六十丈、周回凡三町。村の未の方字晃石裏にあり。嶺上より四分し東は本郡皆川城内村に属し、南は同郡西山田村に連なり、西は本郡小野口村に接し、北は本村の耕地に臨めり。山脈西山田村の晃石山に連続し、晃石山の北裏なるを以て字晃石裏と云う。是より東北に奔るものは本村字狭間にて止む。西北に行くものは皆川城内村の杏山に止む。樹木少くして篠竹多く生す。渓水一条にして麓に至り大石川に入る流路一条。本村字大沢より上る高さ十二町。

丸山　高さ斜行凡七十二丈、周回凡八町。村の申の方字大栃ヶ入にあり。山脈西山田村の晃石山より来る。嶺上より二分し西南は本郡小野口村に接し、東北は本村の山林に連す。其形丸きか故之を丸山と称す。樹木は楢栗の類多く生す。

高尖山（タカドヤ）　高さ斜行凡三十五丈、周回凡三町二十間。村の西の方字西ノ裏にあり。嶺上より二分し東南は本村の耕地に臨み、西北は本郡小野口村に連ぬ。山脈本郡西山田村の晃石山より来り、茲に至りて一起す。樹木は楢栗多く間に松を生す。

愛宕山　高さ斜行凡二十五丈、周回凡六町。村の丑寅の方字愛宕にあり。嶺上より西は小野口村に接し、南は本村の山林に連なり、東北は本村の耕地に臨めり。山脈本郡西山田村の晃石山より来る。嶺上に愛宕神社あり。登路一条にして本村字大地より上る高さ凡三町。樹木は松少く楢栗多し。

砥石山　高さ斜行凡三十六丈、周回三町二十間。村の午の方字源六入にあり。山脈本郡西山田村の晃石山より来り、嶺上より東は本郡皆川城内村に属し、西南北は本村の山林に連ぬ。本山に青色なる砥石あり。故に砥石山と称す。石質粗なり。樹木楢栗多く生す。谿水一条にして大石川の流れに入る。

川　**大石川**　渓水幹流平水、浅き所一尺深き所二尺広き所九尺狭き所五尺。急流清水堤防なし。水源は本村字大沢乃晃石裏より発し、丑寅の方に向ひ、十五町九間迂流して字和田に至り、本村牛ノ沢より発する牛尿川を合せ、夫より委文川（明治九年川名を委文と改む）と称し、寅の方に向ひ七町四十五間下流して本郡皆川城内村に入る。

牛尿川　渓水幹流平水、深き所二尺浅き所一尺広き所四尺狭き所二尺。水源は本村字牛ノ沢より発し、寅の方に向ひ、十三町二十二間下流して字和田に至り大石川と合ふ。

【表三橋梁】

溝渠　**中堀**　村の丑の方字愛宕前より起り、委文川の流を漑き入れ、本字及中田・森山等の田用水に漑き、余水は奈良渡川に瀉下す。

長堀　谿水幹流平水、深き所二尺浅き所一尺広き所三尺狭き所二尺。水源は本村字和田より発し、本字の田用水に漑き丑寅の方に向ひ、六町下流して薬師入より

表三　橋梁

橋名	村中央より方位	位置	製質	長	幅	修繕費区別	川名
委文橋	丑の方	字森山・村道	土	二間	九尺	民費	奈良渡川
行人橋	午の方	字東下・晃石道	同	六尺	五尺	同	牛尿川
里見橋	同	字大沢・里道	同	二尺	同	同	用水堀
励橋	未の方	字大沢・晃石道	同	一丈	同	同	大石川
腰巻橋	丑の方	字愛宕前・晃石道	土	四尺	五尺	同	中堀
寺前橋	同	字同所・〃	土	四尺	五尺	同	〃
観音橋	同	字愛宕西沢・晃石道	土	同	同	同	西沢堀
下ノ前橋	同	字細田・晃石道	土	同	同	同	新右衛門堀
坂口橋	申の方	字西東・小野口道	土	九尺	四尺	同	牛尿川
西東橋	申の方	字西東・晃石道	土	四尺	四尺	同	用水堀
計十ヶ所	○	○	○	○	○	○	○

発する谿水を合せ字鶴巻の田用水に漑き、夫より寅の方に向ひ五十二間下流して字狭間に至り、四反田関より漑き入る流を合せ、字狭間及稲荷森の田用水となる。

新右衛門橋堀　村の中央字細田より起り、牛尿川の水を漑き入れ字東下及田島の田用水となる。

狭間堀　渓水にして本村字鶴巻より発し、本字及狭間の田用水に漑き、余滴は委文川に瀉下す。

西沢堀　谿水幹流平水、深き所二尺浅き所一尺広き所三尺狭き所二尺。水源は本村字観音入より発し、字愛宕西沢の田用水に漑き、余水は委文川に瀉下す。

道路　晃石道　村道に属す。村の丑寅の方字森山・皆川城内村界より未の方字大沢山の麓に至る。長二十一町幅二間乃至九尺。字東下より西に折れ小野口村へ直行の支道あり。又字愛宕前の隅より東南に折れ本村字狭間・鶴巻・和田等へ直行の支道あり。是は里道なり。

【表四神社明細表】

学校　皆川学校　村の丑の方皆川城内村にあり。民立生徒百十八人内男九十一人女二十七人教員三人役員一人。明治六年七月始て之を置き、明倫舎と称し照光寺を仮用す。教場縦十三間横六間三尺東向き。明治八年本村より通学する生徒十三人内男十人女三人。明治七年本村より通学する生徒十二人内男十人女二人。明治九年本村より通学する生徒十五人内男十三人女二人なり

廃寺　福寿院　枇杷山と号す。村の西の方字釈迦ノ入にあり。当寺は本国本郡皆川城内村中本寺持明院の末派にして真言宗新義派の末寺なり。明治三年三月二十九日六浦県より廃寺の令あり。則ち廃寺となる。本尊阿弥陀如来壱躯ありしが廃寺になり本寺持明院へ移躯す。

東永寺　愛宕山と号す。村の丑の方字大地にあり。当寺は本国本郡皆川城内村中本寺持明院の末派にして真言宗新義派の末寺たり。明治三庚午年六浦県より廃寺令あり。則ち廃寺となる。尤仏像什宝等は慶応四年二月三日炎火に罹り焼失せり。

【表五物産】

民業　男は農を業とし農暇には採樵を業とす。女は蓆及畳間織を業とす。酒造一戸、盥屋一戸なり。

表四　神社明細表

社号	位置	祭神	社地縦横	段別及官民有別	社殿縦横	拝殿縦横	社格方位	祭日	事蹟	氏子	境外田端	大木有無樹木有無
愛宕神社	村の丑の方字愛宕	火産霊大神	東西十七間三尺南北十二間三尺	官有地一畝十二歩	縦六尺七寸横五尺四寸	無之	村社東向	陰暦三月二十四日九月二十四日	不詳	四十七戸	○	松二本あり
神明神社	村の午の方字神明	伊弉諾命	東西十五間南北十間	官有五畝十八歩	縦三尺横二尺	同	無格社東向	陰暦九月二十九日	同	同	○	松一本杉二本あり
山神神社	村の未の方字台	大山神祇	東西二十五間南北二十間	官有七畝三歩	縦五尺七寸横四尺四寸	同	無格社東向	陰暦正月二十五日	同	同	○	松一本樫一本杉三本モミ樹一本あり
日光神社	村の未の方字台	大巳貴命	東西十三間南北十間	官有地三畝十歩	縦四尺八寸横三尺八寸	同	無格社東向	陰暦四月十七日	同	同	○	杉一本樫一本花の木一本あり
八幡神社	村の丑の方字八幡	誉田別命	東西十四間南北十間	官有地五畝六歩	縦三尺四寸横二尺一寸	同	無格社東向	陰暦八月十五日	同	同	○	杉二本松一本櫻一本あり
八坂神社	村の中央字細田	素戔嗚命	東西二間二尺南北十三間三尺	官有二十七歩	縦八尺横七尺	同	無格社南向	陰暦六月十五日	天保二辛卯年六月十五日創立	四十七戸	○	樹木なし
併六社	○	○	○	官有　二反三畝十六歩	○	○	○	○	○	○	○	○

表五　物産

種類	品目	明治九年一月現在産額	明治十年一月現在の産額	明治八年一月現在の産額
植物	米	二百円	二百二十二円	百八十一円八十銭
同	薪	百十七円	百六十三円八銭	百五円三十銭
製造物	炭	八十円	百円	七十円
同	莚	百円	百二十円	九十円
同	畳間	百八十円	二百十六円	百四十四円
飲食物	清酒	百二十円	百五十円	百円
合計		七百九十七円	九百七十一円八銭	六百九十一円十銭

地誌編輯材料取調書

岩出村

本村古時都賀郡に属し岩田郷と称し、永享元己酉年皆川の庄と改め、六十三ヶ村の連合となりし事あり。明治十一年十一月八日都賀郡を上下二郡に分け、則ち下都賀郡に属す。村名は昔時より変称したる事なし。

彊域　東は永野川及磧地を以て本郡泉川村に界し、西は字馬坂より草倉迄は山峯、又は小飯盛山の平服なる道中央を以てす。又草倉より南は山峯を以て本郡皆川城内村に接し、南は永野川及道路・溝渠又は字角道の平担或は渓水を以て堺とし、夫より富士山の嶺に至る迄本郡薗部村に連り、西南の隅は嶺を以て同郡西山田村に接し、北は永野川及畑を以て本郡大皆川村界し、西北隅は赤沼川の中央乃至道中央を以て皆川城内村に接す。

幅員　東西二十三町二十五間、南北九町九間　面積　九十三町三反三畝十一歩

内訳

七十八町五反八畝二十四分、明治九年地租改正調理の額

川一町五反二畝十一歩

溝渠一町九反七畝三歩

道路四町九反十八歩

堤塘六反三畝三歩

土揚場一町六反二十四歩

土手敷八反八畝二十七歩

芝地二町八反六畝二十九歩

池六歩

石塚八畝二十一歩

藪二反五畝二十五歩

小計十四町七反四畝十七歩

管轄沿革　永享元己酉年頃より長沼淡路守領す、石高不詳。天正十六年より阿部対馬守領す。承応三甲午年より徳川家代官近山与左衛門氏支配す。寛文二年検地あり、村高三百六十五石八斗九升となる。貞享四年五月より北条美濃守領す。元禄十一年より米倉丹後守領し、明治四年七月より六浦藩の支配となり、同年十一月より栃木県の管轄となる。永享中より是に至る迄一村数給に分れたる事なし。

里程　村の中央字屋敷前より

栃木旧県庁え卯の方二十五町

宇都宮栃木県庁へ寅の方七里二十九町十九間二尺

下都賀寒川郡役所へ辰の方二十九町四十六間

栃木警察署へ辰の方三十一町

栃木裁判所へ辰の方三十二町二十二間

栃木電信分局へ卯の方二十五町十間　以上官庁に至る里程

栃木町へ卯の方二十五町

冨田宿へ午の方一里十五町　以上幅湊の地に至る里程

泉川村へ寅の方九町五十五間

薗部村へ午の方十五町三十五間五尺

西山田村へ未の方一里十五町四間四尺

皆川城内村へ戌の方二十二町十五間四尺

大皆川村へ子の方十町四十三間一尺　以上接続村へ至る里程

地勢　西南北の三面は冨士・草倉・飯盛・小飯盛・布渕等の諸山を負ひ、東北は永野川の琉水を帯ひ、其形琵琶の状をなす。西南高く東は低し。運輸の便利可にして薪炭等にも乏からす。民居は村道皆川城内村への道路に沿ひ人家二十二戸点在せり

地味　田は全管の五等乙より起り十五等の甲に止む。畑は全管の五等甲より起り十五等の乙に止む。

【表一地味】

地種

民有第一種

田十七町九反三畝六歩

此地価金八千八百七十二円十八銭五厘　筆数二百筆

五等乙より起り十五等甲に止む

畑十一町七反十八歩

表一　地味

字地名	村の中央より方位	土色	地質	沃瘠	地味等級略	種芸適否	旱澇有無
川原	卯の方	薄赤	砂地	瘠	八等	早稲中稲小麦木綿宜 晩稲大麦麻悪	無
天神前	辰の方	黒	野土	同	五等	早稲中稲小麦宜 晩稲木綿麻悪	同
庚申前	卯の方	同	真土 石交	肥	同	同	有
屋敷前	中央	薄赤	真土	同	一等	麻木綿大麦大豆 小麦早稲中稲晩稲共宜	無
向山	未の方	黒	野上	瘠	六等	大麦小麦陸稲粟に宜 大豆木綿悪	同
坊ノ入	未の方	同	同	同	八等	早稲中稲小麦に宜 晩稲大豆木綿悪	有
北山前	戌の方	赤黒混	野土	同	三等	中稲大麦小麦蕎麦宜 早稲麻木綿悪	有
布渕	子の方	黒	砂地 石交	同	七等	麻藍蕎麦小麦宜 大麦小麦木綿悪	無
打越	亥の方	同	野土	同	十等	蕎麦粟稗宜 麦小麦麻悪	有
弥三郎	戌の方	黒	野土	瘠	十二等	漆稗粟等に宜 大麦小麦木綿悪	有
馬坂	同	同	同	同	同	蕎麦小麦粟に宜 麻藍大豆に悪	同
飯盛	酉の方	同	同	同	十三等	早稲小麦蕎麦宜 大麦大麦麻に悪	同
岩下	巳の方	赤黒	同	同	十等	早稲小麦蕎麦に宜 晩稲大麦木綿悪	同

此地価金千九百二十七円八十三銭九厘　筆数百七十四筆
五等甲より起り十五等乙に止む
宅地四町七畝二十六歩
此価金千百三十一円一銭二厘　筆数二十二筆
一等より二等乙に止む
平林二町一反八畝三歩
此地価金三十二円七十一銭七厘　筆数二十九筆
五等より起り十等に止む
林山二十七町二反四畝二十一歩
此地価金二百六十二円九十九銭五厘　筆数二百四筆
四等より起り等外三等に止む
芝地三反六畝十一歩
此地価金七十二銭七厘　筆数五筆　類外三等
藪一反三畝十一歩
此地価金二十六銭七厘　筆数八筆　類外三等
民有第二種
溜一反五畝二十三歩　筆数二筆
墓地一反四畝二十六歩　筆数二筆
獣畜埋場一反七畝二十二歩　筆数一筆
官有第一種
神地四畝三歩　筆数一筆
官有第三種
堂地一畝六歩　筆数一筆
芝地一町一反五畝歩　筆数十二筆
林山一町八畝二十四歩　筆数一筆
秣場十町四反七畝歩　筆数一筆
総計反別七十六町八反八畝二十歩
地価金一万二千二百二十七円七十四銭二厘　筆数六百六十三筆
以上明治九年より十一年に至る地租改正調理の額
田十七町五反三畝十二歩
此高二百六石七斗三升一合　筆数三百二十七筆
畑十五町八反一畝二十二歩
此高百三十九石四斗八升九合　筆数三百五十筆
屋敷一町九反六畝二十一歩　此高十九石六斗七升　筆数二十二筆
大縄場二町三反四畝三歩　筆数二十三筆
山二十七町二反四畝十八歩　筆数九十二筆
秣場十四町八畝歩　筆数一筆

表二　字地

字名	位置	廣袤	面積	民居	旧字名	四至
川原	卯の方	東西一町二十間 南北七町三十間	五町九反三畝九歩	○	川原	東は永野川及磧地を以泉川村に、南は用水堀を以薗部村に、西は田を以て字天神前及庚申前の両所に、北は永野川及磧地を以大皆川村・泉川村の両村に界
天神前	辰の方	東西三十六間 南北二町二十間	七町八反八畝十歩	○	天神前	東は田を以て字川原に、南は堀を以て薗部村に、西は道を以て字岩下に、北は塚を以て字庚申前に界す
庚申前	寅の方	東西一町二十八間 南北一町四十間	三町五反四畝四歩	七戸	庚申前	東北は堀を以て字川原に、南は堀を以て字天神前に、西は道を以て字屋敷前に界す
屋敷前	中央	東西一町三十間 南北三町十二間	六町五畝九歩	七戸	屋敷前	東は道を以て字庚申前に、南は堀を以て字岩倉に、西は畑を以て字北山前に、北は堀を以て字川原に界す
向山	未の方	東西三十四間 南北五十二間	五反八畝二歩	○	向山	東は宅地を以て字庚申前に、西は山の裾を以て字坊ヶ入に、南は山根を以て字岩倉に、北は堀を以て字北山前に界す
坊ヶ入	未の方	東西四十五間 南北一町二十五間	一町六反九歩	○	坊ヶ入	東は山根を以て字向山に、南は道を以て字中山に、西は堀を以て字飯盛に、北は堀を以て字北山前に界す
北山前	亥の方	東西三町 南北三十間	四町七反七畝二十七歩	八戸	北山前	東は畑を以て字屋敷前に、南は堀を以て字飯盛に、西は道を以て字植ノ山及打越の両所に、北は堀を以て字布渕に界す
布渕	子の方	東西三町 南北三十間	一町六畝二十三畝	○	布渕	東は道を以て字川原に、南は山根を以て字北山前に、西は道を以て字打越に、北は畑を以て大皆川村に界す
打越	亥の方	東西一町二十間 南北五十六間	九反一畝二十六歩	○	打越	東北の二方は堀を以て字布渕に、南は道を以て字植ノ山に、西は山根の道を以て字弥次郎に界す
弥次郎	戌の方	東西二町二十間 南北一町五十間	一町九反七畝十八歩	○	弥次郎	東は山根の道を以て字打越に、南は山根の道を以て字植ノ山に、西は川を以て皆川城内村に、北は永野川を以て大皆川村に界す
植ノ山	戌の方	東西五町四十間 南北二町	三町八反八畝十五歩	○	植ノ山	東南は宅地及山根を以て字北山前に、西は道を以て字馬坂に、北は道を以て字弥次郎に界す
馬坂	同	東西二町四十七間 南北四十六間	一町六反五畝十三歩	○	馬坂	東は道を以て字北山前に、南は堀を以て字飯盛に、西は道を以て皆川城内村に、北は赤沼川を以て同村に界す
小飯盛	酉の方	東西一町四十間 南北二町三十間	一町四反四畝九歩	○	小飯盛	東は道を以て字飯盛に、南西は道を以て皆川城内村に、北は堀を以て字馬坂に界す
中山	未の方	東西六町三間 南北一町六間	四町八反五畝三歩	○	中山	東は山腹の道を以て字岩倉・岩下の両所に、南は道を以て字彦九郎に、西は道を以て字飯盛に、北は山根及道を以て字北山前及向山の両所に界す
岩倉	牛の方	東西三町十間 南北二町	二町九反八畝十五歩	○	岩倉	東は道を以て字天神前に、南は道を以て字岩下に、西は山道を以て字中山に、北は堀を以て字屋敷前に界す
飯盛	酉の方	東西四町九間 南北二町二十間	七町一反七畝二歩	○	飯盛	東は堀を以て字坊ヶ入に、南は道を以て字中山に、西は道を以て字小飯盛に、北は堀を以て字馬坂に界す
岩下	己の方	東北四町十間 南北一町三十間	五町一反五畝十九歩	○	岩下	東は道を以て字天神前に、南は堀を以て薗部村に、西は道を以て字彦九郎に、北は道を以て字岩倉に界す
彦九郎	未の方	東西六町 南北二町十三間	四町六畝二十一歩	○	彦九郎	東は道を以て字岩下に、南は道を以て字角道に、西は道を以て字飯盛に、北は道を以て字中山に界す

角道	同	東西九町二十間 南北一町十間	十三町五畝歩	○	角道	東は谷地を以て薗部村に、南は山嶺を以て西山田村に、西は峯を以て皆川城内村に、北は峯道を以て字彦九郎及中山の両所に界す
計十九ヶ所	○	○	七十八町五反 八畝二十四歩	二十二戸	十九ヶ所	○

官林八町三反十六歩　筆数三筆
社地一畝歩　筆数一筆
墓地四畝二十四歩　筆数一筆
死馬捨場四畝歩　筆数一筆
総計反別八十七町三反八畝二十六歩
　高三百六十五石八斗九升　筆数八百二十一筆　以上明治五年改正の額

【表二字地】

貢租

　田租金二百六十六円十七銭四厘
畑租金五十七円八十四銭
宅地租金三十三円九十二銭七厘
平林租金九十八銭二厘
芝地租金二銭一厘
薮租金八厘
林山租金七円八十一銭六厘
　総計金三百六十六円八十四銭八厘　以上明治九年地価百分の三
田租金二百二十一円八十一銭二厘
畑租金四十八円十九銭十三厘
宅地租金二十八円二十七銭六厘
平林租金八十一銭八厘
芝地租金一銭七厘
薮地金八厘
林山租金六円五十八銭三厘
　総計三百五円七十銭五厘　以上明治十一年地価百分の二ヶ半
米四十石三斗六升四合
畑屋敷永二十九貫百六文
大縄田米七升四合
大縄畑永九百五十四文
山永二貫八百五文三分
口米一石一斗五升三合
口永一貫百九十五文
小物成永五貫三百八十四文
　総計米四十一石五斗九升一合　永三十九貫四百四十四文三分
　　以上明治五年の納額

賦金　無之

【表三戸数・表四人員・表五牛馬】

山　**飯盛山**　高さ斜行五十丈余、周回凡十町余、村の申の方にあり。嶺上より東南西の三方は本村の山林に属し、北は本村の耕地に臨めり。山脈本郡西山田村の晃石山より来り茲に至て一起す。是より東に奔るものは本村の岩倉に止む。樹木は楢栗多く生す。又富士山の形に似たるを以て俗に岩出富士とも称すなり。

岩倉山　高さ斜行二十丈余、周回凡十五町、村の中央にあり。東南北の三面は本村の耕地に臨み、西は本村の中山に接す。山脈西山田村の晃石山より来りて茲に止む。本山の半服に四十八窟あり。天正十四年頃、領主皆川山城守廣照小田原北条氏政と本村角道の原に旋て抗戦の時、之を築きしと云ふ。後ち追々崩滅して今は僅に一窟存在す。樹木は楢栗多し。是より午の方本郡平井村の大平山を相距る事凡十五町なり。

中山　高さ斜行六十丈、周回凡二十町、村の申の方にあり。嶺上より南は角道の原に臨み、東北西の三方は本村の山林に属し、山脈本郡西山田村の晃石山より来りて茲に至て一起す。樹木は楢栗の類生す。

川　**永野川**　幹流平水。浅き所一尺五寸深き所八尺廣き所三十間狭き所二十八間。急流清水舟筏不通。堤防あり。水原は本郡永野村の百川に発し、星野村を経て鍋山村に至り出流川を合せ、夫より梅沢村・大久保村・尻内村・千塚村・宮

表三　戸数

種類	明治八年	明治九年	明治十年
本籍	二十三戸	同	同
士族	一戸	同	同
平民	二十二戸	同	同
寄留	無之	同	同
社			
村社	一社	同	同
堂	一宇	同	同
合計	二十五宇	同	同

村・皆川城内村の各村にて渓水を合せ、本村字川原に入り卯の方に向ひ、二町二十間下流して泉川村に入り、夫より本村と泉川村との間を巳午の方に向ひ、一町三十五間迂流して本郡薗部村に入る。

溝渠　**中堀**　渓水幹流。深き所二尺浅き所一尺廣き所四尺狭き所二尺。水原は本村字飯盛より発し、本村字馬坂・北山前・屋敷前・天神前等の田七町歩の用水に漑き、余水は南堀に潟下す。

弥次郎堀　渓水幹流。浅き所一尺深き所二尺廣き所六尺狭き所四尺。水原は本村字布渕山より湧出し、辰己の方に向へ十町三十三間下流して字庚申前・屋敷前・天神前等の田三町余歩の用水に漑き、余水は永野川に潟下す。

南堀　渓水幹流。深き所二尺浅き所一尺廣き所四尺狭き所二尺。水原は本村字角道及彦九郎より発し、卯の方に向い九町四十間下流して字岩下及天神前の田五町歩余の用水に漑き、余滴は永野川に潟下す。

三之丈堀　湧水幹流にして本村字川原より出水し、本字及天神前等の田二町歩の用水に漑き、余水は永野川に潟下す。

表四　人員

種類	明治八年	明治九年	明治十年
男	六十七口	七十口	七十口
士族	一口	一口	一口
平民	六十六口	六十九口	六十九口
女	六十九口	六十九口	七十口
士族	二口	二口	二口
平民	六十七口	六十七口	六十八口
総計	百三十六口	百三十九口	百四十口

表五　牛馬

種類	明治八年	明治九年	明治十年	明治十七年
馬	十五頭	同	同	同
牝馬	十五頭	同	同	同

【表六橋梁】

道路　**太平往還**　村道。村の丑の方字川原・大皆川村堺より、午の方字角道・薗部村界に至る長八町十八間幅九尺。字岩下より左に折れ富田往還の支道あり。

栃木往還　村道。村の西の方字馬坂・皆川城内村堺より卯の方字川原・泉川村堺に至る長十四町三十一間幅九尺。

堤塘　**岩出堤**　永野川に沿い、村の丑の方泉川村界字川原より天神前を経て字布渕に至る長十町五十一間。馬踏一間堤敷三間高さ五尺。根堅め樹木及菱牛蛇籠あり。

神社　**天満宮**　村社々地東西十五間南北十間面積四畝三歩、官有地、村の酉の方

表六　橋梁

橋名	村中央より方位	位置	製質	長	幅	修繕費の区別	川名
中堀橋	辰の方	天神前	石	六尺	五尺	民費	中堀
屋敷前橋	中央	屋敷前	土	同	同	同	弥次郎堀
地蔵橋	辰の方	同	石	同	同	同	同
彦九郎橋	未の方	岩下	木	同	同	同	彦九郎堀
太平橋	〃	〃	同	八尺	同	同	角道堀
天神橋	辰の方	天神前	土	六尺	同	同	同
川原橋	卯の方	〃	同	同	同	同	三之丈堀
計七ヶ所	○	○	○	○	○	○	○

表七　物産

種類	品目	明治九年一月現在産額	明治十年一月現在産額	明治十一年一月現在産額
植物	麻	六十二円	七十五円	九十三円七十五銭
	皮麻	百八十七円五十銭	二百十一円	二百五十円
	薪	四十円	五十円	六十円
	米	四百二十四円	四百七十一円十一銭	五百三十円
製造物	畳間	百二十円	百八十円	二百円
合計		八百三十三円五十銭	九百八十七円十一銭	千百三十三円七十五銭

字馬坂・植ノ山の麓にあり。菅原道真を祭る。祭日陰暦二月二十五日、祠南向縦三尺横三尺、社地樹木は椨栗の小木あり。氏子二十二戸。

堂　地蔵堂　村の卯の方字庚申前にあり。境内東西八間南北四間面積一畝六歩、官有地、創立年月不詳、本堂縦九尺横九尺東向、本尊地蔵菩薩は石像にて立像丈四尺五寸。境内樹木なし。信徒二十二戸。

学校　国賓舎に属す。村の子の方大皆川村にあり。明治八年本村より通学する生徒十二人内男十人女二人、明治九年は十四人内男十人女四人、明治十年は十六人男十二人女四人なり。明治十六年十一月泉川村の育戈学校に合併す。

角道古戦場　大永六丙戌年皆川山城守俊宗小田原左京之大夫氏綱両氏の戦う地にして、其後天正十四年皆川山城守廣照小田原北条氏政両氏復た屡此地にて戦い、小田原勢九百人余又皆川勢四百余人戦死すと云う。此地に墳十三あり。其十二は斜面の半服に点在し、其一は峯上なる皆川城内村との境界にあり。就中第一の大墳なり。即北条皆川二氏の戦死者を埋し墳にして世人是を称して千人墳と云う。今に此地を角道原と云い、又一説には菖蒲ヶ谷とも云う。村の申の方字角道にあり（(角道は）旧と角堂と書しか）。享和元辛酉年検地の際改めて今の角道の字を用ゆ。

【表七物産】

民業　男女共農を業とす。農暇には採樵を業とす。女は農暇には木綿糸を挽き又畳間を織るを業とす。

地誌編輯材料取調書

新井村

本村古時より都賀郡に属し、皆川荘と称し皆川城内外六十二ヶ村の連合なりしと古老の口碑に伝へり。寛永二十癸未年分郷し西新井村東新井村となり、明治五壬申年三月合併して旧に復す。明治十一年十一月都賀郡を上下二郡に分かち、則ち下都賀郡に属す。

彊域　東北は道路及畑を以て本郡野中村に界し、南は堀及畑宅地等を以て本郡泉川村に隣りし、西は道路を以て同郡大皆川村に接し、西北の隅は道中央を以て本郡皆川城内村に連なり、東南隅は堀中央を以て同郡風野村に堺す。

幅員　東西十町五間三尺、南北十三町二十六間三尺、面積百十五町九反一歩

内訳

反別百七町七反四畝十三歩　明治九年より十一年に至る地租改正調理の額
池二畝二十九歩
溝渠一町六反三畝十六歩
道路五町二反五畝二歩
土揚場四反二畝十七歩
土手敷四反九畝二十六歩
芝地三反一畝二歩
塚十六歩
　小計反別八町一反五畝十八歩

管轄沿革　嘉吉三癸亥年頃より皆川山城守領し、元和年間より徳川氏の領所となり、村高七百九十九石五斗九升七合。寛永二十癸未年本村を東西二村に分け、西新井村は高三百九十八石二升四合、東新井村は高四百一石五斗七升三合なり。同年より両村共徳川家代官八木源七氏支配し、万治三庚子年より阿部対馬守両村共領し、寛文七丁未年より両村共堀田筑前守の知行となり、享保四己亥年より代官松平九郎左衛門氏両村支配す。享保九甲辰年より代官池田喜八郎氏両村共支配し、享保十乙巳年東新井村は二給に分れ、一は大久保伊勢守三百六十石知行し、一は従前の通池田喜八郎氏四十一石五斗七升三合支配す。享保十六辛亥年より西新井村及東新井村の内四十一石五斗七升三合野呂伊右衛門氏の支配となり、宝暦六丙子年より右同跡田中八兵衛氏の支配となり、宝暦九己卯年より右同高品伝治郎氏支配す。明和元甲申年より右同宇賀井左十郎氏支配し、明和五戊子年より川崎市之進氏右同支配し、安永元壬辰年より川崎平左衛門氏右同支配し、安永八己亥年より蓑笠ノ助氏右同支配し、寛政四壬子年より山本太郎左衛門氏支配し、寛政五癸丑正月より菅沼嘉平治氏の支配所となり但高右に同じ。文政十一戊子年より土井大炊頭領分となり、明治三年中東新井村の内高三百六十石、大久保伊勢守知行の内秣高二石五斗を引、風野村へ飛地にて元竹本治太夫氏知行所なる高八斗七升四合を加ひ、差引高三百五十八石三斗七升一合。同年より日光県支配となり、明治五年三月東西新井村合併の義被仰度両村合せて旧に復す。高七百九十七石九斗六升八合。同年より当栃木県の管轄となる。

里程　村の中央字天沼より

栃木旧県庁へ卯の方三十一町
宇都宮栃木県庁へ寅の方七里三十二町一間四尺
下都賀寒川郡役所へ辰の方三十五町
栃木裁判所へ辰の方一里
栃木警察署へ辰の方三十四町
栃木雷信分局へ三十一町三十間　以上官庁に至る里程
栃木町へ辰の方三十三町四十二間二尺　以上幅湊の地に至る里程
泉川村へ午の方八町四十五間
野中村へ卯の方十七町三十二間三尺
風野村へ辰の方十二町四十九間
大皆川村へ未の方八町五十間
皆川城内村へ酉の方二十九町十九間四尺　以上接続村へ至る里程

地勢　東南は耕地に臨み、西北は畑に接し、其形述ぶる不能、依て略図に示す。全村平地にして運輸の便利よし。薪炭等は少し。民居は旧二等道路永野往還の左右に人家七十九戸点在す。又東南の隅に人家三戸あるを字松下と云ふ。是は風野村に接続し元字風野と云ひし故、今に風野と慣称せり。

【新井村地勢の略図は省略した】

地味　田は全管の五等甲より起り十三等の甲に止む　畑は全管の四等甲より起り十四等の甲に止む

【表一地味】

地種

民有第一種

田十七町九段二畝二十二歩　此地価金一万八十五円八十銭六厘

筆数百六十六筆　五等甲より起り十三等甲に止む

畑六十三町二段八畝六歩　此地価金一万二千三百四十九円七十三銭七厘

筆数六百一筆　四等甲より起り十四等甲に止む

宅地十七町九反二畝二十七歩　此地価金五千三百四十九円三十八銭三厘

筆数百筆　一等甲より起り一等乙に止む

平林六町三反七畝七歩　此地価金百六円四銭七厘

筆数四十九筆　五等より起り十等に止む

民有第二種

墓地八畝二十三歩　筆数三筆

獣畜埋場二十歩　筆数一筆

官有第一種

神地四反五畝十九歩　筆数四筆

官有第三種

堂地二畝十二歩　筆数一筆

芝地一反四畝二歩　筆数五筆

沼二反九畝八歩　筆数三筆

官有第四種

寺地二反一畝十二歩　筆数一筆

総計反別百六町七反三畝八歩

地価金二万七千八百九十円九十七銭三厘　筆数九百三十四筆

以上明治九年より十一年に至る地租改正の額

田七町五反八畝六歩　此高七十石九斗一升一合　筆数六十四筆

畑七十五町九畝二十八歩　此高六百三十七石五斗九合　筆数八百八十筆

屋敷八町八反六畝六歩　此高八十八石六斗二升一合　筆数百三筆

表一　地味

字地名	村の中央より方位	土色	地質	沃瘠	地味等級略	種芸適否	旱潦有無
檜下 中田	辰の方	薄青	真土	瘠	一等より五等に至	中稲宜 早稲悪	有
松下 前田	同	薄赤	真土 粘交	同	自二等 至六等	中稲大麦大豆宜 木綿藍は少悪	有
樋口	卯の方	同	粘土	同	自四等 至十一等	中稲大麦大豆宜 木綿麻等に悪	有
宝加塚	巳の方	同	真土 粘交	同	四等	中稲大麦大豆宜 木綿麻等に悪	有
東耕地	卯辰の方	同	同	同	五等	大麦小麦麻宜 木綿悪	有
堂ノ前 伸ノ町	卯の方	同	同	同	自三等 至十一等	大麦小麦麻藍宜 木綿悪	有
鹿島前	寅の方	同	同	同	自四等 至十三等	同	同
鹿島森	丑の方	黒	野土	同	自七等 至十三等	小麦大根等に宜 木綿藍等に悪	無
岩井道	同	薄黒	粘土	同	自七等 至十等	大麦麻藍等に宜 木綿に悪	有
藤ノ宮 北浦	子の方より丑の方に有之	薄赤	真土 粘交	同	七等	同	有
中妻 明開	同	同	同	同	自七等 至十二等	同	有
天沼	中央	同	同	同	自六等 至十三等	同	有
西耕地 榎下	酉の方	薄黒	砂地 石交	同	自一等 至十四等	小麦麻大豆小豆宜 木綿等に悪	有
北耕地	子の方	薄赤	真土 粘交	同	自三等 至八等	同	有
宮北	亥の方	薄黒	真土	肥	一等	麻藍大麦小麦宜 木綿悪	有
稲荷森	戌の方	同	砂地 石交	痩	五等	同	有

表二　字地

字名	位置	廣袤	面積	民居	旧字名	四至
檜下	辰の方	東西二町五十六間 南北一町十九間	四町一反五畝 十一歩	○	檜原　水下 下田　檜下	東は堀を以て風野村に界し、南西は堀を以て泉川村に隣りし、北は道を以て字中田及松下の両所に堺す
中田	同	東西二町十三間 南北一町三十五間	四町一畝 十七歩	○	中田 上田	東は道を以て字松下に、南は道を以て字檜下に、西は堀を以て泉川村に、北は道を以て字前田に界す
松下	同	東西二町二十一間 南北二町五十間	四町二反七畝 四歩	三戸	風野西　松下 風野	東は堀を以て野中村及風野村の両村に界し、南は溝渠を以て字檜下に接し、西は道を以て字中田に、北は堀を以て字樋口に界す
樋口	卯の方	東西一町五十七間 南北一町五十五間	三町九反二畝 十七歩	一戸	雷 樋口	東は堀及道を以て野中村に、南は堀を以て字松下に、西は堀を以て字前田及東耕地の両所に、北は道路を以て字仲ノ町に界す
前田	辰の方	東西二町十五間 南北一町五十四間	四町八反四畝 十六歩	四戸	前田	東は堀及道を以て松下及樋口の両所に、南は道を以て字中田に、西は道を以て字宝加塚に、北は道を以て字東耕地に界す
宝加塚	己の方	東西一町 南北一町五十一間	一町八反五畝 十一歩	○	宝加塚	東は道を以て字前田に、南西は溝を以て泉川村に、北は道を以て字東耕地に界す
東耕地	卯辰の方	東西二町二十三間 南北二町四十二間	七町六反六畝 二十二歩	十五戸	東耕地	東は道及堀を以て字仲ノ町及樋口の両所に、南は道を以て字前田及宝加塚の両所に、西は溝を以て字天沼に、北は道路を以て字明開及堂ノ前の両所に、西南隅は溝を以て字泉川村に界す
仲ノ町	卯の方	東西一町二十間 南北二町五十八間	七町四反九畝 十三歩	二戸	並木 仲ノ町	東は道を以て野中村に、南は道路を以て字樋口に、西は道を以て字東耕地及堂ノ前の両所に、北は道を以て字鹿島前に界す
堂ノ前	同	東西一町四間 南北一町三十一間	一町八反 五畝二歩	○	鹿島下 堂ノ前	東は道を以て字仲ノ町に、南は道を以て字東耕地に、西は道を以て字明開に、北は道を以て字鹿島前に界す
鹿島前	寅の方	東西二町三十七間 南北一町五十七間	六町一反 九畝九歩	○	鹿島前	東は道を以て字野中村に、南は道を以て字仲ノ町及堂ノ前の両所に、西は道を以て字明開及中妻の両所に、北は道を以て字藤宮及鹿島森の両所に界す
鹿島森	丑の方	東西五十七間 南北一町十五間	一町一反 八畝十六歩	○	鹿島森	東は道及畑を以て野中村に、南は道を以て字鹿島前に、西は道を以て字藤宮に、北は道を以て字岩井道に界す
岩井道	同	東西三町七間 南北一町七間三尺	四町五反七畝 十六歩	○	岩井道	東は道を以て字鹿島前に、南は道を以て字藤宮に、西は道を以て字北浦に、北は畑を以て野中村に、西北の隅は道を以て同村に界す
藤ノ宮	同	東西一町二十二間 南北一町十五間	一町九反五畝 三歩	○	藤ノ宮	東は道を以て字鹿島森及鹿島前の両所に、南は道を以て字鹿島前に、西は道を以て字北浦に、北は道を以て字岩井道に界す
北浦	子丑の方	東西三町 南北一町五十五間	五町三反一畝 五歩	○	藤西	東は道を以て字岩井道及藤宮の南所に、南は道を以て字中妻に、西は道を以て字北耕地に、北は道を以て野中村に界す
中妻	子の方	東西三町二十三間 南北一町三十間	五町二反七畝 二十二歩	九戸	仲妻浦 中妻	東は道を以て字鹿島前に、南は道を以て字明開に、西は道を以て字北耕地に、北は道を以て字北浦に、西南の隅は道を以て字天沼に界す
明開	丑の方	東西二町三十間 南北二町十七間	五町四反七畝 八歩	八戸	天沼	東は道を以て字堂ノ前に、南は道を以て字東耕地及天沼の両所に、西は道を以て字天沼及中妻の両所に、北は道を以て字中妻に、東北の隅は道を以て字鹿島前に界す
天沼	中央	東西二町十四間 南北四町二間	八町五反三畝 十八歩	二十一戸	天沼	東は堀を以て字東耕地に、南は畑及平林又は沼の中央を以て泉川村に界し、西は道及畑を以て字西耕地に界し、北は道を以て字北耕地に、東北の隅は道を以て字明開及中妻の両所に界す
西耕地	酉の方	東西三町 南北二町三間	七町八反二畝 二十六歩	七戸	西耕地	東は道を以て字天沼に、南一半は道及畑又は溝の中央等を以て泉川村に、又其一半は道を以て大皆川村に、西は道を以て同村に、北は道を以て字榎下及北耕地の両所に界す

榎下	同	東西二町二間 南北一町四十五間	三町六反三畝 二十歩	四戸	榎西 榎下	東は道を以て字北耕地に、南は道を以て字西耕地に、西一半は道を以て大皆川村に、其一半は道を以て字稲荷森に、北は道を以て字稲荷森及宮北の両所に界す
北耕地	子の方	東西二町四十六間 南北三町三十三間	八町三反七畝 十歩	十戸	北耕地	東は道を以て字北浦及中妻の両所に、南は道を以て字天沼及西耕地の両所に、西は道を以て字榎下及宮北の両所に、北は道を以て皆川城内村及野中村の両村に界す
宮北	亥の方	東西一町五十三間 南北一町四十間	三町五反一畝 二十四歩	一戸	櫻北 宮北	東は道を以て字北耕地に、南は道を以て字北耕地及榎下の両所に、西は道を以て字稲荷森に、北は道を以て皆川城内村に界す
稲荷森	戌の方	東西二町四十六間 南北二町二十間	五町八反 二十三歩	○	稲荷森	東は道を以て字宮北に、南一半は道を以て字榎下に、其一半は道を以て大皆川村に、西北は道を以て皆川城内村に界す
計 二十二ヶ所	○	○	百七町七反 四畝十二歩	八十五戸	三十四ヶ所	○

除地四反五畝二十七歩　筆数七筆

総計反別九十二町七歩　高七百九十七石四升一合　筆数千五十四筆

以上明治五年改正の額

【表二字地】

貢租

田租金三百二円五十七銭三厘

畑租金三百七十円四十九銭七厘

宅地租金百六十円四十八銭二厘

平林租金三円十八銭三厘

総計金八百三十六円七十三銭五厘　以上明治九年地価百分の三

田租金二百五十二円十五銭三厘

畑租金三百八円七十五銭

宅地租金百三十三円七十三銭七厘

平林租金二円六十五銭三厘

総計金六百九十七円二十九銭三厘　以上明治十一年地価百分の二ヶ半

米三十八石七斗五合

畑屋敷永百七十四貫七百十六文

秣永一貫五十八文

口米一石一斗五合

口永五貫四百五十六文

小物成永六貫八十九文

総計米三十九石八斗一升　永百八十七貫三百十九文　以上明治五年の納額

賦金

国税

酒類営業免許税五円

以上明治八年より十年迄異動なし

【表三戸数・表四人員・表五牛馬・表六橋梁】

溝渠　**天神堀**　乾流湧水平水。浅き所一尺深き所三尺広き九尺狭き一間。緩流清水堤防なし。水原は本村字天沼天神社の際なる天沼より湧出し、卯の方に向ひ、一町十間下流して辰巳の方に向ひ、一町三十三間迂流して二派に分。一は辰の方に向ひ、七町三十五間曲流して本村字松下に至り風野村との境界に入り、風野村・野中村の用水となる。一は午の方に向ひ、三町二十間下流して数派に分れ、本村字宝が塚・前田・桶口・松下・中田・檜下の田十七町九反余歩の田用水に漑き、余水は天神堀に瀉下す

西堀　湧水にして本村字榎下の沼より出水し、午の方に向ひ、字西耕地中を六町迂流して泉川村に入る。

木八堀　湧水にして本村字明開木八沼より出水して、天神堀に落つ

清水堀　湧水にして本村字北耕地宅地中より出水して、天沼に入る。

精進場堀　本村字天沼の南端なる精進場と称する沼より出水し、泉川村を経て本村字宝加塚に至り、本村と泉川村との間を南流し、両村の用水に帰す。

道路　**永野往還**　旧二等道路に属す。村の亥の方字宮北・皆川城内村堺より、巳の方字宝加塚・泉川村界に至る。長九町二十九間幅二間、字天沼より西に折れ、

表三　戸数

種類	明治八年一月現在	明治九年一月現在	明治十年一月現在
本籍	八十三戸	八十六戸	九十戸
士族	○	○	○
平民	八十三戸	八十六戸	九十戸
寄留	二戸	三戸	四戸
内			
出寄留	二戸	三戸	四戸
入寄留	○	○	○
社	四社	四社	四社
内			
村社	一社	一社	一社
無格社	三社	三社	三社
寺	一宇	一宇	一宇
内			
真言宗	一宇	一宇	一宇
堂	一宇	一宇	一宇
総計	九十一宇	九十五宇	百宇

表四　人員

種類	明治八年一月現在	明治九年一月現在	明治十年一月現在
男	二百十口	二百十八口	二百二十四口
士族	○	○	○
平民	二百十口	二百十八口	二百二十四口
女	二百十四口	二百十九口	二百十六口
士族	○	○	○
平民	二百十口	二百十九口	二百二十四口
寄留	十五口	十八口	二十口
入寄留	○	○	○
出寄留	十五口	十八口	二十口
男	八口	九口	十一口
士族	○	○	○
平民	八口	九口	十一口
女	七口	九口	九口
士族	○	○	○
平民	七口	九口	九口
総計	四百三十九口	四百五十五口	四百六十口

表五　牛馬

種類	明治八年一月現在	明治九年一月現在	明治十年一月現在
牡馬	二十九頭	三十頭	三十三頭
計	〃	〃	〃

車分可之出

大皆川村へ通行の支道あり。

栃木街道　村の中央字天沼、永野往還の際より卯の方字仲ノ町・野中村界に至る長六町四十間巾二間。字東耕地より南に折れ、泉川村へ通行の支道あり。

合戦場往還　村道。村の酉の方字榎下・大皆川村界より寅の方字岩井道・野中村堺に至る長十町十二間巾九尺乃至二間。

吹上往還　里道。村の卯の方字堂ノ前の辻より丑の方字鹿島森・野中村界に至る長五町四十間幅二間乃至九尺。

野中村往還　村の巳の方字宝加塚・泉川村堺より卯の方字仲ノ町・野中村界に至る長五町五十三間巾九尺乃至六尺。

【表七神社明細表】

寺　龍光院　天沼山龍光院薬師寺と号す。村の卯の方字明開にあり。境内東西十八間二尺南北四十二間三尺面積二反一畝十二歩。官有地。当寺は下野国下都賀郡皆川城内村持明院の末派にして真言宗新義派の末寺なり。創建年月不詳。明治元年の現往浄全なり（幾世ナルヤ不詳）。本堂縦六間横四間半南向き。本尊大日如来は木像にて座像、丈一尺五分。境内堂宇薬師堂縦二間横二間東向き本尊薬師如来。境内桜木三本あり。境外田畑反別一町二反三畝一歩。檀徒八十八戸。

堂　不動堂　村中央字天沼の午方永野往還の際にあり。境内東西六間南北十間三尺面積二畝十二歩。官有地。本堂は元本村の東西隅なる字風野に建立ありたるを、天明年間に今の現地に遷すと口碑に伝べり。本堂縦九尺横一間東向き。本尊不動尊は木像にて立像、丈一尺二寸。境内樹木小杉八本あり。信徒八十二戸。

学校　開盲舎　村の寅の方野中村にあり。明治六年十一月八日野中村と聯合し、明治九年本村より通学する生徒二十五人内男二十二人女三人、明治十年は三十人

表六　橋梁

橋名	村の中央より方位	位置	製質	長	幅	修繕費区別	川名
辻橋	子の方	字北耕地 永野往還	土	一間	九尺	民費	松原悪水
鍛冶橋	同	字同 同道	同	同	同	同	同
清水橋	亥の方	同	同	八尺	同	同	清水堀
堺橋	午の方	字宝ガ塚 永野往還	同	同	同	同	精進場堀
天沼橋	卯の方	字天沼 栃木往還	同	九尺	六尺	同	天神堀
寺橋	同	同	同	同	同	同	同
角橋	同	同	同	同	九尺	同	同
木八橋	辰の方	字明開 栃木往還	同	一間	一間	同	木八堀
野原橋	同	同	土	一間	一間	民費	木八堀
東橋	同	字堂ノ前 栃木往還	土	一間	一間	〃	〃
神明橋	巳の方	字東耕地 里道	同	同	同	同	天神堀
並び橋	同	同	同	同	同	同	〃
金毘羅橋	同	同	同	二間	八尺	同	〃
田中橋	同	同	同	一間	一間	同	用水堀
樋口橋	辰の方	同	同	〃	〃	〃	〃
雷橋	同	字前田 里道	同	〃	〃	〃	〃
野橋	同	字松下 里道	同	〃	〃	〃	〃
松下橋	同	同	同	二間	〃	〃	天神堀
計十九ヵ所	○	○	○	○	○	○	○

表七　新井村神社明細表

社号	位置	祭神	社地縦横	段別及官民有別	社殿縦横	拝殿及神楽殿縦横	社格方位	祭日	事蹟	氏子	境外田畑	大木及樹木の有無
天満宮	村の中央	天穂日命 市杵島姫命	東西一六間 南北一八間	九畝一九歩 官有地	縦二間半 横二間	神楽殿 縦三間 横二間	村社 南向	陽暦 三月二十五日	紬緒創立年月不詳明和元甲申年再建す	八十二戸	○	欅二本櫻一本 杉檜三本づつ 外に榁あり
鹿島神社	寅の方	武甕槌命	東西十二間 南北三十六間	一反三畝十四歩 官有地	縦一丈 横八尺	○	村社 南向	陽暦 十月二十九日	不詳	同	○	杉等アリ
稲荷神社	亥の方	宇賀魂命	東西十九間 南北二十八間	一反六畝十九歩 官有地	縦八尺 横六尺	○	無格社 東向	陰暦 二月初午	〃	同	○	杉二本アリ
二荒神社	戌の方	大巳貴命	東西十七間 南北十一間	五畝二十七歩 官有地	縦二尺 横二尺	○	同 東向	陰暦 四月十七日	〃	同	○	杉四本 欅一本
計四ヶ所	○	○	○	官有 四反五畝十九歩	○	一棟	○	○	○	○	○	○

内男二十五人女五人、又明治八年は十五人内男十三人女二人なり。明治十三年六月本校を離れ泉川村の育才学校と聯合し、今は同校に属せり。

【表八物産】

表八　物産

種類	品目	明治八年一月の現額	明治九年一月の現額	明治十年一月の現額
植物	麻	千三百円	千五百円	二千円
同	藍	百五十円	二百円	二百五十円
製造物	細美			
同	荷縄	五十円	六十円	八十円
同	麻糸			
同	瓦	二百八十円	四百九十円	六百円
計	四品	千七百八十円	二千二百五十円	二千九百三十円

民業　男女共農を以て業とし、女は農暇に木綿糸を挽き又は機を織る。

地誌編輯材料取調書

大皆川村

本村古時都賀郡に属し岩田郷と称し、后ち永享元酉年頃より皆川の庄と称し、六十三ヶ村一連合たりしと古老の口碑に傳へり。明治十一年十一月八日都賀郡を上下二郡に分ち、則ち下都賀郡に属す。本村古来より村名変称した事なし。

疆域　東は道路中央を以て本郡泉川村及新井村の両村に界し、西は永野川中央を以て本郡皆川城内村に接し、南は永野川及畑の畦を以て本郡岩出村に接し、北は道路中央を以て同郡皆川城内村に連ぬ。

幅員　東西七町四十八間南北六町四間。面積七十七町八反六畝十六歩

内訳

六十六町五反七畝二十二歩、明治九年地租改正調理の額
川三町四反二畝七歩
溝渠八反九畝二十八歩
道路二町七反六畝二十六歩
磧地二町九反六歩
附寄洲一反五畝二十六歩
堤塘三反二十五歩
塚二畝十三歩
土揚場三反五畝十二歩
土手敷一反六畝一歩
芝地二反九畝歩
　小計反別十一町二反八畝二十四歩

管轄沿革　永享元巳酉年頃長沼淡路の守領石高不詳。天正年中より皆川山城守領す。天正の末より万治の末迄領主不詳。元禄年中より大宮領となり、宝永二年より滝十左衛門氏支配す。正徳三年より古川武兵衛氏支配す。享保二年より堀半七郎氏支配す。享保九年より池田喜八郎氏支配す。村高五百十五石四斗六升なり。享保十年より村方東西二給に分れ、西は石高二百五十六石三斗九升六合、鳥居丹波守明治四年迄領す。東は石高二百五十九石六升四合、齋藤喜六郎氏支配す。享保十六年より幸田善太夫氏の支配となり、安永元戌子年より安部対馬守領し、天明年間より文政四年迄徳川氏料所たり。文政五年より井ノ上河内守領し、同六年より松平右近将監の領地となり。同八年より羽倉外記氏支配す。天保八年より再ひ井上河内守領し、明治元年日光県の支配となり、明治五年より両給併合して当栃木県の管轄となる。

里程　村の中央字中内より
栃木旧県庁へ卯の方三十町
宇都宮栃木県庁へ寅の方七里三十四町九間二尺
下都賀寒川郡役所へ辰の方三十四町四十六間
栃木警察署へ辰の方一里
栃木裁判所へ辰の方一里一町二十二間
栃木電信分局へ卯の方三十町十間　以上官庁に至る里程
栃木町へ卯の方三十二町五十二間四尺　以上幅湊の地に至る里程
皆川城内村へ酉の方十四町十五間四尺
岩出村へ巳の方十町四十三間三尺
泉川村へ卯の方九町五十五間
新井村へ寅の方八町五十間　以上接続村に至る里程

地勢　東北は耕地に臨み、西南は永野川の流水を帯ひ、形稍四角にして基盤の状に似たり。全村平坦にして運輸の便利よし。薪炭等に乏からす。又民居の模様は旧二等道路栃木街道に沿ひ、又は村道志鳥往還の左右に沿ひ、人家七十八戸点在す。

地味　田は全管の五等乙より起り、十四等の乙に止む。畑は全管の一等乙より起り、十二等乙に止む。

【表一地味】

地種
民有第一種
田六町七反一畝十五歩　此地価金三千六百二十五円六十九銭
　筆数百三十二筆　五等乙より起り十四等乙に止む
畑三十三町六反八畝二十歩　此地価金八千五百六十円八十二銭四厘

筆数三百三十三筆　一等乙より起り十二等乙に止む
宅地十四町五反十三歩　此地価金四千七百六十九円三銭六厘
筆数九十九筆　一等より起り二等に止む
平林三町九反一畝二歩　此地価金六十八円五十三銭七厘
筆数四十八筆　五等より起り九等に止む
芝地二畝九歩　此地価金二銭三厘　筆数一筆　類外四等
薮一畝歩　此地価金二銭　筆数一筆　類外三等
小計反別五十八町八反四畝二十九歩　一万七千二十四円十三銭　六百十四筆
民有第二種
墓地九畝二十歩　筆数八筆
獣畜埋場一反六畝四歩　筆数二筆
官有第一種
神地二反九畝十九歩　筆数三筆
官有第三種
芝地六町六畝十歩　筆数十四筆

表一　地味

宇地各	村の中央より方位	土色	地質	沃瘠	地味等級略	種芸適否	旱潦有無
鹿島 欠ノ上 中原 二本柳	自申の方 至子の方	薄赤	真土	肥	自一等 至六等	大麻藍大麦裸麦に宜 木綿大豆小豆等に悪	無
井ノ上	丑寅の方	同	真土 野土混	瘠	八等	同	有
天神裏 中内 不動裏	自中央 至卯の方	同	真土	肥	自一等 至六等	同	無
舘野	辰巳の方	同	真土 砂交	肥	自六等 至八等	早稲中稲に宜し 晩稲には悪し	同
下モ田 上ミ田	巳午の方	同	同	同	自五等 至十四等	同	有
向川原	午の方	同	砂地 石交り	瘠	自八等 至十四等	桑茶に宜 麦作等に悪	同

堂地一反二畝二十五歩　筆数二筆
畑八畝一歩　筆数一筆
宅地一畝歩　筆数一筆
官有第四種
寺地二反二畝十一歩　筆数一筆
総計反別六十五町九反二十九歩
地価金一万七千二十四円十三銭　筆数六百四十六筆
以上明治九年より十一年に至る地租改正の額
田二町三反八畝歩　此高二十三石一斗六升三合　筆数七十三筆
畑三十四町四反三畝二歩　此高三百九十八石四斗二升三合
筆数三百五十七筆
屋敷七町六反二畝五歩　此高七十六石二斗一升七合　筆数八十九筆
山六反六畝歩　筆数十筆
流作場一町五反六畝七歩　筆数二十六筆
反高場五畝二十歩　筆数九筆
大縄場五反七畝二十七歩　筆数十六筆
秣場凡五町歩　筆数五筆
除地四反二畝二十八歩　筆数六筆
墓所地六畝二十四歩　筆数一筆
総計反別五十二町七反八畝二十三歩
高四百九十七石八斗三合　筆数五百九十二筆
以上明治五年改正の額

【表二字地】

貢租

田租金百八円七十七銭八厘
畑租金二百五十六円八十五銭
宅地租金百四十三円七銭一厘
平林租金二円五銭四厘
芝地租金一厘
薮租金一厘

表二　字地

字名	位置	廣袤	面積	民居	旧字名	四至
鹿島	申酉の方	東西二町三十四間 南北四町十間	十一町七畝二十四歩	二十四戸	鹿島 辻 御堂	東は道を以て字清水内に、南は永野川を以て岩出村に、西は永野川を以て皆川城内村に、北は道を以て字欠ノ上に界す
欠ノ上	戌亥の方	東西一町三十三間 南北一町八間	三町二反九畝六歩	五戸	欠ノ上	東は道を以て字二本柳に接し、南は道を以て字鹿島に接し、西北は永野川及道を以て皆川城内村に界す
二本柳	子の方	東西二町十間 南北三町七間	五町六反一畝十歩	○	二本柳	東は道を以て字井ノ上に、南は道を以て字中原に、西は道を以て字欠ノ上に、北は道を以て皆川城内村に界す
中原	同	東西三町五十四間 南北一町二十七間	五町五反二十四歩	三戸	西中原 東中原	東は道を以て字天神裏に、南は道を以て字中ノ内に、西北は道を以て字二本柳に界す
井ノ上	丑の方	東西二町二十七間 南北三町七間	六町九反六畝九歩	○	南井ノ上 北井ノ上	東北は道を以て新井村に界し、西は道を以て字二本柳に、南は道を以て字中原に界す
天神裏	寅の方	東西五十七間 南北一町四十七間	二町一反五畝七歩	○	天神裏	東は道を以て泉川村に界し、南は道を以て字不動裏に、西は道を以て字中原に、北は道を以て新井村に界す
不動裏	卯の方	東西二町十二間 南北二町六間	四町六反五畝一歩	十五戸	東薮ノ後 天神前	東は道を以て泉川村に界し、南は道を以て字舘野に、西は道を以て字中ノ内に、北は道を以て字天神裏に界す
中ノ内	中央	東西二町五間 南北二町十間	六町八反二畝十歩	十五戸	小蓋川原 中薮ノ後	東は道を以て字不動裏に、南は道を以て字清水内に、西は道を以て鹿島に、北は道を以て字中原に界す
清水内	午の方	東西二町三十三間 南北五十八間	二町八反五畝二十歩	十戸	屋敷通	東は道を以て字中ノ内に、南は溝を以て字上ミ田に、西北は道を以て字鹿島に界す
上ミ田	午の方	東西三町二十六間 南北三町二十間	六町八反四畝十六歩	○	前田	東は道を以て字下モ田に、南は川を以て字向川原に、西は道を以て字鹿島に、北は溝を以て字清水内に界す
下モ田	辰巳の方	東西二町二十間 南北一町四十間	三町六反四畝十九歩	一戸	舞臺	東は溝を以て字舘野に、南は川及芝地を以て岩出村に界し、西は道を以て字上ミ田に、北は溝を以て字舘野に界す
向川原	午の方	東西三町四十五間 南北一町十六間	三町二反二十七歩	○	向川原	東は川を以て字下モ田に接し、南は畑を以て岩出村に界し、西北は川を以て字上ミ田に界す
舘野	辰巳の方	東西一町五十五間 南北二町九間	三町九反三畝二十九歩	五戸	舘野	東は道を以て泉川村に界し、南は芝地を以て岩出村接し、西は溝を以て字下モ田に、北は道を以て字不動裏に界す
合計 十五ヶ所	○	○	六十六町五反七畝二十二歩	七十八戸	十九ヶ所	○

総計金五百十円七十五銭五厘　以上明治九年地価百分の三
田租金九十円六十五銭四厘
畑租金二百十四円三銭五厘
宅地租金百十九円二十二銭六厘
平林租金一円七十一銭六厘
芝地金一厘
薮租金一厘
総計金四百二十五円六十三銭三厘　以上明治十一年地価百分二ヶ半
米七石六斗九升五合
畑屋敷永百五貫百八十四文

大縄畑永二貫七百二十五文
口米二斗四合
口永三貫七百〇六文
小物成永十一貫九百六十五文
総計米七石八斗九升九合　永百二十三貫五百八十文　以上明治五年の納額

賦金

国税
証券印紙税金百八十円也
証券界紙税金五円也
酒類醸造税金五十円也
酒類免許税金十円也
車税金三円也
県税
料理店税金二円也
菓子屋税金五円也
宿屋税金四円也
漁業税金二円也
質取金高税金五円也
総計金二百六十六円也　以上明治八年一月の現額

国税
証券印紙税金二百円也
証券界紙税金六円也
酒類醸造税金六十円也
酒類免許税金十円也
車税金三円也
県税
料理店税金二円也
菓子屋税金五円也
宿屋税金四円也
漁業税金二円也

表三　戸数

種類	明治八年一月現在	明治九年一月現在	明治十年一月現在
本籍	七十七戸	八十戸	八十五戸
士族	○	○	○
平民	七十七戸	八十戸	八十五戸
寄留	○	二戸	二戸
出寄留	○	一戸	一戸
入寄留	○	一戸	一戸
士族	○	○	○
平民	○	一戸	一戸
社	三社	三社	三社
村社	一社	一社	一社
無格社	二社	二社	二社
寺	一宇	一宇	一宇
天台宗	一宇	一宇	一宇
堂	二宇	二宇	二宇
総計	八十三宇	八十九宇	九十四宇

表四　人員

種類	明治八年一月現在	明治九年一月現在	明治十年一月現在
男	二百二十口	二百三十八口	二百四十三口
平民	二百二十口	二百三十八口	二百四十三口
女	二百四口	二百四十口	二百四十六口
平民	二百四口	二百四十口	二百四十六口
寄留	○	七口	八口
入寄留	○	六口	六口
男	○	二口	二口
平民	○	二口	二口
女	○	四口	四口
平民	○	四口	四口
出寄留	○	一口	二口
男	○	一口	一口
平民	○	一口	一口
女	○	○	一口
平民	○	○	一口
総計	四百二十四口	四百八十六口	四百九十七口

表五　牛馬

種類	明治八年一月現在	明治九年一月現在	明治十年一月現在	明治十七年一月現在
馬	三十七頭	三十七頭	三十七頭	三十七頭
牡馬	〃	〃	〃	〃
合計	〃	〃	〃	〃

表六　車

種類	明治八年一月現在	明治九年一月現在	明治十年一月現在	明治十七年一月現在
荷車	六輌	六輌	七輌	二十八輌
合計	〃	〃	〃	〃

質取金高税金五円也
総計金二百九十七円也　以上明治九年一月の現額
【表三戸数・表四人員・表五牛馬・表六車】

川　永野川　幹流平時礫地にして淋雨毎に洪水を見る。浅深不定広き所二十五間狭き所十八間。急流清水舟筏不適、隄防あり。水源は本郡永野村字百川より発し、鍋山村に至り本郡出流村より発る流水を合せ、夫より梅沢・大久保・尻内・千塚・宮・皆川城内の各村を経て本村字欠の上に入り、皆川城内村と本村との間を午の方に向ひ六町八間南流して字鹿島に至り、皆川城内村の藤川を会せ、辰巳の方に向ひ一町二十二間下流して又皆川城内村の赤沼川を合せ、夫より卯の方に向ひ五町余下流して本郡岩出村に入る。

清水川　湧水幹流平水。浅き所二尺深き所四尺広き所十間狭き所二間。清水緩流水源は本村字清水内より出水し、卯の方に向ひ六町八間余下流して字舘野に至り、二派に分れ一は巳の方に向下流して永野川に入る。一は泉川村の用水に帰す。

【表七橋梁】

表七　橋梁

橋名	村の中央より方位	位置	製質	長	幅	修繕費区別	川名
中橋	巳の方	字上ミ田	木	二間	九尺	民費	清水川
東橋	辰の方	字舘野	木	二間	九尺	民費	同
計二ヶ所	○	○	○	○	○	○	○

溝渠　中堀　本村字上ミ田に起り、清水川の流を漑き入れ。字上ミ田・下モ田・舘野の田七町余歩の用水に漑き、余滴は又清水川に泻下す。

道路　栃木街道　旧二等道路に属す。村の酉の方字鹿島・皆川城内村境より卯の方　字不動裏・泉川村界に至る。長七町四十八間幅二間。鹿島と字中ノ内との間に太平往還の支道あり。

出流往還　村の亥の方字鹿島より子の方字二本柳・皆川城内村堺に至る。長二町四十二間幅八尺。

志鳥往還　村道村の卯の方字不動裏より申の方字鹿島・皆川城内村界に至る。長八町十間幅九尺。

部屋古街道　村道村の子の方字井ノ上・皆川城内村堺より午の方字向川原・岩出村境に至る。長六町四間幅九尺。

合戦場往還　村道村の丑の方字井ノ上・新井村境より申の方字鹿島に至る。長四町二十五間幅六尺。

堤塘　前川原堤　永野川に沿い村の申の方字鹿島より寅の方字上ミ田に至る。長一町五十七間馬踏一間隄敷二間三尺高さ五尺、根堅め樹竹あり。蛇籠なし。

舞蔓堤　永野川に沿い村の巳の方字上ミ田より辰の方字下モ田の際に至る。長さ五十一間馬踏二間隄敷三間高さ五尺、根堅め樹竹なし。

神社　八坂神社　村社社地東西十五間南北十三間面積一反六畝三歩、官有地。村の午の方字上ミ田芝地中にあり。素盞鳴命を祭る。上野国新田郡新田神社を遷座すと云ふ。創立年月不詳、祭日陽暦七月十三日。祠南向き土蔵造縦二間横九尺。境内樹木なし。氏子八十四戸。

鹿島神社　無格社々地東西五間南北十八間面積九畝十一歩、官有地。村の未の方字鹿島畑中にあり。武甕槌命を祭る。創立年月不詳、祭日陰暦九月二十八日。祠南向き縦三尺横三尺。境内樹木樫杉胡桃等の大木あり、長さ凡五丈回り四尺回より六尺回り。信徒十一戸。

御霊神社　無格社々地東西五間南北九間面積四畝五歩、官有地。村の未の方字鹿島にあり。崇道天皇・橘逸勢・火雷天神・藤原夫人・文室宮田麿・伊予内親王・吉備聖霊・藤太夫頼経を祭る。創立年月不詳、祭日陰暦八月十八日。祠南向縦三尺横三尺、境内樹木杉及唯公孫樹の大木あり。信徒十一戸。

寺　宝珠院　感応山宝珠院不動寺と号す。村の酉の方字鹿島にあり。境内東西二十間南北十二間面積二反二畝十一歩、官有地。当寺は下野国下都賀郡野中村小本寺清谷山地福寺の末派にして、天台宗の末寺なり。創立年月不詳、寛政元己酉年焼失し、寛政二庚戌年再建す。明治元年十世の僧稲葉蓮田に至る。本堂縦六間横五間庫裡縦六間横三間三尺南向き。本尊阿弥陀如来は木像にて立像丈二尺一寸作者不詳。門縦九尺横七尺。境内樹木杉多し。境外田畑反別六反二十三歩。檀徒六十戸。

堂　不動堂　村の卯の方字不動裏にあり。境内東西十間南北九間三尺面積一反二畝九歩、官有地。天明年中宝珠院第三世の住僧義寛法印始て創建す。明治十六年五月二十八日炎火に罹り悉く焼失す。明治十七年九月二十八日再建す。本堂縦二間三尺横二間三尺東向き。本尊不動尊は木像にて立像丈一尺。縁日陰暦七月二十八日。又石尊一体あり。本体は旧と本郡永野村字南川に安置ありたるを、去る天明年中洪水のため流され、本村に止まりたるを土人之を拾い揚て本村に安置すと古老の傳承なり。境内に大日堂ありしか本堂と同時に焼失す。井一石燈籠二個手洗石一個あり。樹木は唯公孫樹二本あり。回さ一丈より八尺に至る。其他杉多し。信徒八十四戸。

十王堂　村の未の方字清水内にあり。境内東西四間南北四間面積十六歩、民有地。創年月不詳。本堂縦二間横二間三尺南向き。本尊二体。一は阿弥陀如来木像にて立像丈一尺二寸。一は閻魔王木像にて座像丈一尺。縁日陰暦七月十六日。境内樹木なし。信徒十一戸。

学校　国宝舎　村の酉の方字鹿島にあり。民立生徒七十二人内男四十六人女二十六人教員一人役員一人。明治六年七月始めて之を置く。宝珠院を仮用す。教場縦六間横五間。泉川村・岩出村と連合にて、泉川村より来る生徒二十人内男十一人

女九人、岩出村より来る生徒十二人内男十人女二人、本村は四十人内男二十五人女十五人。明治九年は泉川村より来る生徒二十五人内男十五人女十人、岩出村より来る生徒十四人内男十人女四人、本村は四十五人内男三十人女十五人、総計八十四人教員一人役員一人。又明治十年は泉川村より来る生徒三十五人内男二十人女十五人、岩出村より来る生徒十六人内男十二人女四人、本村は四十六人内男三十人女十六人、総計九十七人教員一人役員一人なり。明治十三年三月泉川村は分離して別に一校を置く。之を育才学校と云う。又岩出村は同時に本校を離れ育才学校と連合す。明治十六年十一月本校を廃し泉川村と連合し、今は育才学校の附属なり。

【表八物産】

民業　男は農を業とす。農暇には採樵を業とす。女は農暇には糸を挽き又機を織る。酒造二戸、醤油屋二戸、質屋二戸、大工二人、鋸挽屋二人なり。

表八　物産

種類	品目	明治八年一月の現在産額	明治九年一月の現在産額	明治十年一月の現在産額
植物	麻	千三百八十四円六十銭	千五百円	千八百円
同	藍	四百五十円	五百十円	六百円
製造物	藍玉	三百円	三百六十円	四百五十円
飲食物	清酒	四百円	四百五十円	六百円
合計		二千五百三十四円六十銭	二千八百二十円	三千四百五十円

地誌編輯材料取調書

泉川村

本村古時より都賀郡に属し、岩田郷皆川庄と称し、永享元年の頃皆川城内村と一連合なりしと云ふ。又享徳年間の頃檜原(ひのきはら)村と称せり。本村旧字に檜原の名あり。口碑によれば檜の大樹あり。幹中より清水湧出せしを以て泉川の名に更めたりと云ふ。后ち今の村名に改めしは其年よりては不詳。明治十一年都賀郡を上下二郡に分ち、則下都賀郡に属せり。

彊域　東は堀中央を以て本郡箱森村・風野村に界し、南は永野川及磧地或は畑等を以て本郡薗部村及岩出村の両村に接し、西は道中央及磧地を以て本郡大皆川村に連なり、北は溝渠の中央及耕地等を以て本郡新井村に界す。

幅員　東西八町三十一間南北九町九間、面積七十五町六反六畝二十二歩

内訳

五十八町四反二畝十九歩、明治九年地租改正調理の額

川三町四反二畝二十四歩

道路二町七反八畝九歩

溝渠二町三反十一歩

沼一反三畝七歩

池四畝六歩

土揚場二町五畝四歩

土手敷六反二畝十六歩

堤塘一反五畝十三歩

芝地五町七反一畝二十六歩

石塚七歩

小計十七町二反四畝三歩

管轄沿革　永享十戊午年頃より皆川宮内少輔領し、後ち皆川山城守代々、天正十九年頃迄領す。慶長十七年検地ありて村高三百九十六石七斗となる。文禄年間より寛永五戊辰年まで松平丹後守・松平太郎八・松平傳治郎等三代諸氏の知行となり、同年より徳川家代官南條勘兵衛氏の支配、同六己巳年より市川弥右衛門の支配、同九壬申年より福村長左衞門氏支配、同十八辛巳年より近山本左衞門・万年長十郎両氏立会の支配となり、天和元辛酉年より宮城監物氏の知行となり、明治元戊辰年より日光県支配す。明治五年より当栃木県の管轄となりたり。

里程　村の中央字欠ノ上より

栃木旧県庁へ卯の方二十二町

宇都宮栃木県庁へ寅の方七里二十三町八間四尺

下都賀寒川郡役所へ辰の方二十五町

栃木警察署へ辰の方二十六町

栃木裁判所へ辰の方二十七町

栃木雷信分局へ卯の方二十二町三十間　以上官庁に至る里程

栃木町へ辰の方二十四町五十七間二尺

富田宿へ午の方二里十二町二十二間二尺

合戦場宿へ寅の方一里三十一町五十七間二尺　以上幅湊の地に至る里程

大皆川村へ酉の方九町五十五間

新井村へ子の方八町四十五間

風野村へ寅の方七町二十九間三尺

箱森村へ卯の方十七町四十二間

岩出村へ未の方十二町二十間二尺

薗部村巳の方十四町三十四間二尺　以上接続村へ至る里程

地勢　東は溝渠に接し、南は永野川の疏水を帯ひ、西北は耕地に隣し、東南より西北に延ひ其形稍魚の状に似たり。北は高く南は低し。運輸の便利宜し。薪炭等は少なし。民居は旧二等道路栃木街道の左右又は永野往還の西等に人家四十九戸散在せり。

地味

田は全管の四等甲より起り十四等乙に止む　畑は三等乙より起り十四等乙に止む

【表一 地味】

地種

民有第一種

田二十一町七段二畝十六歩　此地価金一万三千六百九十四円六十七銭三厘
　筆数二百八十八筆　四等甲より起り十四等乙に止む
畑二十四町二反二畝三歩　此地価金五千百六十四円三十四銭六厘
　筆数三百六筆　三等乙より起り十四等乙に止む
宅地六町一反九畝歩　此地価金千八百四十六円四十七銭八厘
　筆数四十九筆　一等より起り二等に止む
平林一町二畝二十歩　此地価金十七円九十七銭八厘
　筆数二十二筆　五等より起り十一等に止む
民有第二種
墓地一反五畝五歩　筆数一筆
獣畜埋場六畝十七歩　筆数一筆
官有第一種
神社地三反二畝十二歩　筆数三筆
官有第三種
平林一畝二十一歩　筆数一筆
芝地一町六反一畝十歩　筆数八筆
塊切場二反八畝二歩　筆数二筆
土取場八反六畝八歩　筆数二筆
総計反別五十六町八反七畝十四歩
　地価金二万七百二十三円四十七銭五厘　筆数六百八十二筆
　以上明治九年地租改正調理の額
田十二町二反五畝十七歩
　此高百二十七石六斗五升四合　筆数百七十五筆
畑二十六町四反六畝二十九歩
　此高二百六十七石二斗一升四合　筆数四百三十筆
屋敷一町九反七畝二十六歩
　此高二十三石一斗九升六合　筆数三十九筆
大縄場八畝七歩　筆数二筆
除地二反二畝九歩　筆数三筆
墓地七畝十八歩　筆数二筆

表一　地味

宇地名	村の中央より方位	土色	地質	沃瘠	地味等級略	種芸適否	旱潦有無
山ノ根	辰の方	薄赤	真土	痩	二等	早稲中稲小麦木綿に宜 麻藍悪	無
霜田 壱丁田	同	同	同 砂交	同	自二等 至三等	中稲晩稲小麦木綿に宜 藍麻悪	同
樋越 九反田	自卯の方 至辰の方	同	粘土 砂交	同	自四等 至六等	同	旱有
入江田	辰の方	薄黒	真土	肥	一等	早稲中稲晩稲宜	潦有
下リ元	巳の方	薄赤	砂地 石交	同	八等	早稲宜 晩稲悪	同有
欠ノ上 辻	自中央 至卯の方	赤	粘土	痩	五等	中稲宜 早稲悪	旱有
法ヶ塚 墓	丑の方より 子の方に 至る	同	同	同	六等	小麦木綿大豆宜 麻藍悪	旱有
稲荷前	子の方	薄赤	真土	痩	二等	大麦藍大豆中稲宜 木綿麻悪	同
関上	戌の方	薄黒	砂地 石交	痩	自五等 至六等	早稲中稲小麦宜 麻藍悪	旱有
中耕地 稲荷裏	戌の方より 子の方に 至る	同	同	同	同	大麦裸麦大豆芋宜 麻藍悪	無
東耕地 上ノ宮	子の方より 戌の方に 至る	うす赤	粘土	同	自三等 至七等	麦麻藍大豆宜 木綿悪	同
西耕地 十騎間戸	自戌の方 至酉の方	うす黒	真土 砂交	肥	自二等 至六等	麻藍麦大豆宜 木綿悪	同
不動前	酉の方	うす赤	粘土 砂石交	痩	八等	麻麦大豆宜 木綿藍悪	同
西中道	同	うす黒	真土 砂交	肥	一等	麦麻藍大豆宜 木綿悪	同
西久保 下ノ宮	同	うす赤	粘土 砂石交	痩	自六等 至八等	麦麻藍宜 木綿悪	同
前田 永沼	自申の方 至未の方	同	砂地 石交	同	自八等 至十二等	早稲小麦宜 麻藍悪	潦有
欠ノ下 下畠 前川原	自巳の方 至午の方	同	同	同	十二等	同	同

表二　字地

字名	位置	廣袤	面積	民居	旧字名	四至
山ノ根	辰の方	東西一町二十三間 南北一町二十七間	二町四反九畝一歩	○	山の根	東は堀中央を以て箱森村に、南は道中央を以て同村の巾着山に、西は堀を以て字入江田に、北は道及堀を以て字霜田に、西北隅は道を以て字九反田に界す
霜田	同	東西一町 南北三町一間	二町七反九畝四歩	○	下田	東は堀中央を以て箱森村に、南は溝を以て字山ノ根に、西は道を以て字一丁田に、北は溝を以て字樋越及新井村に、東北の隅は堀中央を以て風の村に界す
壱町田	同	東西一町四十一間 南北一町三十九間	二町六反一畝十七歩	○	持堅田・五反田 尺通・一丁田 四反田	東は道を以て字霜田に、南は道を以て字山ノ根に、西は道を以て字九反田に、北は溝を以て字樋越に、東北の隅は道路を以て字霜田に界す
樋越	卯の方	東西二町十八間 南北五十七間	二町六反三畝二十歩	○	風の・樋越 略田	東は溝を以て字霜田に、南は溝を以て字一丁田に、西は堀を以て字九反田に、北は堀中央を以て新井村に界す
九反田	辰の方	東西一町二十三間 南北二町二十四間	四町一反九畝十八歩	○	三反田 六反田	東は堀及道を以て字一丁田に、南は道を以て字山ノ根及入江田の両所に、西は堀を以て字欠ノ上に、北は道及堀を以て字辻に、東北隅は堀を以て字樋越に界す
入江田	同	東西五十七間 南北一町五十間	二町六畝十六歩	○	稲荷裏	東は堀を以て字山の根に、南は道を以て字下畑に、西は道及芝地を以て字下り元に、北は道及土手を以て字九反に、東南の隅は巾着山裾を以て箱森村に界す
下リ元	巳の方	東西一町二十間 南北二町三十七間	一町八畝二十六歩	○	下リ元	東は道及芝地を以て字九反田及入江田の両所に、南西は川を以字下畑に、北は川を以て字欠ノの下に界す
欠ノ上	中央	東西五十間 南北三町三十三間	一町六反八畝二十八歩	○	欠ノ上 六反田・道南 大道場・橋南	東は道及堀を以て字辻及字九反田に、西南は道及川を以て字永沼及欠ノ下の両所に、北は道路を以て字墓に界す
辻	卯の方	東西一町四十五間 南北二町九間	三町八畝十二歩	五戸	大矢田・御堀橋 辻・檜原	東は堀の中央を以て新井村に、南は道及堀を以て字九反田・欠ノ上の両所に、西は堀を以て字墓及欠ノ上の両所に、北は堀を以て字墓及法ヶ塚の両所に界す
法ヶ塚	丑の方	東西四十間 南北一町三十八間	一町一反四畝十九歩	○	法ヶ塚	東北は堀中央を以て新井村に、南は道を以て字辻に、西は堀を以て字墓及辻の両所に界す
墓	子の方	東西四十八間 南北一町五十二間	一町五反八畝三歩	○	墓	東は堀を以て字法ヶ塚及辻の両所に、南は道路を以て字欠ノ上に、西は堀を以て字稲荷前に、北は堀を以て字稲荷裏に界す
稲荷前	子の方	東西一町十九間 南北一町二十五間	一町八反五歩	○	稲荷前 三ツ長戸 稲荷林・樫戸 會ノ田	東は堀を以字墓に、南は道路を以て字関ノ上に、西は道を以て字中耕地に、北は道及森を以て字稲荷裏に界す
関ノ上	戌の方	東西一町三十五間 南北三十四間	八反六畝二十八歩	五戸	関場・新地	東は道を以て字欠ノ上に、南は川を以て字永沼及前田に、西は堀を以て字下ノ宮に、北は道路を以て字稲荷前及中耕地の両所に界す
中耕地	同	東西一町三十五間 南北二町一間	二町五反三畝十一歩	十戸	中ノ畑・関林	東は道を以て字稲荷前稲荷裏の両所に、南は道を以て字関ノ上に、西は堀を以て字西久保に、北は道を以て字東耕地に界す
稲荷裏	子の方	東西五十五間 南北一町七間	九反六畝二十九歩	○	稲荷裏	東は堀の中央を以て新井村に、南は道及森を以て字稲荷前及墓の両所に、西は道を以て字中耕地に、北は道を以て字東耕地に界す
東耕地	同	東西一町四十七間 南北一町四十六間	三町八畝十八歩	十五戸	會ノ道	東は溝を以て新井村に、南は道を以て字中耕地及字稲荷裏の両所に、西は道及堀を以て字上ノ宮に、北は平林及沼中を以て新井村に界す
上ノ宮	戌の方	東西一町十六間 南北一町二十五間	一町六反一畝十三歩	二戸	橋場・上ノ宮	東は堀及道を以て字東耕地に、南は道を以て字西久保に、西は道及堀を以て字西耕地及西中道に、北は畑及寺地又は林を以て新井村に界す

西耕地	同	東西一町四十三間 南北一町三十三間	二町八反四畝三歩	六戸	西坪・西裏	東は道及堀を以て字上ノ宮に、南は道を以て字西中道及十騎間戸の両所に、西は畑を以て大皆川村に、北は堀中央及畑林を以て新井村に界す
十騎間戸	酉の方	東西一町三十九間 南北一町四間	一町七反一畝十八歩	○	十騎間戸 漆原	東は道を以て西中道に、南は道路を以て字不動前に、西南は道中央を以て大皆川村に、北は道を以て字西耕地に界す
不動前	同	東西一町五十五間 南北五十三間	一町三反三畝二歩	○	不動前 西大道場	東は道を以て字下ノ宮に、西南は道中央を以て大皆川村に、北は道路を以て字西中道及十騎間戸の両所に界す
西中道	同	東西一町五十間 南北一町三十九間	二町八反四畝十歩	○	西中道	東は道を以て字西久保に、南は道路を以て字不動前に、西は道を以て字十騎間戸に、北は道を以て字西耕地及上ノ宮の両所に界す
西久保	同	東西五十間 南北一町三十間	九反五畝八歩	三戸	西久保	東は堀を以て字中耕地に、南は道を以て字下ノ宮に、西は道を以て字西中道に、北は道を以て字上ノ宮に界す
下ノ宮	同	東西一町 南北一町二十五間	一町四反四畝十三歩	三戸	下ノ宮	東は堀を以て字関上に、南は堀を以て字前田に、西は道を以て字不動前に、北は道路を以て字西久保に、西南の隅は土手を以て大皆川村に界す
前田	申の方	東西二町十五間 南北一町十九間	二町八反八畝十九歩	○	前原 上三川原	東は道を以て字永沼に、南は道及川を以て字前川原に、西は田及芝地を以て大皆川村に、北は川を以て字下ノ宮及関上の両所に界す
永沼	未の方	東西四十九間 南北一町五十六間	一町四反五畝十七歩	○	永沼	東は道を以て字欠ノ上に、南は川を以て字欠ノ下に、西は道を以て字前田に、北は堀を以て字関上に界す
欠ノ下	巳の方	東西五十七間 南北二町三十三間	二町一反十七歩	○	欠ノ下	東は道及川を以て字九反田及下リ元の両所に、南は堀を以て字下リ元に、西は川を以て字前川原に、北は川を以て字永沼に、東北の隅は道を以て字欠ノ上に界す
下畠	同	東西四町四十六間 南北一町六間	二町三反六畝九歩	○	下川原・山向	東北は巾着山の裾を以て箱森村に、南は堀中央及畑又は川を以て薗部村及岩出村の両村に、西北は川及道を以て字下リ元及入江田の両所に界す
前川原	午の方	東西六町一間 南北一町四十間	二町二反二畝二十五歩	○	前川原	東は道及川を以て字下リ元及下畠の両所に、南は川及畑或は芝地を以て岩出村、西は芝地及川を以て大皆川村に、北は田畑及芝地又は川を以て字前田及永沼・欠ノ下の三ヶ所に界す
総計 廿八ヶ所	○	○	五十八町四反二畝十九歩	四十九戸	五十一ヶ所	○

死馬捨所一反八歩　筆数一筆

総計反別四十一町一反八畝二十四歩

　高四百十八石六斗四合　筆数六百五十二筆

　以上明治五年改正の額

【表二字地】

貢租

田租金四百十円八十五銭三厘

畑租金百五十四円九十三銭二厘

宅地租金五十五円三十九銭五厘

平林租金五十三銭九厘

総計金六百二十一円七十一銭九厘　以上明治九年地価百分の三

田租金三百四十二円三十七銭八厘

畑租金百二十九円十三銭四厘

宅地租金四十六円十五銭八厘

平林租金四十五銭

　総計金五百十八円十二銭　以上明治十一年地価百分の二ヶ半

米五十石四斗九升五合

畑屋敷永五十七貫五百六十文

大縄場畑永百五十七文

同田米三升二合

口米一石三斗五升

口永一貫七百三十九文

表三　戸数

種類	明治八年一月現在	明治九年一月現在	明治十年一月現在
本籍	四十六戸	四十八戸	五十五戸
平民	四十六戸	四十八戸	五十五戸
寄留	○	一戸	六戸
出寄留	○	一戸	一戸
入寄留	○	○	五戸
平民	○	○	五戸
社	三社	三社	三社
村社	一社	一社	一社
無格社	二社	二社	二社
寺	一宇	一宇	一宇
真言宗	一宇	一宇	一宇
総計	五十宇	五十三宇	六十五宇

表五　牛馬

種類	明治八年一月現在	明治九年一月現在	明治十年一月現在
牡馬	十九頭	二十三頭	二十五頭
計	同	同	同

車○

表四　人員

種類	明治八年一月現在	明治九年一月現在	明治十年一月現在
男	百二十六口	百三十四口	百三十七口
平民	百三十六口	百三十四口	百三十七口
女	百三十九口	百三十四口	百六十九口
平民	百三十九口	百三十四口	百六十九口
寄留	○	一口	十五口
入寄留	○	○	十三口
男	○	○	七口
平民	○	○	七口
女	○	○	六口
平民	○	○	六口
出寄留	○	一口	二口
男	○	一口	一口
平民	○	一口	一口
女	○	○	一口
平民	○	○	一口
総計	二百六十五口	二百六十九口	三百二十一口

表六　橋梁

橋名	村の中央より方位	位置	製質	長	幅	修繕費区別	川名
堺橋	辰の方	字霜田 栃木街道	石	二間半	二間半	官費	堺堀
二條橋	同	同	石	一間半	二間	同	三ッ又堀
三條橋	同	字一町田 同	木	二間	二間	同	同
四條橋	卯の方	字辻 同	木	二間	二間	同	同
五條橋	同	同	同	九尺	二間	同	清心場堀
六條橋	丑の方	字欠ノ上 同	土	九尺	同	同	同
七條橋	子の方	字関上 同	木	九尺	同	同	同
八條橋	戌の方	字同 同	同	二間	二間	同	入道堀
宝橋	寅の方	字法ヶ塚 永野往還	木	九尺	二間	同	清心場堀
向橋	辰の方	字欠ノ上 冨田往還	木	二間半	二間	民費	三ッ又堀
樽橋	亥の方	字西久保 野中村往還	木	二間	九尺	同	入道堀
東橋	丑の方	字東耕地 野中村往還	木	八尺	六尺	同	清心場堀
計十二ヵ所	○	○	○	○	○	○	○

小物成永二百五十文
総計米五十一石八斗七升七合　永百五十九貫七百六文
　以上明治五年の納額

賦金

国税
酒類諸売免許税十円
牛馬税三円
県税
漁業税一円五十銭
質取金高税一円
　総計金十五円五十銭　以上明治八年異動なし

【表三戸数・表四人員・表五牛馬】

川　**永野川**　幹流平水、浅き所二尺深き所一丈広き所二十間狭き所十間。急流清水舟筏不通。堤防あり。水源は本郡永野村より発し、星野村を経て鍋山村に至り出流川を合せ、夫より梅沢・大久保・尻内・千塚・宮・皆川城内・大皆川・岩出の各村を経て、本村字前河原に入り、辰の方に向ひ六町三十間下流して、同所にて岩出及び薗部の両村に入り、字下畠に至り本村に入り、卯の方に向ひ二町二十間にして薗部村に入る。

【表五橋梁】

溝渠　**清心場堀**　湧水幹流にして平水。深き所二尺浅き所一尺広き所六尺狭き所三尺。緩流清水堤防なし。水源は本郡新井村と本村との境界に係る清心場沼より出水し、巳の方に向ひ二町四十二間下流して字東耕地の隅に至り二派に分れ、一は本村字稲荷裏及臺・辻・欠ノ上・稲荷前・関上等の田二町五反六畝十四歩の用水に漑ぎ、余水は三ツ又堀に瀉下す。一は本村字辻・樋越・九反田の田四町六反六畝四歩の用水に漑ぎ、又新井村の田の用水となる。

三ツ又堀　湧水して平水。深き所三尺浅き所二尺広き所二間半狭き所一間。緩流清水堤防なし。水源は本郡大皆川村より発し、同村を経て本村字前田に入り、卯の方に向へ一町十五間下流して字関上に至り入道堀を合せ、夫れより辰の方に向ひ四町四十五間下流して、字辻に至り三派に分れ、一は卯の方に向へ三町四十間にして堺堀と合へ、箱森村の用水に帰す。一は本村字一町田及霜田の田二町二十六歩の用水に漑ぎ、余滴は堺堀に落つ。一は字壱町田及山ノ根・入江田・辻の田四町四反六畝十六歩の用水に漑ぎ、余水は片柳用水及堺堀に落つ。

永沼堀　湧水にして平水。浅き所一尺五寸深き所一丈二尺広き所七間狭き所二間。緩流清水堤防なし。水源は本村字永沼より湧水し、巳の方に向ひ六町下流して字下リ元に至り、永野川より漑ぎ入る片柳用水と合ひ、十一間下流して二派に分る。此所を立会関と云ひ又御裁許関とも云ふ。是より一は卯の方に向ひ三町五

十間にして薗部村に入る。之を片柳用水と云ふ。一は未の方に向ひ一町十七間にして薗部村に入る。之は下皆川村外五ヶ村の用水となる。則ち下手六ヶ村用水と云ふ。立会関と称するは、旧と水論のため公儀の裁許を仰ぎ、爾来今に至る迄年々五月十日を以て関揚の定日とし、下手六ヶ村及片柳村地元本村立会の上、水流の分量を定む。依て之を立会関と云ひ、又公儀の裁許を仰ぎし事あるを以て御裁許関とも称すなり。

前田堀　本村字前田より起り三ツ又堀の流を漑き入れ、本字の田二町一反十八歩の用水に漑ぎ、余水は永野川に瀉下す。

下リ元堀　本村字下リ元より起り、永沼堀の流を漑き入れ、本字の田八反八畝七歩の用水に漑き、余水は片柳用水に落つ。

入道堀　湧水幹流。深き所三尺浅き所一尺五寸広き所二間半狭き所九尺。緩流清水堤防なし。水源は本郡新井村の入道渕より発し、同村を経て本村字西耕地に入り、午の方に向ひ五町十六間下流して字関上に至り三ツ又堀に合ふ。

欠ノ下堀　本村字欠ノ下より起こり、永野川の水を漑き入れ、本字の田八反三畝十七歩の用水に漑き、余水は永沼堀に落つ。

堺堀　湧水緩流。浅き所一尺深き所四尺広き所二間狭き所九尺。水源は本郡新井村の天沼より発し、同村及風野の両村を経て本村字霜田に至り三ッ又堀の一流を合せ、本村と風の村との界に入り、午の方に向い十四間余下流して本村と箱森村の界に入り、夫より尚午の方に向い両村の間を四町直流して箱森村に入る。

堤塘 永沼堤　前田堀に沿ひ、村の西の方字永沼より戌の方字四所・関上字の堺に至る長二町二十五間。馬踏三尺堤敷四間高さ七尺。根堅め樹竹蛇籠等なし。

道路　栃木街道　旧二等道路に属す。村の辰の方字霜田・箱森村界より戌の方字不動裏・大皆川村堺に至る。長十一町四十間幅二間。字下ノ宮の辻より南に折れ、志鳥往還の支道あり。

永野往還　旧二等道路に属す。村の卯の方字辻より子の方字稲荷裏・新井村界に至る。長三町五十一間三尺幅二間なり。

冨田往還　村道に属す。村の卯の方字辻より午の方字下畠・永野川の際に至る。長六町二十間幅二間。

野中村往還　里道。村の戌の方字下ノ宮の辻より寅の方字稲荷裏・新井村界に至る。長三町四十六間幅九尺乃至六尺。

【表七神社明細表】

寺　鹿嶋山観音寺泉光院と号す　村の亥の方字上ノ宮にあり。境内東西二十間、南北三十一間、面積二反二畝七歩。民有地。当寺は下野国下都賀郡皆川城内村持明院の末派にして真言宗新義派の末寺なり。万治二年亥三月二十八日創建し、開山は鏡呼法師なり。明治元年の僧通音に至る。本堂縦七間半横六間南向き。本尊阿弥陀如来木像にて座像。丈二尺。境内支堂観音堂縦三間半横三間半。正保三丙戌年創立す。宝永五戊子年都賀郡三十四ヶ所の四番の札所なりとす。境内樹木少なし。境外田畑三町四反九歩。檀徒四十三戸。

学校　育才学校　村の亥の方字上ノ宮にあり。民立、生徒五十五人内男三十三人女二十二人、教員一人役員一人。明治十三年六月五日本村及新井村・家中村の願発にて、始めて之を置く。泉光院を仮用す。教場縦七間三尺横六間南向き。本村は元大皆川村の国宝舎の連合にて、明治八年本村より通学する生徒二十人内男十一人女九人。明治九年は本村より通学する生徒二十五人内男十五人女十人。又明治十年は三十五人内男二十人女十五人なり。明治十三年三月より国宝舎を分離して今の校を置く。

【表八物産】

民業　男女共農を以て業とし、女は農暇に木綿糸を挽き、又は裁縫をなす。

右之通相違無之候也　下都賀郡泉川村戸長　鈴木宗四郎

明治十八年七月　栃木縣令　樺山資雄殿

表七　泉川村神社明細表

社号	位置	祭神	社地縦横	段別及官民有別	社殿縦横	拝殿縦横	社格方位	祭日	事蹟	氏子	境外田畑	大木有無樹木有無	事蹟
稲荷神社	村の子の方 字稲荷裏	稲蒼魂命	東西二十間三尺 南北十九間三尺	一反三畝二歩 官有地	縦五尺 横三尺七寸	○	村社 南向	陽暦 四月三日 十月十七日	不詳	四十三戸	二反八畝 二十二戸	欅二本 杉十二本 八尺回りより 四尺回り至	創立年不詳 延宝九年 免租地となる
鹿島神社	村の亥の方 字上ノ宮	武甕槌命	東西十七間四尺 南北十五間	八畝三歩 官有地	縦五尺 横三尺五寸	○	無格社 南向	陽暦 四月三日 十月十七日		同	○	檜四本 杉十八本あり	創立年月不詳 寛文七年 免租地となる
星宮神社	村の酉の方 字下ノ宮	経津主命	東西十七間 南北十九間	一反十七歩 官有地	縦五尺 横三尺五寸	○	無格社 東向	同	同	同	○	杉五十八本あり	同 同
八坂神社	村の亥の方 字上ノ宮 鹿島神社 境内中	素盞嗚命	○	○	縦九尺 横七尺	○	無格社 南向	陰暦 七月十五日	嘉永三庚戌年 十一月創建す	同	○	○	
社四社		○	○	官有地 三反二畝 十二歩	○	○	○	○	○	○	二反八畝 二十二歩	○	

表八　物産

種類	品目	明治八年一月現在	明治九年一月現在	明治十年一月現在
植物	麻	四百六十一円五十銭	五百円	四百二十八円五十銭
同	藍	百四十二円八十銭	百五十円	百三十五円十銭
同	米	二百二十二円	二百三十五円二十銭	二百円
総計	三品	八百二十六円三十銭	八百八十五円二十銭	七百六十三円六十銭